GONGZUO DE ZHIHUI

工作的智慧

陈　浩／编著

北京工业大学出版社

图书在版编目（CIP）数据

工作的智慧 / 陈浩编著 . —北京 : 北京工业大学出版社，2012.7
ISBN 987-7-5639-3139-2

Ⅰ . ①工… Ⅱ . ①陈… Ⅲ . ①成功心理－通俗读物 ②工作方法－通俗读物 Ⅳ . ① B026-49 ② B026-49

中国版本图书馆 CIP 数据核字（2012）第 113765 号

工作的智慧

编　　著：陈　浩
责任编辑：刘学宽
封面设计：尚世视觉
出版发行：北京工业大学出版社
（北京市朝阳区平乐园 100 号 100124）
010-67391722（传真）bgdcbs@sina.com
出 版 人：郝　勇
经销单位：全国各地新华书店
承印单位：三河市元兴印务有限公司
开　　本：787 mm × 1092 mm　1/16
印　　张：17
字　　数：233 千字
版　　次：2012 年 7 月第 1 版
印　　次：2021 年 1 月第 2 次印刷
标准书号：ISBN 987-7-5639-3139-2
定　　价：32.00 元

前 言

著名成功学大师拿破仑·希尔曾经说过："给他人一本励志的书，就是为他带来一些使他生命充满奇迹的东西。"人生是一段丰富多彩的旅程，当你工作之余驻足观望时，你又在期待什么呢？你是否具有工作的智慧呢？你是否已经在工作中实现了成功呢？

对每个人来说，工作应是义不容辞的责任，而不是负担。每个人除了要认真对待自己的工作之外，更应该在工作中寻找到快乐和充实。

职场中的每个人，都想得到上司或老板的肯定，都想晋职加薪，都想在工作中实现自我价值。那怎样才能顺利快捷地完成工作任务？怎样才能少走弯路？应该如何在细节上下工夫，使工作做到尽善尽美呢？那就来看看这本为工作增加"智慧砝码"的图书吧！

"从细节中做精彩"——本书将引领读者关注细节，以最高的认同感和满意度来要求自己，把工作做完美、做细致。

"责任重于能力"——本书将精辟讲解工作智慧中的最重要环节"责任意识"，只有负责任，才能把工作做好、做到位。

"养成良好的工作习惯"——俗话说，习惯成自然。再好的工作愿望如果没有好的工作习惯也只能是一场空。好的工作习惯包括勤奋、踏实、专注、好学、诚信、有进取心、有创新意识等。养成良好的工作习惯，将帮助读者达到事半功倍的效果，好习惯更是成功的加速器。

……

本书以经典故事为例，生动地介绍了工作智慧中的"金点子"，让读者在明确工作的方向和目标后，运用工作智慧解决所遇到的困难和问题；

运用工作智慧的技巧和原则，进行良好的人际交往，实现工作的成功；让工作智慧帮你抓住机遇、即时行动、不怕困难，以积极的心态面对每一项工作，在工作过程中体会快乐与满足；让工作智慧帮你增长为人处世的学问，成就你人生的辉煌！

工作智慧，尽在此书。

作　者
2012. 3. 5

目 录

第一章　细节决定成功

做好每一件小事

工作之中无小事。每一个微不足道的小事都可能会影响你的业绩，使企业遭受损失。对小事无所谓是不敬业、不负责任的表现。一个不愿负责、不敬业的人又怎么能做好大事呢？所以，小事能够更真实地表露出人的素质和精神。

工作智慧之一：做事不在于大小

每一件事情都是大事，而每一件事情又都是小事，关键是你把它摆在什么位置。如果一根头发不小心掉到某件精密仪器之中，也会影响到这台机器的正常运行，从而造成整个实验的失败。一丝毫发，在这个地方也是一件非常大的事情，问题是你怎么理解这件事情。

现在的人都知道“从低层做起，然后干大事”这句话，因为人们大都雄心万丈，一踏入社会就想一口吃个胖子。如果真能如此，应该具备下面这些条件：

一是具备过人的才智。也就是说，你应是一块天生“做大事，赚大钱”的料！

二是具有优越的家庭背景。如家有庞大的产业或企业，因为这样的背景，所以一踏入社会你就可“做大事，赚大钱”。

三是要有好的机遇。有过人才智的人需要机遇，有优越家庭背景的人也需要机遇，才能真正“做大事，赚大钱”！

如果你有这些条件，那你的情况如何呢？

你的才智如何，是“上等”、“中等”还是“下等”？别人对你的评价又如何呢？你的家庭背景如何呢？有没有可能助你一臂之力的人？你对自己的“机遇”有信心吗？

实际上，很多成大事者并不是一走上社会就取得很好成绩的。很多大老板就是从伙计当起的，很多政治家是从公务员做起的，很多将军是从小兵干起的。人们很少见到一走上社会就真正做大事的！所以，当你的条件很普通，又没有良好的家庭背景时，那么先做小事，绝对没错！你绝不能拿“机遇”赌，因为“机遇”是难以预测的！

那么“先做小事”有什么好处呢？

“先做小事”最大的好处是可以在低风险的情况之下积累工作经验，同时也可以借此了解自己的能力。当你做小事得心应手时，就可以做大一点的事。赚小钱既然没问题，那么赚大钱就不会太难！何况小钱赚久了，也可累积成“大钱”！

此外，“先做小事”还可培养自己踏实的做事态度和金钱观念，这对日后“做大事”以及一生都有莫大的助益！

你千万别自大地认为你是个“做大事”的人，而不屑去做小事、赚小钱。你要知道，连小事也做不好，连小钱也不愿意赚或赚不来的人，别人不会相信你能做大事！如果你抱着这种只想“做大事”的心态去投资做生意，那么失败的可能性会很高！

如果你连小事都不会做，小钱都不会赚，那别人怎么会认为你能赚大钱，成大事呢？“一屋不扫，何以扫天下！”

工作智慧之二：做好小事是每个员工的责任

有一家学校招聘教师，经过一轮竞争之后，剩下了几位应聘者，校方决定通过试讲从他们中选择一位。在讲课前，这几位试讲者都做了精心的准备。铃声响了，应聘者分别微笑着走上了讲台，互相致意后，便导入新课，讲授正文。最后轮到一位年轻人，由于紧张，他事先设计好的许多环节都没有实施，学生们对他的反应也很平淡。讲完之后，这位年轻人有些心灰意冷，他感觉自己和其他竞争者相比没有留下来的可能性。

谁知，第二天他却接到了录取通知。惊喜之余，他问校长为什么选中了他。“说实话，论那节课的精彩程度，你确实稍逊一筹，”校长微笑着说，“不过，在课堂提问时，你叫的是学生的名字，而他们都叫学号或用手指。试想，我们怎能录用一个不愿去了解和尊重学生的教师呢？”

努力记住学生的名字，在讲课时叫学生的名字而不是学号或用手指着学生，这虽然是一件小事，却反映了讲课老师对学生的尊重。

每个人所做的工作都是由一件件小事构成的，因此对工作中的小事绝不能采取敷衍应付或懈怠的态度。很多时候，一件看起来微不足道的小事，或者一个毫不起眼的变化，却能实现工作中的一个突破，甚至改变商场上的胜负。所以，在工作中，对每一个变化，每一件小事你都要全力以赴地做好。

阿基勃特是美国标准石油公司的一名小职员。他出差时，每一次住旅馆都会在自己签名的正文写上“每桶标准石油4美元”的字样，连平时的收据都不例外，签了名就一定要写上那几个字。因此，同事给他起了个名叫“每桶4美元”的外号。渐渐地，他的真名倒没有几个人叫了。

公司董事长洛克菲勒听到这件事后十分惊奇，心里想：“竟有如此努力宣传自己公司声誉的职员，我一定要见他。”于是，他邀请阿基勃特共进晚餐。后来，洛克菲勒卸任后，阿基勃特成了公司的第二任董事长。

在签名的时候，署上“每桶标准石油4美元”，这是一件非常小的事，严格来说，它不在阿基勃特的工作范围之内，但他全力以赴地一直坚持着，并把它做到了极致。尽管遭到了许多人的嘲笑，他也没有放弃。在嘲笑他的那些人中，肯定有不少人的才华和能力在他之上，可是最后，只有他成了董事长。

为什么呢？因为这件微不足道的小事很好地表现出了阿基勃特的责任感和敬业精神，而这正是取得卓越成就的基础。

工作智慧之三：小事到位，工作才能完美

有这么一个故事：

> 在开学的第一天，苏格拉底对他的学生们说：“今天你们只做一件事，每个人尽量把胳膊往前甩，然后再往后甩。”说着，他做了一遍示范。
>
> “从今天起，每天做300下，大家能做到吗？”
>
> 学生们都笑了，这么简单的事，谁做不到？可是一年后，苏格拉底再问的时候，全班就只有一个人坚持下来。这个人就是后来的大哲学家柏拉图。

“如此简单的事情，谁会干不好？”这是许多人的心态。可依上面事例所述，真正做到的又有几个？于是，“小事做到位，工作才能完美”成了优秀员工对本职工作的态度。“不积跬步，无以至千里；不积小流，无以成江海”，作为第一线的员工，我认为，只有从大处着眼，小处着手，无论工作大小均全力以赴，才能确保工作顺利进展，并以高效结束。

如果你留心观察身边的优秀员工，就会发现他们在开始的时候也与你一样，做着同样简单的小事，唯一的区别就是，他们从不因为他们所做的事是简单的小事，而不全力以赴。

如果你想使绩效达到卓越的境界，那么你今天就可以达到。不过你得

从这一刻开始，摒弃对小事无所谓的恶习才行。因为每个人所做的工作，都是由一件件小事构成的，对小事敷衍应付或轻视懈怠，将影响你的工作成绩——一个年轻轻就身居高层的成功人士在总结自己的成功经验时说。

但在工作中，真正能体会到其中“三昧”的人却少之又少。那些成绩平庸的人都或多或少沾染上了无视小事的恶习。许多人在接到一项新任务后，首先做的事情是——剔除穿插其中的诸多烦琐的细节。他们认为，这些琐碎的细节只会浪费宝贵的时间和有限的精力，结果“聪明反被聪明误”。整项工作由于缺少细节的连贯，在衔接上出现了脱轨现象，进而导致工作进度一再受阻，难以高质量地按期完成任务。

作为一名员工，你必须真正了解“平凡”中蕴藏着的深刻内涵，关注那些以往认为无关紧要的平凡小事，并尽心尽力地认真做好它。

任何人踏上工作岗位后，都需要经历一个把所学知识与具体实践相结合的过程，需要从一些简单的工作开始这种实践，并从实践中不断学习。所以，面对一件不起眼的小事，你要一丝不苟地扎扎实实做好，并虚心向他人请教，积累经验。

另外，以认真的态度去做平凡的工作，还有助于你建立良好的人脉关系，使你得到周围人的支持和帮助。无须多言，一个拥有良好人脉关系的人，自然更容易处理工作中的棘手问题，把工作完成得更好、更快。

工作智慧之四：借助“平凡小事”创造不平凡的业绩

要想摆脱对小事无所谓的恶习，你必须做好以下几点：

首先，在接到一项任务时，对其中的各种细节千万不要产生轻视的心理。你要把它看成一件重要的大事。这样，你才会真正重视它，并开动脑筋、发挥潜力做好它。事实上，要做到这一点并不容易，你需要时时提醒自己：“别看它简单、不起眼，对整项任务能否顺利完成却起着至关重要的作用。”做不好它，你就不可能高质量地完成任务。

其次，工作时一定要细心、认真。扎实地处理好每一个环节和细节，一丝不苟地去完成它。只有这样，你才能借助“平凡小事”的力量推进工作进度，做出不平凡的业绩。

再次，与周围的人分享你的工作成果。不管你所负责的工作多么平凡、不起眼，如果你细心工作，发挥你的聪明才智，你就可能做出让周围人惊讶的成绩来。比如，你创造出一套行之有效的好方法，能提高工作效率，或者提高工作质量，这无疑是平凡的工作对你的回报。这些好的想法和创意对于你更好地完成更富挑战性的工作是相当有利的，同时它也为你提供了一个成功的契机。很多人在得到这些“回报”和“馈赠”时，习惯于把它藏起来自己独享，事实上，这种行为并不可取。这个时候，你最好将这些成果与分享周围的人分享，切忌保密。与人分享成果有利于得到别人的好感，提高你的人脉指数，而良好的人际关系则会使你的工作速度和工作质量得到进一步提高。另一方面有助于上司正确地认识你的能力，使你早日获得晋升的机会，而且这样做还有助于提升整个团队和企业的绩效。

总之，一个人能否成就卓越，取决于他是否做什么事都力求做到最好，其中自然也包括那些再平凡不过的小事。所以在工作中，哪怕事情微不足道，你也要认认真真地把它做好。能做到最好，就必须做到最好，能完成 100%，就绝不只做 99%。

希尔顿饭店的创始人康·尼·希尔顿对他的员工说：“大家牢记，万万不要把忧愁摆在脸上！无论饭店本身遭到何等的困难，大家都必须从这件小事做起，让自己的脸上永远充满微笑。这样，才会受到顾客的青睐！”正是这小小的微笑，让希尔顿饭店遍布世界各地。

不要小看小事，不要讨厌小事，只要有益于自己的工作和事业，无论什么事情你都应该全力以赴。用小事堆砌起来的事业大厦才是坚固的，用小事堆砌起来的工作才是真正有质量的工作。“勿以善小而不为，勿以恶小而为之。”细微之处见精神。有做小事的精神，才能产生做大事的气魄。

养成注重细节的好习惯

这是一个细节制胜的时代。公司要想成就卓越，对于细节必须精益求精。而对于每一个员工来说，工作中的智慧也往往体现在细节之处。

微软公司之所以会投入几十亿美元来改进开发每一个新版本，就是要争取每一个细节都不出现纰漏，不给竞争者以可乘之机。对于细节的注意，使得微软的产品处于领先地位，从而确定了其在竞争中的优势地位。

迪士尼公司为游客提供的优质服务，使游客在离开迪士尼乐园以后仍然可以感受得到。迪士尼的一项调查发现，平均每天大约有 2 万游人将车钥匙反锁在车里。于是迪士尼公司雇用了大量的巡游员，专门在公园的停车场帮助那些将钥匙锁在车里的游客打开车门——这一切，无须给锁匠打电话，无须等候，也不用付费。这一颇重细节的服务为迪士尼公司带来了更多的游客。

世界著名的管理大师韦尔奇，在管理学基础理论上并无发聋振聩的东西，但是他在 GE 公司 20 年的管理实践中身体力行的、为人们津津乐道的一些管理细节却令人敬佩。这些细节包括手写“便条”并亲自封好后给基层经理人甚至普通员工，包括能叫出 1 000 多位通用电气管理人员的名字，还包括亲自接见所有申请担任通用电气 500 个高级职位的人，等等。在世界级的大公司中，很少有几家公司的老板能做到这一点。

企业的经营，只有重视细节，并从细节入手，才能取得好的成效。企业经营的核心在于“顾客满意度”，细致入微的服务可以打动顾客的心。市场竞争越来越注意服务的竞争，谁注意服务的精细化，谁就会在市场上更胜一筹。美国西南航空公司的毋须转机的“点到点”服务以及戴尔公司的直销服务都取得了相当好的效果，在竞争激烈的市场环境中为企业创造了发展的机遇。在细节制胜的时代，企业不必从策略上进行根本改变，只需通过产品或服务革新以及改进运作系统，从细节上进行细化，就能够确立企业的发展优势。

同样，注重细节的员工是最具责任心的员工。

对于企业来说，注重细节是至关重要的。同样，对于一个员工来说也是如此，注重细节其实就是一种工作态度。看不到细节，或者不把细节当回事的人，必然对工作缺乏认真的态度，对事情只是敷衍了事。这种人无法把工作当做一种乐趣，而只是当做一种不得不受的苦役，因而在工作中缺乏热情。他们只能永远由别人分配给自己工作，甚至即便这样也不能把事情做好。这样的员工永远不会在企业中进步。考虑到细节、注重细节的人，不仅认真对待工作，将小事做细，而且注重在做事的细节中找到机会，从而使自己走上成功之路。

优秀员工与平庸者之间的最大区别在于，前者注重细节，而后者则忽视细节。

工作智慧之一：细节之中潜藏着机会

胡永和张军同时应聘进了一家中外合资公司。这家公司前途光明，待遇优厚，有很大的发展空间。他们俩都很珍惜这份工作，拼命努力以确保试用期后还能留在这里，因为公司规定的淘汰比例是2:1，也就是说，他们俩必然有一个会在三个月后被淘汰出局。

胡永和张军都咬着牙卖劲地工作，上班从来不迟到，下班后还要经常加班，有时候还帮后勤人员打扫卫生，分发报纸……

部门经理是一个和蔼可亲的人，他经常去两个人的单身宿舍交流、沟通，这使他们受宠若惊。所以两人特别注意个人卫生，都把各自宿舍整理得一尘不染，把专业书都摆在桌面上，以示上进。

三个月后，胡永被留了下来，张军悄无声息地走了。过了半年，胡永被提升为部门主管，和经理的关系也亲近了，他问经理当初为什么留下了他而不是张军。经理说：“当时从你们中选拔一个还真难，工作上不分高低，同事关系也很融洽，所以我就常去你们宿舍串门，想更多地了解你们。我发现了一个现象，凡是你们不在的时候，张军的宿舍仍亮着灯，开着电脑。而你的宿舍则熄了灯，关了电脑，所以最后确定了你。”

不要忽视细节，一个墨点足可将白纸玷污，一件小事足可以招人厌恶。在激烈的职场竞争中，细节常会显出奇特的魅力，它可以提升你的人格，增加工作绩效指数，博得上司的青睐，获得更好的机会。

细节本身往往就潜藏着很好的机会。如果你能敏锐地发现别人没有注意到的空白领域或薄弱环节，以小事为突破口，改变思维定式，你的工作绩效就有可能得到质的飞跃。

新闻系毕业的小宁终于如愿以偿，开始了她的记者生涯。然而工作仅一周，她就发现自己是部门里多余的人。部门的工作已经被原有的三个人周密地分了工，他们各管一摊，根本没有自己插手的余地。

该怎么办呢？

同时分到其他部门的同学见她按兵不动，提醒她说：“小宁，这是个凭业绩吃饭的时代，你可不能这样站着，你必须厚着脸皮去抢。该撬墙脚就去撬，该圈的地就去圈，这没什么大不了的。”

小宁听了思虑再三，仍决定不抢别人的饭碗。她细心观察，耐心接听编辑部的求助电话——这是谁都不想干的活。一个月后，她通过接听电话，得到了一条宝贵的信息。依据这个信息，她回避了资深同事“以学校老师”为主体的采访路线，改走“学生家长”路线，在科教文卫部首推“教育话题热线”，主持一个讨论性的栏目。这个栏目得到了一致好评，小宁由此在报社里站稳了脚跟。

能否把握细节并予以关注是一种素质，更是一种能力。对细节给予必要的重视是一个人有无敬业精神和责任感的表现，若能从细节中发现新的思路，开辟新的领域，更能表现出一个人的创新意识和创新能力，不管是前者还是后者，都是老板十分看重的。

研究人员曾经归纳出一条“事故法则”：每起严重的安全事故的背后是29次轻微事故、300起未遂先兆和1 000起事故隐患。这些轻微事故、未遂先兆和事故隐患只要稍加留意就可发现。但若在细节上疏忽大意，事故与损失就不可避免。

细节归根到底是有无责任心的问题。因此，要想具备细节意识和细节观念，首先必须树立工作责任心。只有从小事做起，端正工作态度，才能真正发现细节、注重细节。小事不能小看，细节方显魅力。以认真的态度做好工作岗位上的每一件小事，以强烈的责任心对待每个细节：从对客户拜访的每个微笑至换位思考为客户着想；从数据的周全准备至严密的逻辑思维分析；从各部门相互协调配合到各自岗位上的小事处理的完善。处理好细节才是制胜之道，只有小事做好了，才有公司制度的健全与完善，才能在平凡的岗位上创造出最大价值，才能成为公司最为看重的员工。

工作智慧之二：天下之事，必作于细

一名员工是否具有细节意识，从日常工作中更能体现出来。比如不随意使用公司电话处理私人事务，不在公司的电脑上玩游戏等。

从一张纸都能看出一个员工是否注重细节。很多公司对纸张的使用都有着严格的要求，例如：在打印机和复印机旁一般都设有三个盒子，一个是盛放新纸的，一个是盛放用过一面留待反面使用的，另一个才是盛放两面都用过可以处理掉的。如果用过一面的纸张不便于再用于打印或复印，可以简单装订起来作为草稿纸，或者用于财务报销时贴发票。注重细节的员工总能最大限度地利用每一份公司资源，绝不会随意废弃。

注重细节的员工对于私人朋友的来访接待也十分注意。他们总会把私人朋友引进专用的会客室，不会允许客人进入到工作区。而且，在时间方

面也很注意，除非是急事，否则是不会在上班时间接待私人朋友的，即使接待，在接待时也力求简短。

以上这些虽都是小事，但却体现出了一个人的工作态度、行为方式、做人理念，因此是疏忽不得的。注重细节是一名员工必须具备的素质。因为只有具备这一素质的人才会创造出出色的业绩。而且企业的细节处理艺术终究由每个员工的细节意识和细节观念来决定，如果员工在细节上马马虎虎、不用心，企业是不可能在细节上具有优势的。而对细节的疏忽，必然会导致竞争的失利。

工作智慧之三：关注工作细节，招招灵验

能否把握细节并予以关注是一种素质，更是一种能力。对细节给予必要的重视是一个人有无敬业精神和责任感的表现，若能从细节中发现新的思路，开辟新的领域，更能表现出一个人的创新意识和创新能力，不管是前者还是后者，都是老板十分看重的。

具体来说，工作中的细节主要体现在以下六个方面。

其一是保持办公桌的整洁、有序。

如果一走进办公室，抬眼便看到办公桌上堆满了信件、报告、备忘录之类的东西，就很容易使人感到混乱。更糟的是，这种情形也会让自己觉得有堆积如山的工作要做，可又毫无头绪，根本没时间做完。面对大量的繁杂工作，还未工作就会感到疲惫不堪，冲淡自己的工作热情。

美国西壮铁路公司董事长罗西说：“一个书桌上堆满了文件的人，若能把他的桌子清理一下，留下手边待处理的一些，就会发现他的工作更容易些。这是提高工作效率和办公室生活质量的第一步。”因此，要想高效率地完成工作任务，首先就必须保持办公环境的整洁、有序。

其二是不把请假看成一件小事。

随便找个借口就去找老板请假，比如身体不好、家里有事、孩子生病……这样既会让老板反感，而且还会影响工作进度，很有可能导致任务逾期不能完成。即使你认为工作效率较高，耽误一两天也不会影响工作进

度，那也不能轻易请假，因为你身处的是一个合作的环境，一个人的缺席很可能会给其他同事造成不便，影响其他人的工作进度。所以不要随便请假，即使生病，只要还能上班就不要请假，更不要因为逃避繁重的工作或无关紧要的小事请假。在公司里，有很多人一旦所负的责任较平时重，便会产生逃避心态，这可以理解但绝不被支持。更大的责任是提升一个人工作能力的绝佳机会，抓住它，业绩就会更上一层楼。

其三是办公室里严禁干私活、闲聊、玩游戏、网购。

在办公室里干私活是不对的。一方面是因为工作时间内，公司的一切人力、物力资源，仅属于公司所有，只有公司方可使用。任何私事都不要在上班时间做，更不能私自使用公司的公物。另一方面，就员工个人而言，利用上班时间处理个人私事或闲聊，会分散注意力，降低工作效率，进而影响工作进度，造成任务逾期不能完成。所以将办公时间全部用在任务的完成上，是必要的，也是必需的。

其四是在办公室把手机关掉或调到静音上。

上班时间不要随便接听私人电话，要记住手机的声音会让身边的同事或上司反感，而别人反感的情绪又会直接影响你的工作情绪，最终导致个人乃至整个团队工作效率的降低。如果随便接听私人电话，就会分散注意力，很有可能导致你对任务的认知产生偏差，进而使任务不能按期完成。

其五是下班后不要立即回家。

下班后要静下心来，将一天的工作简单做个总结，制订出第二天的工作计划，并准备好相关的工作资料。这样有利于第二天高效率地开展工作，使工作按期或提前完成。离开办公室时，不要忘了关灯、关窗，检查一下有无遗漏的东西。

其六是适时关闭电脑。

除非必要，否则不要让电脑在上班时间一直开着，更不能借工作掩护上网、玩游戏、看 DVD、网购。在工作中，热衷于做这些事，只会浪费有限的时间和精力，增加工作压力感，提高绩效自然也就无从谈起了。

最好的做法是：在做完当天的工作，为明天的工作找好资料后就关闭电脑，控制自己上网、玩游戏的欲望。闲暇时间，可以买几本专业书籍充电。

主动改进自己的工作方法

把事情做好、做到位的前提是改进自己的工作方法，很多人之所以没有取得卓越的工作业绩，没能成为老板心中最优秀的员工，不是因为工作能力不足，而是工作方法平庸。陈旧的工作方法使他们遗漏了工作中看似平凡实则至关重要的环节，只有运用高效的工作方法，才能把工作完成得尽善尽美。

工作智慧之一：主动汇报自己的工作情况

在职场中打拼，不管工作成效的好坏，都不要在老板问起时才汇报，这样的态度很糟糕。工作汇报应该是随时进行的，尤其是发生变动和异常情况时更应及时汇报，这是员工的天职，也是工作常识。

有些人总是要在老板问起“那件事进行得如何了”时才会汇报，这样显然是不行的。

作为一名下属，要尽量在老板提问题之前主动汇报，即便是要花费很长时间才能完成的工作，也应该在中途提出报告。让老板了解工作是不是依照计划进行了，如果不是，需要做哪些方面的调整。这样一来，即便工作无法依原计划达到目标，让老板知道经过原委，才不至于有所责难。

即使只出差两三天，在中途也应该以电话或发电子邮件向老板汇报工作进行的状况。这样一方面有助于老板了解你的工作进展，另一方面还能得到老板的建议和指示，更有利于你把事情做好。自然，这样的员工更容易让老板放心，得到老板的重用。

汇报的速度越快越好，不管是好消息还是坏消息，都要及时汇报，如果错过了时机，所有的汇报就会失去价值。汇报一晚，老板的判断也跟着迟了，这样一来一定会影响到公司的业务和你的业绩，尤其是对于不好的消息，更是越早汇报越好，这样老板才能及时想出对策应付。

大多数的人都喜欢汇报好消息，对于坏消息就迟迟不敢汇报，特别是失败的原因是由自己引起时，就更不敢讲出真话来了。其实遇到这种情况时，绝对不可以隐瞒，如果一拖再拖也许会真的使事情一发不可收拾，导致最严重的后果。

汇报对接受指示、任务的人来说，是一种应尽的义务。汇报的好、坏，也会使一个员工的评价受到影响。

无论从哪一方面说，不及时汇报的人都不是老板所喜欢和器重的人，这样的员工也是难以取得成功的。

在你准备做一件事时，应提前向老板作一下汇报，在做事过程中为了不让老板忘掉，可以不断地汇报工作的进展情况，老板肯定会认为你是一个很有头脑的人。

当你的工作已经取得了初步的成绩，即将进入一个新的工作阶段时，主动向老板汇报自己前一阶段的工作和下一步的打算，是十分必要的。这可以使老板了解你的工作成绩和将来的发展，并给予必要的指导和帮助，如果你不主动汇报，老板就会觉得你工作不称职。

实际上，多主动向老板汇报，接触多了，还可以让老板知道你的长处和优点，这对你的发展显然是很有好处的。

主动汇报，这对那些资历深且能力很强的下属来说，就意味着在老板的支持和允许下工作，如果没有这种支持和允许，再厉害的下属也将无法工作，更莫说创出业绩了。

工作中遇到关键的问题，多向老板汇报和请示是下属主动争取表现的好方法，也是下属做好工作的重要保证。聪明的下属善于主动向老板汇报和请示，征求老板的意见和看法，把老板的意见融入到工作中去，一来工作中不会出错，二来博得老板的好感，你自己又做出了成绩，皆大欢喜，何乐而不为呢？

工作智慧之二：向上司请教前，最好事先想好问题的解决方法

在工作中，人们常常会向上司请教一些问题，这些问题有些是你又难以解决的工作难题，有些是你不敢自作主张的“大事”，但是不管遇到什么情况，都不要在未加思索之前就匆忙呈上去。

因为当你向上司请求“这件事该如何处理”时，上司可能会反问你“你觉得怎样解决才是最好的”时，如果没有任何准备，你可能会不知所措，无法回答，或者支支吾吾、毫无逻辑。这样做就等于告诉上司，你没有进行思考和判断，缺乏独立工作的能力。对于一个职场中人来说，这种不负责任的态度是非常要不得的。

所以，向上司请教之前，心里一定要好好思考一番，有了自己的看法去向上司请示，以便上司问及时能够从容不迫地回答，这对树立你在上司心目中的良好形象会起到积极作用。在思考解决方案前，针对问题要想办法搜集有关工作的正确情报，然后整理、分析，以保证你的回答有很高的利用价值，能够得到上司的认可。

不要害怕上司驳回你的看法。要耐心倾听上司的分析和结论，找出自己思考方法和深度方面的不足。多次与老板进行这样深层次的沟通，有利于你从公司的大局出发，了解上司的思考倾向，久而久之自然能了解上司的想法，下次再遇到类似的问题时，就会考虑得更周到了。这是一个人磨炼自我、取得进步的好机会。

如果每次上司向你询问问题的解决方案时，都能看到你充满自信的面容，听到你见解独到的回答，相信你的发展前景一定会很乐观。因此，任何时候，事先思考对职业人士来说都是十分重要的。

工作智慧之三：给老板的报告里预备一份概要

工作中，免不了要写报告、做方案，有些人辛辛苦苦、倾尽心血做好的工作报告、方案，到头来得不到老板的认可。这是什么原因呢？原来他们忽视了一个关键点，在给老板的报告里，没有预备一份简短的概要，以

便老板快速地浏览。

有一个职员，他写的报告十分详尽，可每次将报告呈给老板时，老板总是随意地翻一翻，不置可否。这个职员很是不解，为什么明明写得很好的报告却得不到老板的认可呢？

后来，一个在职场打拼多年的成功人士提醒他：你的报告写得很好，如果附上一份简短的概要，那就能行得通了。

这个职员懂得了这个道理，以后在写报告做方案时，就附上一份简短的概要，他的报告果真就很容易通过了，很容易得到了老板的认可。

这就是简短概要的威力。

作为一个老板，他一天的工作已经够忙碌的了，根本没有足够的时间仔细阅读报告方案。如果你在给他的报告里附上一份简洁的概要，老板接到你的报告时，能够先阅读这份概要，通过阅读这份概要，他就能节省时间，迅速知道你的报告内容，快速作出决策。

如果你没有附上概要，由于老板事多人忙，加之讲求效率，往往无心细看，很多时候还会产生一种厌倦感，你辛辛苦苦做出的报告就有可能被老板否定，甚至变成一卷废纸，自然难以得到认可。

况且，概要本就是报告不可或缺的一部分，就像每一本书都应该有一个准确的目录一样，没有概要，这个报告就是不完整的。把一份不完整的报告扔给上司，当然是一种不负责任、做事虎头蛇尾的表现，自然会让上司反感，因此，在给老板的报告里预备一份概要，是把事情做到位的关键。

概要就是报告中重要内容的缩写，如此，老板在有限的时间内就知道你报告中要传达的内容。老板因此还会认为你是一个精明且有心的人，从而肯定你的工作能力，也许某一日会把晋升的机会摆在你面前。

积极面对每一项工作

在现实世界里，有些受过良好教育、才华横溢的年轻人，在公司里却长期得不到提升，主要是因为他们养成了一种嘲弄、吹毛求疵、抱怨和批评的恶习。他们根本无法积极地面对自己手头的工作，只有在一种被迫和监督的情况下才能工作。

有些刚刚走出大学校门的年轻人，面对自己从未接触过的工作，一时有些手足无措，每当领导交给他工作任务时，总是要问一问该怎么办，这种做事方法长此以往也容易出现依赖心理。

所以，初进入职场时，你就要约束自己的行为，培养自己积极面对手头工作的最好表现就在于主动做事。所谓的主动做事，就是不用别人告诉你，你就能在工作中自觉出色地完成任务。其实在日常工作中，即使你没有被正式告知要对某事负责，也应该努力去做好。如果你表现出胜任某种工作，那么责任和报酬就会接踵而至。在你担心该如何多赚一些钱之前，试着想想如何把手头的工作做得更好吧。

罗家伦毕业于中南一所著名的医药大学，毕业后，经过一番在人才招聘会上的激烈竞争后，他进入了一家生物科技公司。他因为深刻地认识到现在社会上的就业艰难，所以，从踏入这家公司的那天起，他就强烈要求自己在公司里争取主动做事。尽管许多事情他也不明白，许多工作他也一下子无法完全理清，但是，在他主动做事的过程中，碰到了不懂的或者不会处理的问题，总会有同事指点一番，就这样，他的工作能力得到了不断的提升，薪水也在短短的半年之中，翻了一番。

老板和公司最需要的就是拥有主动做事精神的员工，而在实际工作中，人们很难找到能集这些精神于一身的人。许多员工总认为自己和老板只是一种商业交换关系，无须感激老板，甚至对老板抱有仇视心态。这是老板和员工之间矛盾紧张的最主要的原因。事实上，如果每位员工都能用积极的心态面对自己的工作，并培养自己主动做事的精神，那么在老板和员工之间就会实现一种双赢的局面。

陈华和蓝云平同在一家百货公司做事。他们的年龄一样大，也拿同样的薪水，可是蓝云平很快就升职加薪了，而陈华仍然一直原地踏步。

“其实，不能说我不公平，蓝云平这小伙子实在是招我喜欢。我觉得我不能不给他升职加薪，那是他应该得到的。”老板说，“我派他们去市场上看看有什么卖的，因为我的库存已经不多了。陈华回来告诉我只有一个农民在卖土豆。我问有多少，他不知道，就又跑到市场上问了回来。我问价格是多少，他又只好第三次跑到市场问出了价钱。”

说到蓝云平，那位老板笑着说，脸上带着欣慰的表情，好像讲述的是他的儿子：“他很快从市场上回来，并汇报说目前只有一个在卖土豆的农民，一共36口袋。价格还比较合理。他还带回几个土豆样品，让我看看质量。你更不会想到的是，他从农民那儿了解到番茄的销量很好，他把那个农民也带来了，在他手上还有一个番茄样品。后来我就放心地让蓝云平担任了更重要的职位。而陈华，我实在找不出什么理由给他加薪，哪怕是100元……”

在以前的工业革命时代，听命行事的能力相当重要，而现在个人的主动进取的精神更受重视。知道什么事该做，就要立刻采取行动——动手做！不必等别人的督促与交代。

“我没有时间!”“我实在太忙了，不能做!”“恐怕现在还不是最佳时机，我们为什么不再等等呢?”通常，这些司空见惯的话语可能会使你付出数倍的代价。“没有时间”只是懒散者的挡箭牌，是懦弱无能者的理由。要想获得更多的机会，你就应该积极主动地去面对自己的每一项工作，即使你的所得与你的付出并不成比例。

因此，初入职场的你若想登上成功之梯的最高阶，就要学会积极面对自己的工作。即使你面对的是毫无挑战和毫无生趣的工作，如果你能够做到率先主动地积极做事，最后就能获得生活的回报。

把自己的工作做好

老板们欣赏能做好自己工作的人。能够做好自己的工作，是成功的第一要素。

从来没有什么时候，老板像今天这样，青睐能做好自己工作的员工，并给予他们如此多的机会。各行各业，人类活动的每一个领域，无不在呼唤能自主做好手中工作的员工。齐格勒说："如果你能够尽到自己的本分，尽力完成自己应该做的事情，那么总有一天，你能够随心所欲从事自己想要做的事情。"反之，如果你凡事得过且过，从不努力把自己的工作做好，那么你永远无法达到成功的顶峰。对这种类型的人，任何老板都会毫不犹豫地排斥在他的选择之外。

现代职场中，认真做好自己的工作和凡事得过且过的人之间，最根本的区别在于，前者懂得为自己的行为结果负责。这种工作态度常能感化"铁石心肠"的老板。而后者在工作中却常抱有这样一些想法：

"我今天终于完成了我的工作。"

"速度要快，质量在其次，差不多就行了。"

"现在的工作只是跳板，不需要我认真对待。"

"我的工作能够得到他人的帮助就好了。"

……

一个人一旦被这些想法控制，不管他的工作条件多么好，交付他的工作多么简单，也很难全心全意投入工作，圆满做好自己的工作。对这种员工，老板会时刻准备辞掉他。

其实，做好手中的工作，成为职场中出类拔萃的一员并不难。在摒弃了上面那些愚蠢的错误想法后，首先你要尽快了解你的工作范围，熟悉公司的一切，对公司有个全局认识。其中包括公司目标、使命、组织结构、销售方式、经营方针、工作作风……尽量使自己能像老板一样了解所在公司。熟悉公司的一切是做好本职工作的基础，打下这个基础可以使你的工作干得更出色，甚至超出老板的期望。这样，假以时日，你的处境准会有转机。

从另一方面讲，主动努力了解公司的一切，可表现出你愿意接受公司的企业文化，愿意融入这个群体，而不是做一个匆匆过客。能够给老板留下这种印象，对于一个渴望成功的员工来说非常重要。

了解了企业文化，接下来你就要像海绵一样，拼命吸收所在行业中的各种知识，在你的本行业里，“全面性、全天候”地学习，持续不断地自我成长，专精于自己所从事的领域，并竭尽所能地了解专业领域的最新动向和知识。只有这样，你才能迎接变革的需求，圆满完成老板交付的工作。

“人生有涯，而知识无涯”。不管你有多能干，你曾经把工作完成得多么出色，如果你一味沉溺在对昔日表现的自满当中，“学习”便会受到阻碍。要是没有终生学习的心态，不断追寻各个领域的新知识以及不断开发自己的创造力，你终将丧失自己的生存能力。因为，现在的职场对于缺乏学习意愿的员工很是无情。员工一旦拒绝学习，就会迅速贬值，所谓“不进则退”。转眼之间就被抛在后面，被时代淘汰。

埃里克·霍弗深信：“在瞬息万变的世界里，唯有虚心学习的人才能掌握未来。自认为学识广博的人往往只会停滞不前，结果所具备的技能没有多久就成了不合时宜的老古董。”

所以，不管你曾有过怎样的辉煌，你都得对专业生涯的成长，不断投注心力，学习、学习、再学习，千万不要自我膨胀到目中无人的地步，要开放心胸接受智者的指点。及时了解自己亟待加强的地方，时时保持警觉，更好地发挥自己的才能，让自己的工作随时保持在积极主动的状态。

总而言之，当你在充分了解公司的一切基础上，不断地自我充实，终生学习，你就能不断地茁壮成长。而唯有不断地成长，你才能够成为一名充实的专业人士，成为老板眼中最具价值的员工。

激情使工作充满生机

激情是工作当中一种最为难能可贵的品质，对于一个员工来说就如同生命一样重要。有了激情，一个员工可以释放出巨大的潜在能量，补充身体的潜质，并发展出一种坚强的个性；有了激情，可以把枯燥的工作变得生动有趣，使自己充满对工作的渴望，使自己产生一种对事业的狂热追求；有了激情，还可以感染周围的同事，拥有良好的人际关系，组建一个强有力的团队；有了激情，你更可以获得老板的提拔和赏识，获得更多的发展机会。

有一位著名的民营企业家说："要想获得这个世界上的最大奖赏，你必须拥有过去最伟大的开拓者所拥有的将梦想转化为全部有价值的满腔激情，以此来发展和销售自己的才能。"

可在现实中，很大一部分人对自己的工作和所从事的事业缺乏一些起码的热情。他们早上上班时，一步一蹭地挪到公司后，无精打采地开始一天的工作，对待工作是能推就推，能拖就拖，就盼着下班的时间早些到来。这些连对工作起码的热情感都没有的人，又怎能谈得上对工作拥有激情？

其实，对于职场中人来说，当你正确地认识了自身价值和能力及担负的社会责任时，当你对自己的工作有兴趣，感到个人潜力得到了发挥的同时，你就会产生一种义务感，并产生一种巨大的精神动力，即使各种条件比较差的情况下，也不会放松对自己的要求，反而会更加积极主动地提高自己的各种能力，创造性地完成自己的工作。这就是对工作充满激情的表现。

朱明华是一家公司的采购员，他非常勤奋而刻苦地工作，对工作有一种近乎狂热的热情。他所在的部门并不需要特别的专业技术，只要能满足其他部门的需要就可以了。但朱明华总是千方百计地找到供货最便宜的供应商，买进上百种公司急需的货物。

他兢兢业业地为公司工作，节省了许多资金，这些成绩是大家有目共睹的。在他 29 岁那年，也就是他被指定负责采购公司定期使用的约 1/3 的产品的第一年，他为公司节省的资金已超过 48 万元人民币。公司副总经理知道了这件事后，马上就增加了朱明华的薪水。因为他在工作上刻苦努力，博得了高级主管的赏识，在 36 岁时成为这家公司的副总裁，年薪超过 10 万。

微软公司招聘员工时，有一个很重要的标准：被录用的人首先应是一个非常有激情的人，对公司有激情，对技术有激情，对工作有激情。你也许会觉得奇怪，微软怎么会招这么一个人？它的一位人力资源主管一语道出了内中的真相：“我们不能把工作看成是几张钞票的事，它是人生的一种乐趣、尊严和责任，只有对工作拥有激情的人才会明白其中的意义。”

其实在公司里，没有人愿意同一个整天委靡不振的人交往。同样，没有一个公司愿意招聘一个整天提不起精神的人，更没有一个老板愿意重用一个情绪低落、整日牢骚满腹的员工。和那些在工作上不太如意的人聊一聊，你就会发现，他们牢骚满腹、怨天尤人、愤愤不平、寻找借口，那是他们性格上的缺陷给他们造成的麻烦。他们自毁前程、自食其果，他们总是显得格格不入，无所作为。所有的雇主都在寻找能够助自己一臂之力的人，他却在冷眼旁观，对工作提不起一丝一毫的热情。他们始终不明白他们的工作不如意到底是什么原因造成的。其实，是他们不明白一个基本的职场规则：奖赏只属于那些对工作充满激情的人。

许多对工作丧失激情的人，总是把原因归咎于自己的工作缺乏创造性。其实，缺乏激情的深层原因还在他们自己的内心深处，他们对激情怀有一种畏惧心理。

许多人生活在一种被束缚、被阻碍的不良的环境中；生活在足以泯灭热情、丧失志向、分散精力、浪费时间的氛围中。他们没有勇气去斩除束缚他们的桎梏，也没有毅力去抛弃旧有的一切。终于，他们的志向会因没有成绩而归于灭亡。

许多员工，本来也想对工作充满激情，也有志于表现他们自己，但被过度的胆怯与缺乏自信两者所束缚、所阻挡，因害怕失败而不敢行动。

怕别人讥讽和嘲弄，害怕流言飞语，这种恐惧心理会导致他们不敢说话、不敢做事、不敢冒险、不敢前进。他们等待又等待，希望有一种神秘的力量，给予他们信心与希望。

激情，就是一个人保持高度的自觉，就是把全身的每一个细胞激活起来，完成心中渴望的事情。激情是一种强劲的情绪，一种对人、事、物和信仰的强烈情感。激情甚至可以改变历史，多少伟大的爱情故事、多少历史的巨大变革，莫不与激情息息相关。

人的价值 = 人力资本 × 工作中的激情 × 工作能力。

工作激情应该是工作能力的前提和基础，它可以促进工作能力的提高。有了工作激情，才会丰富工作成果，才能说明工作能力；没有工作激情，成天混日子，那只会日渐消沉。

工作中的激情可有效激励你达到每日的工作目标，并能重燃成功的希望，推动你不断前进，更上一层楼。

所以，在进入职场后，你要学会不断给自己施加压力，加强工作的难度和复杂程度，给自己创造超越自我的机会，才能使自己持续保持工作的新鲜感和动力，持续保持工作中的激情和使命感。这是在职场上一技压群的最佳武器。

尽职尽责才能尽善尽美

在人们的社会生活中，四处弥漫着“差不多精神”。上班的人 8 点钟打卡，就开始盼望着 5 点钟的下班铃声；不管是管理人员还是一般职员，都把工作当成是两个周末之间的插曲，而且大家都喜欢说：“别太卖力了！”有些会计人员，算起账来错误连篇，写出来的账目满纸涂改，所以，只好永远拿那么一点微薄的薪水，勉强度日，永无进大银行、大公司的希望。许多刚刚跨出校门、步入职场的年轻人，往往都坏在一件更小的毛病之上——拖拉，草率多误。任何事情，一经过他的手，别人就再也不能放心，不得不再去复核一次，他做事情永远是错误多端，粗糙拙劣。但是，当他们看到别人凭心力赚了大钱时却是又羡慕又嫉妒，而这正是他们的缺点。

其实，没有人天生是赢家。财富、成功和幸福的获得是长久努力的结果，而不是单靠运气。在人生的成功上获胜的人个个都是勤奋工作的，而且通常费时甚久才达到目标的。所以，要告诫 80 后一代职场新人，在工作中千万不要被“差不多精神”所影响，而应该抱着诚实的态度去踏踏实实地完成自己的工作。

当然，对于那些刚刚踏进社会的年轻人来说，尽职尽责完成分内的工作还远远不够，在一没有经验，二没有能力的条件下，要想在职场上取得成功，唯有把工作做得更多、更好、更彻底。这样，才会在自己的职业领域里实现人生的跨越。

一位老板要提拔一名员工，当然要挑选办事稳妥、迅速周到的人。他们绝不会看中那些拖拉懒惰、做事总是留下后遗症而必须经人这修那改的人。他们最满意的人，做起事来必须有条不紊，不怕劳苦。

有了粗糙拖拉的毛病，你就可能与成功机会失之交臂。一个做事马马虎虎、拖拉糊涂的人，不但会影响他们的前途，更会影响他们的性格发展。

不管是谁，都不会信任一个做起事来拖拖拉拉的人，因为他们在精神与工作上含糊粗拙，一点也靠不住，只要一看见他那粗拙的成绩，就会想到他的为人。

也许有人会说：“这份工作不值得我做。我这么聪明能干的人，不应该去做这么卑微的事。”

有些人轻视现有的职位，不肯全力以赴，并且毫不掩饰自己的情绪，最终就会失去了现有职位。

做事全力以赴，不但能够使你迅速进步，并且还将大大地影响你的性格、品行和自尊心。任何人如果要瞧得起自己，就非得秉持这种精神去做事不可。

毫无疑问，事无大小，每做一事，总要竭尽全力，全力以赴，这是成功者的一种结论。凡是有所作为的员工，都是那些做事不肯自安于“尚可”或“马马虎虎”，而必求尽善尽美的员工。

在日常工作中，对于那些寻常细微的工作认真地做好，才有可能使自己渐渐地走上重要的岗位并创造出更大的财富。日常奉献出来的认真和勤奋，可以使你进入“上升”之门。在做事时，只要你竭尽所能，做得比一般人更好、更敏捷、更精确、更可靠、更整齐些，更能不断创造、运用自如，你自然能引起上司的重视，使你不断发展和进步。

随便走到何处，一位全力以赴工作完美无缺的人，总是受人欢迎的。所以，你应该早些打定主意，非把任何事处理得尽善尽美不可。对于任何事，你都要倾注全副精力去做。

因此，全力以赴是一种必要的品格。只有不懈地坚持，才有可能达到预期的彼岸，才能摘取成功的果实。快下决心吧，不要管别人做得怎么样，事情一到了你的手里，你就一定要全力以赴地做好。千万不要让偷闲、取巧、拖拉、懒散的坏习惯阻碍了你！

小地方容易出现大纰漏

凯斯特是一家公司的采购部经理。一天，他看到公司定制的圆珠笔、复印纸异常精美，便不断地拿些回去，给他上学的女儿使用。这些东西被女儿的老师看见了，而该老师的丈夫，恰好正是与这家公司有业务往来的高级主管。

该高级主管了解这件事后，说道：“这家公司的风气太坏了，公司的员工只想着自己而不是公司！这样的公司怎么能有诚意做好生意呢？”于是，他中止了与该公司的合作计划。

谁会想到计划的中断，竟是由一些复印纸造成的呢！

因此，“勿以善小而不为，勿以恶小而为之”。工作中许多不良习惯，哪怕它如芥粒，非常之小，其所造成的危害，常比你想象的要严重得多。对于员工来讲，这些看似微不足道，不足以影响大局的小毛病，还常常决定他本人的前途命运。理智的老板，常会从细微之处观察员工、评判员工。比如，站在老板的立场上，一个缺乏时间观念的员工，不可能约束自己勤奋工作；一个自以为是、目中无人的员工，在工作中无法与别人合作沟通；一个做事有始无终的员工，他的做事效率实在令人怀疑……一旦你因这些小小的不良习惯，给老板留下不良印象，你的发展道路就会越走越封闭。因为你对老板而言，已不再是可用之人。

工作禁忌一：工作期间公私不分

如果你通常在工作期间处理私人事务，老板会感觉你不够忠诚。因为公司是讲求效益的地方，任何投入必须紧紧围绕着产出来进行。工作时处理私人事务，无疑是在浪费公司的资源和时间。

一位老板曾经这样评价一位当着他的面打私人电话的员工：“我想，他经常这样做，否则他怎么连我也不防？也许他没有意识到这有悖于职业道德。”

另有某公司的老板说：“我不喜欢看见报刊、杂志和闲书，在工作时间出现在员工的办公桌上，我认为这样做表明他并不把公司的事情当回事，他只是在混日子。”

……

对老板来说，工作时间处理私人事务，很大程度上反映出员工工作的心态。有些老板通常把私人事务的多少，当做一位员工是否积极上进、安心本职工作的考核标准。因此，公私不分，工作时间处理私人事务，既影响你的工作质量，也直接影响了你在老板心目中的形象。

工作禁忌二：做事有始无终

许多人有一种把工作做了一会儿，就放在一边的习惯。而且他们充分相信，他们似乎已经完成了什么。

事实果真如此吗？你这样做，犹如足球运动员在临门一脚的刹那收回了脚，前功尽弃，白白浪费力气。

对一位积极进取的员工来说，有始无终的工作恶习，最具破坏性，也最具危险性。它会啃噬你的进取之心，它会使你与成功失之交臂。这不能说不是一个巨大的遗憾。

而一个人一旦养成了有始无终、半途而废的坏习惯，他永远不可能出色完成任何任务。这时他也许会运用一些小伎俩来蒙混过关，欺骗老板。可惜，重过程更重结果的老板很少会受其骗。

如果你有能力，业绩却远落后于他人，不要疑惑，不要抱怨，问问自己是否对工作始终如一，如果答案是否定的，这就是你无法取胜的原因。对于任何一件工作，要么干脆别动手，要么就有始有终，彻底完成。有一句话说得好："笑到最后的，才是最美的。"

有些习惯看似微不足道，实则十分重要，不加注意，就会使你的努力付之东流。

不会休息就不会工作

休息是人们生活的必需，如同人们每天都需要睡觉一样。可有些人为了在事业或其他方面下苦工夫，就忽略了休息。这就好比初三的学生，因为迎接中考，无论上课下课都像被万能胶贴在桌子上似的，除了读书还是读书，这叫死读书！这样不仅书读不好，而且会产生反效果，偶尔间放下心中的烦恼，对自己说"我今天心情很好"。简单一句话，就会使身心放松，得到了你所需要的休息。

两个朋友决定在森林小屋度假，为了储备过冬的燃料，他们整天用斧头砍木柴，其中一个人拼命地砍下去，从不停手，一天下来，他砍了好大一堆木头。另一个人则是每砍50分钟就休息

10分钟。一天下来，他的木头堆得更大、更多。

那个连续工作的人问他：你为何砍得比我多呢？

他的朋友回答说："我休息时，把斧头磨利了。"

休息是生活的必需品，如同足够的睡眠有益身心。现代人或许有足够的身体休息，却少了心灵的休息。每周休息两天让人更加忙碌，忙着玩、忙着旅游，心灵常处在紧绷的状态，如同拉紧的弓弦，极容易失去弹性。

休息是一种状态，给自己一点空白时间，甚至无所事事的时间。放松其实是恢复原本的自然状态。小孩是随时都放松的，所以如果从高处摔下，幼儿不容易受伤，而大人由于全身僵硬，绷得太紧，反而受伤严重。在轻松中，可以洞悉问题的缘由，不致因为紧张忙乱，而乱了阵脚。

在轻松中，原创力才不会枯竭，观察力才会敏捷，能看见别人看不到的盲点，能想到别人想不到的点子。轻松是如同鸭子划水，看似水过了无痕，却是内在产生强烈的爆发力，潜力惊人。

放轻松和松弛不一样，轻松是放宽心怀，回复原来的最佳状态，反而产生高度的警觉；松弛却不合自然，不合常理，是一种怠惰和随便，失去该有的张力和敏锐。在基督教的默想或禅宗的打坐中，最容易观察出轻松和松弛的不同。轻松是在静坐时，心平气和，腰杆挺直，却不用力，肌肉富有弹性，松弛则是姿势不良，弯腰驼背，无精打采。

现代人开车时常神经紧绷，紧张不已。如果善用和享受开车时间，并且练习放松，学会欣赏别人的友善或超车，以旁观者的心情看大千世界，心情就会放松下来，并享有旁观者清的怡然自得。

放松需要不断练习。一个会放松的人，将可以享受到更高品质的人生。当你腾不出时间让自己放松时，正是最需要放松的时候。

你在日常的工作中何尝不是如此呢？当你觉得工作压力大的时候，为何不尝试"休息"呢？有时候工作就应当如此，累了，就放下包袱，更好地去放松一下！说不定会有更大的收获！

现代人做任何事总是神经紧绷，无法放松，这会大大递减工作的效率。因此，你要明白这样一个道理："休息是为了走更远的路——没有干不完的事。”

长时间不间断地工作，在时间利用上并不是最有效率的。当一个人相同的工作做得太久时，会精力衰退，也会产生烦躁感，而且还会积累肉体上的压力与紧张，如果整天地工作，而未能改变步调，可能会引起下列各种毛病，如头疼、脾气暴躁、易怒、焦虑、慢性疲劳以及凡事漠不关心等。

工作中停顿下来略事休息，并不一定指真正地躺在床上的休息，而是从事另外不同的工作。这样，对减除紧张的效果通常与真正的休息放松一样好。特别是那些从事用脑工作的人，若能有几分钟改换为活动肢体的工作，就可得到舒缓。在办公室内走动，或到附近逛一圈，即可很快恢复精神。由原来的坐姿改为站姿，只要几分钟，就可消除原有的单调感，并提供身体一些新的刺激。在座位上做做体操，伸伸懒腰，也是在工作中略事休息的好方法。你不要以为休息是浪费时间，因为休息之后，不但精神焕发，能提高工作效率，而且消除精神紧张对健康更是大有裨益。花时间在任何能够增进健康的事情上，都是良好的时间管理。

记住，休息是为了更好地工作！

学习比收入重要

有一个人一直想成功，为此，他做过种种尝试，但到头来，他以失败告终。为此，他非常苦恼，就跑去问他的父亲。他父亲是一个老船员。虽然没有多少文化，但他却一直关注着儿子。见儿子问自己，他没有正面回答，而是意味深长地对儿子说：“很早以前，我的老船长对我说过一句话，我一直记在心间，希望对你有所帮助。老船长曾说：‘要想有船来，就必须修建自己的码头。’”

儿子听了这话深思良久，这之后，他不再四处尝试，而是静下心来，好好读书。后来，他不但上了大学，而且成了令人羡慕的博士后。不少公司常打电话来，希望他能够加盟，而且待遇好得惊人。

人生就是这样有趣。人生的道路，看起来好像很曲折，但事实并非如此，做人如果能够做到抛弃浮躁，安定自己内心世界，锤炼自己，让自己发光，就不怕没有人发现。与其四处找船坐，不如自己修一座码头，到时候何愁没有船来。人这一生，出身、地位、身份并不会影响你所修建的码头的质量。但是恰恰相反，你所修建的码头的质量，却会影响到你这里停靠的船只。你所修建的码头的质量越高，到你这里停靠的船只就会越好，而你修建的码头越大，停靠的船只也会越多。

有一个工厂生产部门的员工，在外面跟别人发生了纠纷，但事实上却牵扯到公司。法院寄来一张要求负责人出庭的通知单，总经理就指示管理部门的主管代理负责人出庭。这位主管却说："为什么是我？按道理应该是生产部门主管啊！要不也是委托律师或是副总经理才对。"总经理也认为管理部门主管说得对，但是身为管理部门的主管，必须有当仁不让的认知，不然这家公司一定会常常发生管理上的死角。

管理部门的执掌中的最后一项，就是"凡不属于别的单位的其他事项，均属于管理部门负责"。它的意义是指"管理部门是整体担当的综合性单位"。因此，此部门的主管或是人员必须有这样的认知："不知谁要做，不如自己先做。"这就是当仁不让的角色认知。

李刚刚跨入社会的时候，也是在一家管理单位中任职，管理部门的工作，包括人事员、总务员，这些职位都是后勤性的杂务性质的工作，可以说很单调，也可以说很好玩。诸如修马桶、换钥匙、修水管等琐事都会碰到。但李刚并没有嫌烦，因为这个工作能接触到各单位的人、事、物，所以他就学到了其他的一些单位的工作常识、技能，例如财务管理、教育培训、采购、计算机、商管验收等多方面的知识。之后，李刚又调到业务单位任职，也因为自己具有了多方面知识的基础，而驾轻就熟，很快就进入了工作状态，并且还表现得非常优秀。

人们都知道，一样的地方，有的人能够成功，但有的人就会失败。现在的年轻人，根本就不珍惜在管理部门工作的机会，还斤斤计较工作太多、太累，能推就推，真是令人叹息！

管理部门经常有优先参加教育训练的机会，一定要主动争取参加。作为一个管理部门的员工，应该要懂得学习比收入更重要，因为拥有知识，就能增加工作的能力，也自然能增加升迁的机会以及收入。

学到了知识，还必须懂得运用。因为知识本身不能使你成功，但是应用知识则可以给你带来成功。

弗兰克的父亲重病卧床时，弗兰克只有10岁，他不得不继承父业，在乡村当制作面条的工人。他家人口众多，生活很困难，他接替了父亲所有的工作，除了每天夜里加工面条外，还必须在第二天把面条卖出去。几年下来，他的这项家庭产业已经远近闻名了，这证明了他不仅是一个能干的生产者，还是一位优秀的销售员。

弗兰克在20岁的时候，爱上了一位武士的女儿。这个年轻人深知他未来的岳父不会乐于将自己的女儿嫁给一个制作面条的工人。因此，他就激励自己要改变地位，要和对方的身份相称。

像世界上许多取得了成就的人一样，弗兰克不断地寻求能够帮助自己从事新活动的特殊知识。他像一个孩子初入学校一样渴望新知识，只不过他走进了大学的课堂。弗兰克谦虚好学的态度赢得了教授的好感，两个人的交往延伸到了课堂之外。在一次闲聊中，教授告诉他一种从未被证实过的关于珍珠的由来的理论。这位教授说：“当外界的一种物体，如一粒沙子，粘到牡蛎的体内时，如果这个物体不杀死牡蛎，牡蛎就以一种分泌物包住这个物体，这种分泌物就在牡蛎的壳内形成珍珠母。”

弗兰克的热血沸腾了！他立即向教授提出了一个问题：“如果我饲养牡蛎，然后精心地放一个微小的外界物体到牡蛎的体内，会长出珍珠吗?”

教授鼓励他说：“你不妨试一试。”

弗兰克首先根据向那位教授学到的知识去进行观察，然后应用他的想象力并进行创造性的思考，他认定如果所有的珍珠仅仅是当外界物体进入牡蛎体内时才能形成，他就能使用这一自然定律发展珍珠养殖生产，他能把外界物体置于牡蛎体内，迫使牡蛎生产珍珠。弗兰克有了这种愿意尝试的积极心态后，开始养成了把自己的想法转变成现实的好习惯，成了位实干家。终于，他改变了自己的职业，变成了一位珍珠养殖商。同时，他也拥有了渴望的爱情。

没有人否认弗兰克是成功的男人，他用自己的行动为所有人演绎了成功的法则：时时学习，充实内涵，能力是一天一天积累而得以壮大的。学习知识，并运用知识，就能取得成功。

利用挨骂的机会给老板留下好印象

在职场上，如果想要获得成功，想要脱颖而出，就和老板沟通。有沟通的机会绝不能放过，没有机会要为自己争取机会、制造机会，不失时机地向老板推销自己。即使被老板训斥怒骂，也不要气馁。

当你挨了老板的骂后，首先自己应该认识到，无论多么优秀的人才，总免不了会挨老板的骂。第一次挨骂的感觉肯定不好受，可是，不管怎样，你都必须通过这一关。因为这也是一种沟通方式，更是一个机会，必须抓住这个机会给他留下好的印象。

有的人一旦被老板骂了，心中就会产生“这种骂实在让我受不了了，我不干了行吧”或“这下我是彻底完了，老板肯定讨厌死我了”的想法。其实大可不必，脸皮厚一点，挨点骂又算得了什么呢？不过，至于挨骂的原因，应该好好反省反省。

其实，你不妨把挨骂当成是自己与老板的一种沟通交流的方式。当老板骂你的时候，也就代表他已经开始将你视为真正的工作伙伴了。另外，老板所骂的内容中也多半透露着他的本意和大量的实务知识，你应心平气和地聆听，千万不要漏掉这些有用的情报。

当老板在同事面前骂你，让你下不来台时，也不要怨恨老板。你要认为老板之所以骂你，是因为在众同事中只有你是值得他骂的。在这种情况下，你要换个正确的角度来想，认为他是在培养你、教育你，为你好。你更可以这样认为：“正是由于他对我充满了期待，所以才会对我做的事感到失望，因此才会骂我。”因为，一个单位里，只有那些最没有前途的人，才是被老板忽略的人。你被老板骂，正是他重视你，最起码也是没有忽视你的最好证明。

实际上，长年累月地做事，不可能连一次骂也没有挨过。因此，在工作中，千万不要怕挨骂。你应该好好地利用这些机会，把挨骂当成一种重要的沟通技巧，并能用挨骂的机会给上司留下良好的印象。

日本的大企业家冈村小野原来是个服务生。在他做服务生的时候，经常挨老板铃木的骂，但冈村小野也正是因为他每次的责骂而得到一些启示，学会了一些事情，所以冈村小野当时总是主动地寻找挨骂多的机会。冈村小野从不像其他的服务生那样，见到铃木就逃之夭夭，每当见到铃木，他总是立即上前打招呼，并态度诚恳地请教说：“早上好！请问社长，您看我还有什么地方需要改进吗？”

这个时候，铃木便会对他指出许多需要注意的地方，冈村小野在聆听训话之后，总是马上就遵照社长的意思改正自己的缺点。

作为一个服务生，要接近社长是很难的。因此，冈村小野才想出了这样一种接近铃木的方法。就这样，冈村小野每天都主动向铃木请教，这样大约持续了两年的时间。

有一天，铃木社长对冈村小野说：“经过长期观察，我发现你工作相当勤勉，值得鼓励，所以从明天开始，我请你担任经理。”

就这样，19 岁的服务生一下子便升为经理，在待遇方面也提高了很多。

从冈村小野挨骂这件事，人们可以看出，在与老板接触的过程中，被老板指责和训斥，就是在接受另一种形式的教育。

每个人都有自己的个性，无论任何人都不愿让人数落，所以在被人训斥的时候，即使不会当场发作，脸上也总是火辣辣地发烧。不能接受别人训斥的人，注定不会有什么大的作为。当你挨骂的时候，表现出的是紧张不安的神态，就会让对方认为你心存反抗，而感到不舒服，在被指责或教训时，非但要认真地聆听，而且要在听完后面带微笑地回答：“是的，我知道了，我马上就去做。”这样，对方会觉得你在尊崇他，更给老板留下良好的印象。

所以，对于老板的骂，绝对要保持顺从的态度。虽然不必做到像应声虫那样唯唯诺诺，但最起码，脸上应该露出反省的表情，并以诚恳坦率的语气向老板道歉。挨骂之后，更不能垂头丧气，也不可以嘻嘻哈哈，让人产生随骂随忘的印象。当然，最重要的还是应尽快改正自己的错误。当你真的从老板的训斥中学到点什么的时候，说不定你会有意想不到的收获。

第二章　找到症结才能解决问题

工作中常见的通病

职场中，一些自认为聪明、能力较强及受过良好教育的人会对一些工作中常见的问题视而不见。这些问题看小实大，警觉的人会想办法避免它们发生，可是误入其中的人依然很多。你可能也在其中，不及时自省，它对你的危害就可能越来越大。

工作通病一：推脱责任

在日常工作中，每个人都难免出现失误，但是，当问题发生后，只知道一味地怪罪别人，就是不负责任的表现。

你可能也是这样做的，当上司指责你工作中的错误时，你会马上找出许多借口为自己辩解，并且说得振振有词，头头是道："别人不采纳我的意见"，"我是按照公司的要求做的"，等等。你以为这些借口能为自己的错误开脱，能把责任推个一干二净，但事实上并非如此。也可能上司会原谅你一次，但他心中一定会感到不快，并会对你产生"怕负责任"的不良印象。你这样做，不但无法改善现状，所产生的负面影响还会让情况更加恶化。如果以后出现问题，你还是能推就推，能躲就躲，令上司无法信赖，那么你的前途就岌岌可危了，可能离另谋高就的日子不太远了。

英国大都会总裁谢巴尔德在位时有一句名言："要么奉献，

要么滚蛋。”他强调：“在其位，谋其政，不要找任何借口说自己不能够，办不到。”他要求他的下属在他面前不能因干不好工作而找理由推脱责任。一次，一个员工为了一件极难办的事找他，说自己尽力了，并说出许多客观理由，最后说无论怎样，这件事都“办不到”。谢巴尔德听后觉得这个下属就是怕得罪人，牺牲自己的利益，于是就轻声对他说：“够了，够了，现在我需要的不是这些好理由，而是要你仍旧照我的命令去做，否则，你就别做这个部门的经理。”

谢巴尔德的做法很正确，他就是要让下属明白，对于自己应该承担的责任就该负责，而不能随便找个理由推脱，这样才是一个称职的员工。

每个人都不希望在工作中出现失误，但是“人非圣贤，孰能无过”，人不可能不犯错误。如果在有错误发生时，其中的部分原因是因自己而起，就应该努力承担，并弥补错误。这样可以给人一种负责任的印象，有利于建立良好的人际关系，反之则会破坏与同事和上司的关系，使自己的工作陷入无助的境地。

一个人对待错误的态度可以直接反映出他的敬业精神和道德品行，是自己的责任就要一肩挑，一定不能推脱，否则就会失去老板对你的信赖，看低你的道德品行。老板如果这样看待你，就不会再对你委以重任。

要想赢得别人的信任，成为一个敢于负责任的人，就必须改掉推脱责任的坏习惯。犯了错误有什么理由要解释时，你自己首先要反省，我的理由是不是客观事实，真实可信？是不是只是想用来掩饰自己的错误？然后回头看看自己的行为，如果自己确实有错误的地方，就应该勇敢地承担责任，诚恳地承认错误，并且要改正自己的行为，积极地寻求补救的办法。

这种对自己的严格检查，可能刚开始时有些困难，但是你要相信，只有勇于承担责任的人，才有可能成就大事业。

还有一点值得注意，如果错误确实不是由于自己的过失造成的，那你也不要急于替自己辩解，而应着眼于整个公司的利益，等事情得到妥善的处理后，事情的真相自然会浮出水面。如果你确实被误会了，你的上司也自然会在事实中看到，还你一个清白。

聪明的员工，要勇于承担起自己职责范围内的责任，积极地寻找并把握谋求公司利益的机会。也只有这种员工，才是老板心目中值得栽培的人才。

工作通病二：被恐惧统治

在工作中，恐惧不时出现在你身边，它让很多人在挑战面前莫名其妙地退却，它能够摧毁一个人的意志，妨碍一个人更好地利用、把握时机。

可以说，对于任何人来讲，无论在事业的追求，还是处理人际关系上，恐惧都是走向成功的头号敌人。

在工作中，恐惧的理由有无数种，比如：害怕犯错误，担心该做的工作做不好，觉得自己可能会被公司开除，害怕同事在上司面前打自己的小报告，等等。这些恐惧想法在大脑中相互交叠，如同天空中密布的乌云一样，笼罩着你的工作，时时压迫着你的神经，使你变得神经兮兮，处事盲目，迷失在各种担忧和恐慌的纠缠之中。更糟糕的是，就算没有具体、实际或明显的理由，你还是会感到莫名的恐惧。这些障碍不仅会让你的活力尽失，而且会让你不愿意在工作中冒任何风险。

乔治是一保险公司的职员，他生来遇事便生恐惧。每做一件事情，他总是先想别人会怎么评价他。一想到别人会提出反对意见，会否定他的做法，他就不寒而栗，于是事情也就做不好。他总想自己长相不好，没有亲和力，从而不敢再与客户接触。更严重的是，上司无意中的一句冷语，一个漠然的表情，都令他感到失业的恐惧。结果，他的工作成绩总是不能让人满意，致使上司真的开始考虑他的去留问题。

毫无疑问，乔治是自我恐惧心理的牺牲品。恐惧会令人停滞不前，而且使人们的潜能无法正常地发挥。其实，这不是工作或社会环境为你设下的壁垒，障碍就存在于你自己心中，唯一令人恐惧的就是“恐惧”本身。

在工作中，你如果受到了恐惧的控制，那你就不可能有新成就。有一位哲学家说过：“恐惧是意志的地牢，它跑进里面，躲藏起来，企图在里面隐居。恐惧带来迷信，而迷信是一把短剑，伪善者用它来刺杀灵魂!”

所以，当恐惧的想法开始侵占你的思想领地的时候，你需要转变思想，如同弃绝不良行为一样弃绝恐惧。

战胜恐惧的第一步，就是要鼓起勇气采取行动。一个伞兵教练曾说：“跳伞本身真的很好玩，让人难受的只是‘等待跳伞’的一刹那。在跳伞的人各就各位时，我让他们尽快度过这段时间。曾经不止一次，有人因幻想太多可能发生的事情而晕倒。如果不能鼓励他跳第二次，他就永远当不成伞兵了。跳伞的人拖得愈久愈害怕，就愈没有信心。”

同样，在做工作时，每个人心中都会或多或少地有些恐惧，但一名优秀的员工会鼓起勇气把恐惧转化为采取行动。行动能够平抚焦虑不安的情绪，提升人们的信心，在锻炼中不断战胜内心的恐惧。而你若一味地等待、拖延，只会增强恐惧感，让你永远停滞不前。

当你接手一项你没有把握的工作时，你要记住一定要马上行动，不再犹豫。很多事情并不像你想的那样困难，你可能会很顺利地就做完了。即使第一次没做好，你也不要被恐惧吓倒，同样要积极地行动起来，你可以认真分析一下问题的症结所在，看看自己做的是否符合上司、部门和公司的要求，是否对公司很重要，如果你找不出解决问题的方法，可以与同事讨论或向上司请教，赢得他们的支持，然后再去做。如果工作确实有难度，你还可以将它细分成容易执行的小任务，各个击破，一步一步地完成。当你始终处于行动的状态中时，你就不会感到恐惧的存在，它会慢慢地从你的身上溜走。当你圆满完成任务时，再回头看看，你会感到克服恐惧原来也很简单。

恐惧会让你故步自封，窝在自己的小城堡里不去尝试解决问题的各种方法，也不愿去迎接工作中的种种挑战，使你失去创造性。这时，你需要训练自己，在考虑任何工作时，把比较有创造性的想法列成清单，同时列出利与弊，分析它们之间的差异，然后挑选出最好的方法，用它去解决工作中的难题，这样你就会充满自信，控制住心中的恐惧，让自己变得更有行动力。

工作通病三：不善于与他人合作

如今，有许多人都信仰个人英雄主义，自认为凭借自己一己之力就可以打拼天下，就可以撑起一片蓝天。因此，很多人往往会忽略应有的合作意识，不善于与人合作，而只是专心致力于自己的工作，希望用自己的工作成绩来赢得老板的青睐。

但是，现实却往往会令他们非常失望，他们非但没有得到令人钦佩的成绩，相反却总是因为自己的做法不符合公司的需求而被炒鱿鱼。其实，作为一个个体，就算你才华横溢，无所不能，但一个人的力量毕竟有限，仅靠自己很难做出令人满意的业绩。

你可能也存在这种“独行侠”意识，接手工作后喜欢单独蛮干，从不和其他同事沟通交流，并且好大喜功，专做一些不在自己能力范围内的事情展现自己。

如果你继续以这种不合作的态度对待工作，那么你的前途必将是暗淡的。因为在专业分工越来越细，竞争日益激烈的今天，靠一个人的力量是无法应对千头万绪的工作的。在一个公司里，几乎没有一件工作是一个人能独立完成的，大多数人只是在高度分工中担任一部分工作。只有依靠部门中全体职员的互相合作、互补不足，工作才能顺利进行，才能成就一番事业，试想一下，如果你的整个部门，或是整个公司的工作都失败了，那么你本身是不是一个优秀的员工又有什么意义呢？

有一家生产汽车电器产品的公司，业务科负责采购某一原材料的采购员因病住院，无法及时回公司采购生产急需的原材料，而业务科其他采购员只愿忙自己的任务，并以业务不熟悉为由不愿出面帮忙，他们把自己负责的采购任务出色完成了，其原材料堆在仓库里一年都用不完。而生病住院的采购员负责采购的原材料没能及时供应上来，结果造成公司因缺原材料而停产了一个星期，给公司造成了巨大的损失。

一个没有合作意识的员工，即使个人的工作干得再好也无济于事。就像这事例中的采购员一样，只能完成自己的工作，但因其不善于合作，即使做得再出色，采购的原材料再、多再好也没用。这种不善于合作的结果，会影响整个部门，乃至整个公司的效益。

作为职场中的个体，你可能会凭自己的才能取得一定的成绩，但你绝不会取得更大的成功。而如果你能善于合作，把自己融入到整个团队当中，凭借整体的力量，你就能把自己所不能完成的工作任务解决好。老板会因此对你高看一眼，从而提拔你。所以，一个人在工作中最明智且能获得成功的捷径就是善于同别人合作。

工作通病四：常被挫折吓倒

一个人在工作中总会遇到各种大大小小的挫折，比如，你的想法得不到上司的支持，公司里有人阻挠你的工作，当你试图主动提案时，总是遭到失败，等等。这些都是每个在职场上奋斗的人几乎都经历过的挫折，是很难避免的。解除这些挫折是不可能，如何面对挫折，在挫折面前昂起头来，才是你应该好好思考的问题。

但很多人心理素质较差，意志力薄弱，经不起一点点的失败。在工作时，遇到挫折，就对自己失去了信心，认为自己不行，一天到晚愁眉不展，怨天尤人，根本无法振作精神，即使有好机会使问题出现转机，也被这拉长的苦脸吓跑了。如果你一直这样消沉下去，到最后就会对自己越来越没信心，越来越失望。最后自己也认为自己一无是处了，甚至破罐子破摔，自暴自弃。

一位大学刚刚毕业的新员工，因他提的建议被老板一一否定了，他就认为老板不把他放在眼里，他与同事们关系处理得不好，他认为同事们都在排挤他，于是他觉得再也待不下去了，想到了辞职。但由于所学专业是冷门，苦苦找了半年的工作都没找到理想的去处，就因承受不了这样的挫折，他最终自杀了，而准备录用他的公司得知后则庆幸："幸好没有录用他，因为他经不起挫折。"

这是一个悲剧，一个有才华的人就因这么一点点挫折而辞职、自杀，放弃了努力，放弃自己美好的人生，这实在让人觉得遗憾。

其实，面对挫折，与其黯然神伤，自怨自艾，倒不如乐观一点，马上把情绪调动起来，尽快恢复冷静，别老想着挫折，也不用因此就认为将来无望，而要聚精会神把握好现在，把所有的心思和知识都用到工作中去，凭自己的能力去解决尽可能多的问题。自己给自己信心，给自己培养信心的机会。

当你的提案遭到上司否定时，你可以检视自己哪一方面存在问题，以后有想法时，先与上司讨论是否可行，然后正式拿出企划提案，以免徒劳无功；当你的工作得不到上司支持时，你要想到这一点，能让上司支持你想做的一切，是少之又少的，只有不断地通过行动证明自己，才能取得上司的支持；当同事对你的错误提出反对和怀疑时，你应该从错误中学习，将他们的建议列入工作计划中，将他们的忧虑尽量减至最少；当你感觉技能不够工作很吃力时，你要自己想办法去培养，只有自己准备好，你才能承担更多的责任与挑战。

当然，每个人都很难一下子就抛弃了挫折感，很快从苦恼中走出来。这时候，你可以记下自己的烦恼与不安，然后再慢慢思考，寻求解决之道。

美国著名的玉蜀黍大王史坦雷先生在16岁的时候只是一家

五金公司的收银员。他每天都卖力地工作，希望能通过自己脚踏实地的工作步步高升。他做起事来，永远都抱着学习的态度，处处小心留意，一心想把工作做得最好。他希望以此能获得经理的信任，提升他为推销员，可他万万没想到经理对他的印象很坏。

有一天，他被唤进经理室遭到了一顿斥责，经理说："老实说，你这种人根本不配做生意，我这里用不着你了。"

这一番话，对于当时的史坦雷来说，无异于平地响雷，他想不到自己的努力会得到这样的结果。一个年轻气盛的人，踏入社会不久，便遭到这样的挫折，换了谁也受不了，可能换作你，早就气得暴跳如雷，从此消极工作，不肯"劳而无功"了。

但史坦雷却平静地对经理说："你说我无用，这是你的自由，但这并不减损我丝毫的能力，无法磨灭我的意志，看着吧！迟早我要开一家公司，规模比你的大10倍。"

史坦雷从挫折中走了出来，并借着这一次挫折的激励，努力上进，几年后，果然就有了惊人的成就。

学着用一颗忠诚、上进的心去面对工作中的挫折吧，它能很快调整你的心态，充分调动你的精神，战胜挫折。

了解自己的工作，并发现其中的问题

美国通用电气公司前总裁杰克·韦尔奇指出："一个人最重要的素质就是他的工作速度。"速度是决定成败的关键。一个工作速度快、处理问题速度快、适应环境速度快、对意外情况反应快的员工，无疑会做出优异的工作成绩，成为老板心目中最优秀的员工。然而，一个人要想快速做好自己的事，必须先了解自己的工作。

不要认为自己已做到了这一点。可以毫不客气地说，绝大多数的员工在工作的同时，并不了解自己的工作。他们只不过是接受了命令，然后按照指示做出一些机械的行动而已。

这里所讲的了解工作，并不是说知道你的工作属于什么性质、工作宗旨是什么。“了解工作”的真正含义，是你应该了解你的工作每天在朝哪个方向进展，你具体在做什么，工作进行得如何，以及工作进度对企业总目标的影响等。

怎样才能了解工作呢？具体的做法是：建立与老板的沟通渠道，多问多听。

每一位员工都应该具有这种沟通的本领。只有这样，你才能弄清工作的原委。此外，还应利用同事间的良好的人际关系，进一步了解自己的工作。“你能告诉我有关的情况吗？”“你是怎么想的？”“你认为这项任务的着手点应该在哪儿？”“你能解释上司说的某某事吗？”等等。这些非正式的问题往往会使当前的工作更加清晰，有助于你从整体上正确地把握工作。

清楚地了解你的工作，意味着看清工作的前景和优势，同时客观地评价工作的困难和障碍。相对于前景和优势来说，困难和障碍更值得你思考和警惕，否则，你可能就无法完成这项工作。然而，没有人喜欢困难和挫折，很多职场人士总是对工作的前景和优势夸夸其谈，而一旦谈及工作的困难时，却总是讳莫如深。如果再问他准备采取什么措施来应对这些困难时，答案更是含糊其辞。

工作智慧之一：接受现实是解决问题的第一步

每个人的一生中都会遇上无数困境，在工作上更是如此。如果你的解决方式是逃避，那么困难将会一次又一次地造访你。逃避根本解决不了问题，你必须勇敢地接受现实的挑战。

在最黑暗的时期，整个欧洲大陆和北非都处于纳粹的铁蹄之下，而美国又竭力保持中立，希特勒于是全力对英作战。在当时，几乎全世界的人都认为英国一定会屈服。但当时的丘吉尔一直坚信：大不列颠不仅能生存下来，而且仍将是一个伟大的国家。面对纳粹的战争威胁，丘吉尔向全英国人民表示："我们下定决心，一定要将希特勒的纳粹统治摧毁。对于这一点，什么也不能改变我们，决不！我们决不屈服！决不向希特勒或他的党羽妥协！……"

即使有这样大胆的设想，丘吉尔也没有忘记要面对最严酷的现实。为了让消息真实地传到自己手中，战争一开始，丘吉尔就在普通的信息渠道之外，建立了一个完全独立的部门——"统计局"。整个战争时期，丘吉尔就是依靠"统计局"获得了最新、从未粉饰过的真实战况，从而作出了正确的决策，最终战胜了入侵的纳粹分子。

尽管这是历史事件，但并不妨碍人们将其中的道理应用到其他的领域。对于一个人而言，勇于接受现实是负责精神和敬业的表现。勇于接受现实就是像勇士一样去工作，去完成任务，它体现了一个人对自己的职责和使命的态度。思想影响态度，态度影响行动。一个勇于接受现实的员工，肯定是一个认真履行自己的职责、勇于负责的员工。他的工作进度一定会超出常人一大截，工作质量也不会差。

一位公司主管经观察得出这样一个观点：高效率的优秀员工的看法很少有相同的时候，一个人深信不疑的事，另一个人却深存怀疑。他们当中只有一个共同的特性——敢于面对现实，愿意冒险。

不要以为面对现实就是打开了潘多拉的盒子，没有那么糟糕。事实表明，勇于面对现实不仅会带给你强劲的工作动力和负责精神，还会给你一个高绩效的未来。

理查德是美国一家人寿保险公司的业务员。由于当时正值20世纪30年代美国经济大衰退的时候，理查德的保险业务开展得很艰难，再加上他生性腼腆，被客户拒绝一次，便不再上门。因此他的业绩一直处于低迷状态。那个时候，理查德最关注、最担心的是下一个月是否会失业。

“年轻人，你认为在未来的三个月内，你的工作成绩会上涨到什么程度？”一天，公司经理问理查德。

“哦，具体的我没有想过，但我认为肯定会让您满意的。”理查德小心地回答道。

“这我也相信，”经理回答道。“可你想没想过怎样对待阻碍你工作进展的问题呢？”

“经理……我没有想过。”理查德低声回答。

“没有想过现在就要好好地想一想。”经理严肃地说道，“不管你打算把自己的工作做到何种水平，只要你肯做，你就会做到。每一个人都可以取得良好的成绩——不管情况多么艰难——只要他肯敲门、肯尝试、肯努力！”

就是因为这次谈话，该保险公司的裁员名单上少了理查德的名字，而多了一位高绩效的优秀员工——一位曾把每个客户的门敲响十数遍的人。

接受现实是解决困难的第一步，只有正确评价工作中那些不可避免的困难和障碍，客观地看待它们——既不能把它们看小，也不把它们夸大，你才能制定有效的办法解决它们，减少它们对于任务达成的障碍，最终取得好的成果。

在开始工作前找出那些阻挡你的障碍是相当有必要的，这可以减少工作的阻力。但要想在工作前就把所有的阻力都清除是不现实的。如果你固执地坚持这一点的话，你的工作永远都不可能开始。优秀员工并不是工作前就解决了所有的问题，任何人都做不到这一点，因为问题是随着工作的进展而不断产生和变化的。事实上，优秀员工不管从事什么行业或什么活动，遇到麻烦都会立刻想办法处理，他们的这一举动就像前进中遇到沟壑就跨过去一样自然。

工作智慧之二：培养洞察力，发现问题

勇于面对现实中的种种困难和问题，有一个重要的前提，那就是发现问题。发现问题是解决问题的前提，只有发现了问题才能解决问题。“发现问题”是“了解工作”的一个重要内容。

发现问题需要敏锐的洞察力，但许多员工往往忽略了它。其实不仅仅是员工，许多优秀的领袖人物也常犯这个愚蠢的错误，如下例子便是明证。

“我告诉你们，威灵顿是个劣等的将军，英国部队也不堪一击。我们在午餐之前就可以解决他们。”——这是拿破仑在滑铁卢战役前，对手下的将军的早餐谈话。

“我估计全世界大概只能销出 5 台电脑。”——托马斯·华森，“蓝色巨人”IBM 的创始人兼董事长在 1943 年如是说。

“我不需要保镖。”——吉米·霍华在 1975 年他失踪前的一个月夸下海口。

……

敏锐的洞察力是发现问题的根源。任何追求卓越业绩的优秀员工，都应了解这一点。具体来讲，洞察力将有利于你提高如下水平：一是找出问题的根本所在；二是加强对问题的解决，可以让你直捣问题的核心；三是评估各种选择以获取最有利的局势。

总之，一名优秀员工必须做到认清事实，发现问题，并勇于解决问题。否则，你的决策有可能变成不切实际的计划，你的行为就会因“盲目”而失去意义。而这一切的结果，则会让你的工作进展得更加缓慢而且

艰难，最终陷入失败的深渊。

改变态度，才能解决问题

米卢在带领中国足球走向世界的同时，还给中国人送上了一份丰厚的思想大礼：态度决定一切。

在现实中，许许多多的人虽才华横溢却沦为平庸，其主要原因就在于心态。工作之中问题丛生，这是不可回避的现实。如果一碰到问题，就想逃避，一遇到困难就自怨自艾，那么你就永远不要奢望什么好的工作成果了。抱持这种消极心态的人，永远都不可能取得任何成就。

而那些职场中的平庸之辈却不明白这个道理，一遇到他们所不熟悉的事——有的并不困难，他们就会不假思索地说：

“这事根本行不通。”

“现在解决这个问题，条件还不成熟。”

“我不行了，还是退却吧。”

这些消极的想法，限制了他们潜能的发挥，根本无益于问题的解决。问题解决不了，他们就永远与成功无缘了。

当一个人心态消极，对自己的能力不抱期望的时候，就会使解决问题的成功概率大打折扣。

工作智慧之一：改变态度，一切将迎刃而解

成功学家拿破仑·希尔讲过这样一个故事：

星期六的早晨，一个牧师正在为讲道而伤脑筋，他的太太出去买东西了，外面下着雨，小儿子强尼因无事可做，烦躁不安。牧师决定找点事儿让强尼做，使他安静下来。

他随手拿起一本旧杂志，顺手翻了翻，看到里面有一张色彩鲜艳的巨幅图画，那是一张世界地图。于是他把这一页撕下来，

并把它撕成小片，丢到客厅地板上，说：“强尼，过来。你把它拼起来，我就给你一美元。”

牧师心想：这件事至少会让强尼忙上半天，这样自己就可以安安静静地做自己的事了。谁知不到10分钟，书房里就响起了敲门声，小强尼拿着拼好的地图出现在他面前。牧师简直惊讶极了，他怎么也想不到，强尼居然这么快就拼好了。每一片纸都整齐地排在一起，整张地图又恢复了原状。

“强尼，你怎么这么快就拼好了？”牧师问。

“啊，”强尼说，“很简单呀！这张地图的背面是一个人的图画。我先把一张纸放在下面，把人的图画放在上面拼起来，再将另一张纸放在排好的图画上，然后翻过来就好了。我想，假使人拼得对，地图也该拼得对才是。”

牧师忍不住笑了起来，给了他一美元。

这个故事给了人们一个深刻的启示：如果你希望解决工作中出现的问题，实现目标，你就必须具有“解决问题的思维智慧”。而这个智慧的根源，就是翻转。强尼因为懂得翻转，使一项原本复杂的工作变得简单，并且很快就把它做好了。有些时候你不仅要学会把纸翻过来，更重要的是学会把心翻过来，以积极的态度面对问题，就像你把“不可能”翻转成“不，可能”时，再大的难题也能迎刃而解。

罗宾大学毕业后，如愿进入当地一家报社任记者。这天，他的上司给他布置了一项大任务——采访大法官布兰代斯。

第一次接到重要任务，罗宾不是欣喜若狂，而是愁眉苦脸。他想：自己任职的报社又不是当地的一流报社，自己也只是一个名不见经传的小记者，大法官布兰代斯肯定不会接受自己的采访。

罗宾思虑再三，决定找个借口推掉这项任务。

上司亚诺德听完他的推脱理由后，并没有批评他，而是拍拍罗宾的肩膀，说：“我很了解你现在的感受。让我来打个比方，这就好比躲在阴暗的房子里，想到外面的阳光多么的炽热，其实，最简单有效的方法就是积极地面对，跨出第一步。”

亚诺德拿起桌上的电话，与大法官的秘书接通了电话。然后，他直截了当地道出了他的请求：“我是某某报社记者罗宾，我奉命访问法官，不知他今天能否接见我几分钟。”很快，罗宾听到亚诺德的答话：“谢谢你，1点15分，我准时到。”瞧，就这么简单，亚诺德掂了掂话筒：“明天中午1点15分，你的约会定好了。”

罗宾似有所悟地点点头。

很多时候，“消极的思维”会使困难在想象中放大一百倍，而当你以积极的态度去面对时，就会发现那些问题与困难根本微不足道。

总而言之，优秀人士与平庸之辈的差别就在于心态。

把敬重自己的工作当成习惯

提到关于工作态度的问题，人们最常听到的一个词就是“敬业”。什么是敬业呢？

所谓“敬业”，就是要敬重你的工作。低层次来讲，“拿人钱财，与人消灾”，也就是说，敬业是为了对老板有个交代。如果上升一个高度来讲，那就是把工作当成自己的事业，要具备一定的使命感和道德感。

很多年轻人初入社会时都有这样的感觉，自己做事都是为了老板，为他人赚钱。其实，这也并无什么关系，你出钱我出力，情理之中的事。再说，要是老板不赚钱，你怎么可能在这一公司好好待下去呢？但有些人认为，反正为人家干活，能混就混，公司亏了也不用我去承担，他们甚至还扯老板的后腿，背地做些不良之事。稍加细致地想想，这样做对你自己并没什么好处。工作敬业，表面上看是为了老板，其实是为了自己，因为敬业的人能从工作中学到比别人更多的经验，而这些经验便是你向上发展的踏脚石，就算你以后换了地方、从事不同的行业，你的敬业精神也必会为你带来助力！因此，把敬重自己的工作当成习惯的人，从事任何行业都容易成功。

有人天生有敬业精神，任何工作一接手就废寝忘食，但有些人的敬业精神则需要培养和锻炼。如果你自认为敬业精神不够，那就应趁年轻的时候强迫自己敬业——以认真负责的态度做任何事！经过一段时间后，敬业就会变成一种习惯！

养成敬业的习惯之后，或许不能立即为你带来可观的好处，但可以肯定的是，如果你养成了一种“不敬业”的不良习惯，你的成就相当有限，你的那种散漫、马虎、不负责任的做事态度已深入你的意识与潜意识，做任何事都会“随便做做”，结果不问也就可知了。如果到了中年还是如此，很容易就此蹉跎一生。

前面说过，工作本身并没有贵贱之分，但是对于工作的态度却有好坏之别。在老板看来，评价一个员工的优劣，看一个员工是否能做好工作，只要看他对待工作的态度足矣。一个人所做的工作，是他人生态度的表现，一生的事业，就是他志向的表示，理想的所在。所以，了解你的工作态度，在某种程度上就是了解了你这个人。

所有的老板都认为，一个不敬重自己工作的员工，他绝不可能尊敬自己；一个不认真对待工作的员工，他的工作肯定做不好。与此相应，如果你轻视自己的工作，那么，老板也必然会因此而轻视你的品质，以及你的低劣的工作业绩。

作为员工，不要幼稚地认为，你对工作的轻视目光，会瞒得过老板的视线。老板们或许并不了解每个员工的表现，熟知每一份工作的细节，但是一位聪明而精明的老板很清楚，你不敬业带来的结果是什么，从而明智地根据你的认真程度，来设定你的未来。可以肯定的是，老板赞许和赏识的，决不会落在手持工作耸肩撇嘴的员工身上。

老板都喜欢敬业的人，因为这样他们可以减轻工作压力，事情交给你放心。

当然，有的人会想，现在找工作也并不只有一条路，此处不留，自有它处。不如过一天算一天，如此混混先生，只能一年到头去找工作了。

工作智慧之一：以积极的心态面对自己的工作

已故的佛里德利·威尔森，曾经是纽约中央铁路公司的总裁。有一次，在接受访问时，被问到如何才能使事业成功，他说："一个优秀的人，不论是在挖土，或者是在经营大公司，他都会认为自己的工作是一项神圣的使命。不论工作条件有多么困难，或需要多么艰难的训练，要始终用积极负责的态度去进行。只要抱着这种态度，任何人都会成功，也一定能达到目的，实现目标。"

以积极的心态面对工作，主动解决工作中遇到的难题，破除完成任务的障碍，是每一位员工应尽的义务和责任，也是晋升的必由之路。不管你所做的工作困难还是容易，你所承担的责任是大是小，你都必须以积极负责的态度去面对，从中找出神圣的使命，尽善尽美地把它做好。

工作智慧之二：不要敷衍自己的工作

什么事情总是敷衍了事，不精益求精；在工作过程中推诿塞责，画地自封，不思反省；懒散、消极、抱怨、怀疑；以种种借口来遮掩自己的失误，这些都是极不负责任的表现。

敷衍无疑是一种消极的态度，这种消极态度甚至比不相信、不勇敢更具杀伤力，因为它直接影响的是一个人的灵魂。它会损害人的责任感，损伤人的敬业意识和诚实精神，而这些正是一个人立于职场，并做出成绩的基础和保障。没有一个人会欣赏一个对工作敷衍了事的人，不管是上司、同事，还是下属，都对这样的人嗤之以鼻。只有转变这种敷衍了事的消极态度，你才能在职场中立足，才能解决不被重视、不受重用、业绩不彰、不被同事支持等一系列问题，才能走上一条光明的职业之路。

米勒很不满意自己的工作，他愤愤地对朋友说："我在公司里的工资是最低的。并且，老板也不把我放在眼里，如果再这样下去，有一天我就辞职不干了。”

“你对公司的贸易情况熟悉吗？对于他们所做的电器贸易的窍门完全弄清了吗？”他的朋友问他。

“没有，我懒得去钻研那些东西。”米勒漫不经心地回答他的朋友。

“我建议你先静下心来，抱着积极的态度，认认真真地对待自己的工作，好好地把他们的贸易技巧、商业文书和公司组织完全搞通，甚至包括签订合同，都弄懂了之后再作决定，这样，你可能会有许多收获。”

米勒听从了朋友的建议，一改往日散漫的习惯，开始积极地投入到工作之中。下班后，还常常在办公室里研究商业文书的写法。

半年后，他和那位朋友又聚到了一起。“你现在大概都学会了，是不是准备拍桌子不干了？”那位朋友问他。

“可是，这几个月来，老板对我刮目相看。最近，更是委以重任，又升职，又加薪，我都快成了公司里的红人了。”米勒对他的朋友说。

“这种情况，我早就料到了，”他的朋友笑着说，“当初你的老板不重视你，是因为你在工作中自由散漫，敷衍了事，又不努力学习。现在，你的工作态度这么积极，担当的任务多了，能力也强了，当然会令他刮目相看了。”

工作智慧之三：不要轻视自己的工作

轻视自己的工作也是一种相当可怕的消极心态。当一个人看不起自己的工作时，他就会变得消极散漫、毫无热情，他就会把时间用在抱怨、偷懒和逃避责任上，而不是积极地想办法使自己的工作效率变得更高，解决工作中的难题，从而提高工作质量。无疑这种心态会使他们停滞不前，最终沦为平庸。

事实上，工作本身并没有高低贵贱之分，所有合法的工作都是值得尊敬的。只有尊重自己的工作，才能把工作做好，才能在平凡的岗位中做出不平凡的业绩，才会令别人刮目相看，才会得到别人的尊重。

尊重自己的工作就是尊重自己。只有以积极的心态认真地做好自己的工作，才能赢得承担更重要责任的机会。

下面这个真实的小故事很好地证明了这一点。

亨利和阿尔伯特是一所高等学府毕业的大学生。两个人对待平凡工作的不同态度使他们走出了两条完全不同的职业轨迹。

两个人毕业时，正值社会经济动荡之时，工作很难找。几经周折，他们获得了一个清洁员的机会。无疑，两个名牌大学金融系毕业的大学生去做清洁员确实有些大材小用，但亨利认为在没有其他机会可供选择的情况下，接受这份工作总比靠社会救济金度日好得多，于是第二天便去公司上了班。阿尔伯特则对这份工作嗤之以鼻，但迫于生计，也决定先“混”上几个月，等社会情况好转了再说。两个人抱着不同的态度进了公司。

态度的不同决定了他们不同的工作表现。阿尔伯特整日懒懒散散，整日只知抱怨，不久就被公司辞退了。而亨利则认真地承担起一个清洁员的职责，每天都把办公走廊、车间、场地打扫得干干净净。半年后，公司安排他到财务部处理一些杂事，他仍然把它完成得很好。又过了一年，社会情况稍有好转，公司业务也得到了进一步提升，他被提拔为财务部经理的助理，协助完成一些金融业务。又过了一年，公司的金融业务大增，公司决定成立新的金融部门，科班出身的亨利顺理成章地成了新部门的经理。新的领域使亨利的才华得以展现，很快他就成了华尔街的红人，公司的金融业务也得到了长足发展。

而此时，阿尔伯特仍然靠社会救济金度日。尽管社会状况已经相当好了，但他仍然找不到一个他看得起的工作。尽管他也尝试着去做一些“粗贱、卑劣”的工作，但终因态度消极而被扫地出门。在不断的“失败—找工作—失败”中，他的一生都毁了。

当你抱着积极的心态，去面对身边的每一项工作时就会发现，每一件事情都对自己有着深刻的意义。

如果你是一名图书管理员，在整理书籍的过程中，便会感觉到自己每一天都在获取一些知识，取得一定的进步。如果你是一位学校的老师，每天怀着积极的心态，就会从按部就班的教学工作中，感受到园丁浇灌花蕾的快乐。有了这种心态，你在工作的过程中，就会变得很快乐，所有的烦恼都会被抛到九霄云外去。

抓住解决问题的关键

有这样一则寓言故事：

澳洲政府捐赠了两只袋鼠给新西兰的一家动物园。为了哺育繁衍更多的袋鼠，园方有关人员咨询了动物专家，然后耗资兴建了一个既舒适又宽敞的围场。为了防止袋鼠跳出去，园方同时又在围场的周围筑了一个1米高的篱笆。

奇怪的是第二天早上，动物管理员发现袋鼠们居然在围场外吃着青草。

于是，园方便将围场的篱笆加高了0.5米。心想这下应该跳不出去了吧。

但是同样的事情隔天又发生了。袋鼠们仍然在围场外活动。

肯定是围场的篱笆还不够高。所以，动物管理员便向园方建议，再将篱笆增高0.5米。

但让管理员惊讶的是，第三天袋鼠们依旧不在围场里，而在动物园里四处游逛。

管理人员百思不得其解。2米高的篱笆，已经足够高了！

这时，围场隔壁的长颈鹿也忍不住好奇心，问其中一只袋鼠："你是怎么跳出2米高的篱笆的？你到底能跳多高？"

这只袋鼠笑着回答说："我实在弄不明白，人类为什么一直加高篱笆的高度。事实上，我从来都不是跳出篱笆，而是走出围场的。因为他们从来就没有把围场的门关上。"

任何时候，只有认识到问题的真正所在，才能将问题处理在"点"上，并高效地解决它。这就好像寓言故事中的园方管理员，只有将袋鼠围场的门关上，才能有效解决袋鼠跳出来的问题，而不是一味地增加篱笆的高度。

工作智慧之一：认清问题是解决问题的关键

在工作中，高效率的工作表现，是每个员工梦寐以求的。有的人通过努力实现了梦想，但更多的人在努力之后，却不得不面对绩效平庸的结果。当然他们并不甘心，带着满腔热情，左冲右突，但结果仍然是低绩效。

艰辛地付出为什么没能得到相应的回报？究其原因，就在于他们在努力之前，并没有找到制约业绩提高的真正"瓶颈"。

所以说，认清问题才是解决问题的关键。做好这一点，需要你充分运用自身的洞察力，对工作中的每一个环节进行调查，这是认清问题的关键步骤。但在现实中，很多人都忽略了这一点。他们自认为自己无所不知。面对绩效不彰的事实，他们认为自己就是闭上双眼或注视空气，也可得知事实真相。低绩效的事实刚摆在面前，他们就会马上宣布他们知道原因以及该采取的行动。结果一切努力都是白费，甚至令问题变得更复杂。

工作智慧之二：找出问题的症结

很多人认为，那些有能力摆平或解决问题，避免问题阻碍工作顺利进行的人，就是解决问题的高手，就是最优秀的员工。其实这是有待商榷的。对此，下面的这个故事也许会给你一点启示。

古时候有个张员外，是当地数一数二的大地主。某年夏天，不知什么缘故，张员外家接连发生四次火灾。幸亏四周的乡邻帮着救火，张员外家才没有受太大的损失。尽管如此，张员外的心里仍惶惶不安。因为他不知哪一天又会发生第五次，甚至第六次火灾。一位亲戚向张员外建议，在院子里、过道上、大门内外多摆上几个大缸，随时装满水，再摆上几个水桶备用。张员外听后连声称“妙”，依计而行。果然，第五次火灾被迅速扑灭，几乎没受什么损失。张员外庆幸之余仍感焦虑，他不知要防到何时才是尽头。一天，有位客人到张员外家做客，偶然看见张员外家灶上的烟囱是直的，旁边又有很多木柴，便对张员外说，烟囱要改弯曲，木柴必须移去，否则还会有火灾。张员外半信半疑，将烟囱改曲，木柴移走。从那以后，张员外家里再也没有失过火。

由此可见，要想消除火灾的隐患，“救火策略”只不过是治标。只有认清问题并找到问题的症结，才能从根本上解决问题。在着手解决问题之前，如果你不能正确地找出绩效不彰的起因，即使认识到问题出在哪儿，你的改善方向也会出现偏差，绩效也难以实现实质性的提高。因此，相对于“治标”来讲，从问题的根本症结入手处理问题，更有价值，意义也更大。这样的人才是真正地解决问题的高手，才是真正优秀的员工。

要想找到问题的症结，可以按照下面的四个步骤去做：

第一步：确认绩效不佳的事实。

第二步：自我叙述一下怎样才是好的表现，怎样才是不好的表现。

第三步：以此为标尺，衡量一下工作中所有自认为好的表现，看看是否有失真的地方。最好列出一张“失真”清单，以备对照改善。

第四步：细心倾听其他人对自己工作的反映。俗话说：“当局者迷，旁观者清。”别人的反映，常会让一些潜在的问题浮出水面。

解决问题时不能只治标不治本，否则，问题随时都可能出现，影响正常的工作。

所以面对问题时镇定冷静，运用自己的洞察力认清问题，找到问题的症结所在，从根本入手制订解决方案，彻底地把问题解决。

把问题转化成机遇

问题，究竟是令人讨厌的麻烦，还是一种好的契机呢？

很多人都会不假思索地回答是前者，但那些优秀的员工却有不同的答案。

问题意味着机遇，这是所有优秀员工的最基本的观念。在工作中，每当他们面对问题时，他们总会这样想："这里面藏有什么样的机会呢？"

在优秀员工的眼中，问题永远不是"无法完成任务"的预言家，而是"机遇"的乔装者。无论所面对的问题难度有多大，优秀人士所做的，首先是坦然地接受"问题"，然后对这个问题作出冷静、清晰的分析，积极行动，让隐藏在问题背后的机会浮出水面。因此，每当问题到来，他们总会说："感谢上帝！又有巨大的机遇等着我去发现了。"而不是放下工作，中途逃避、退缩。

国际影星奥黛丽·赫本曾立志做一名芭蕾舞演员，但老师却认为她不具备这方面的才华，她痛苦极了。最后她果断地放弃了这一梦想，毅然进军好莱坞。凭借高超的演技和天使般的形象，奥黛丽·赫本成为了一名深受世界各国人民喜爱的电影明星。

西班牙歌手胡利奥，是誉满全球的歌手。但很少有人知道，在这之前，胡利奥最大的愿望不是做歌手，而是做一名足球运动员。但是事与愿违，当他一心一意训练自己的足球技能时，一场不幸的交通事故发生了，这使他不得不放弃钟情已久的足球事业，而转向歌坛方面发展。

日本著名作家井伏鳟二，从少年时代起便爱好绘画。毕业后更是迫不及待地叩响了日本各名画家的门，却被一一拒之门外。

梦想破灭之后，井伏鳟二决定开辟一条新的发展之路，后来，他考入早稻田大学，最终成为一名著名的作家。

奥黛丽·赫本、胡利奥、井伏鳟二从挫折中崛起的奇迹，就是对“问题就是机遇”的最好诠释。

有专家调查，一般情况下，人们只使用了自身全部能力的3%，而绞尽脑汁地思谋对策时，则会调动出平时未使用的97%的潜能。所以，工作中遭遇挫折时，千万不要轻言退缩。

工作智慧之一：有想法，更要有行动

事实上，即使身陷问题深渊，只要你改变自己的思考方式，利用逆向思维，就会发现：将自己逼入绝境的困难和挫折，正是开掘无限潜能的绝佳机会。从问题中发现并把握住机遇，就能变不利局面为有利局面。

卡耐尔·桑达斯是肯德基炸鸡的创始人。他6岁时父亲就去世了。卡耐尔·桑达斯为了照顾年幼的弟弟，补贴家庭的支出，开始到田间劳动。随着年龄的增长，卡耐尔步入社会，参加工作。但卡耐尔是个性子暴烈，不实现自己的愿望绝不罢休的人。这种固执的性格，使得他总与别人争吵，他为此不得不多次变换工作。他讨厌被别人使来唤去，便自己创业。开始时，他经营一家汽车加油站，但不久受经济危机的影响，加油站倒闭了。第二年，他又重新开张了一家带有餐馆的汽车加油站，因为服务周到且饭菜可口，生意十分兴隆，但是，一场无情的大火却把他的餐馆烧了个精光。他最终还是振奋精神，建立了一个比以前规模更大的餐馆。餐馆生意再次兴隆起来，可是，厄运又找上了门。因为附近另外一条新的交通要道建成通车，卡耐尔加油站前的那条路变成背街的道路，顾客因此锐减，卡耐尔不得不放弃了餐馆。这时卡耐尔已65岁了。然而，卡耐尔并未死心。他想到手边还保留着一份极为珍贵的专利——制作炸鸡的秘方。现在，他决定卖掉。为了卖掉这份秘方，他开始走访美国国内的快餐馆。他教授给各家餐馆制作炸鸡的秘诀——调味酱，每售出一份炸鸡他获得5美分的回扣。5年之后，出售这种炸鸡的餐馆遍及美国及加拿大，共计400家。到1902年，由他创建的肯德基炸鸡连锁店在全美国就达到4 000多家。

卡耐尔的成功告诉人们：把问题化为机会，并不像常人想象的那么难。更多的时候，把问题化为机会，往往只需要一个想法，紧跟以实际行动。

不要让错误的意识占据大脑。要正确对待工作中的困难和挫折，从积极的一面赋予“问题”以新的含义。在很多情况下，一些问题虽然高举“此路不通”的警示牌，但仔细研究就会发现，在它周围还有比以前更好、更有利于提高工作效率的办法，这就是“机遇”。

从思想上认识到“问题”积极的一面，还远远不够，你还要从行动上有所表示——勇于挑战问题。要做到这一点并不容易，需要你注意以下几点：

第一，必须在心理上向问题宣战，要以百倍的信心从挫折的阴影中走出来。只有走出阴影，你才能看见前面那方晴朗的天空——最有利的机遇。

第二，不要对已取得的成绩沾沾自喜。问题不是解决了一个就永远消失的，随着工作的推进，它会以不同的新面孔出现。所以，今天，你要尽最大的努力去挑战问题；明天，你则要尽更大的努力去挑战更大的问题。只有时刻保持“从问题中寻找机遇”的意识，“问题”才不会成为你“高效工作”的障碍，而是垫脚石和跳板。

第三，在挑战问题的同时，还需要培养敏锐的洞察力，像一名优秀的特工一样认识问题、分析问题。这是把问题化为机遇的关键环节。

工作智慧之二：善于捕捉信息

那些优秀的员工总是善于捕捉信息，抓住机遇，善于把“问题”变成机遇，变成高绩效的资本。

美国曾经掀起过淘金热潮，淘金生活异常艰苦，最痛苦的是没有水喝。人们一面寻找金矿，一面不停地抱怨，甲说：“谁让我喝一壶凉水，我情愿给他一块金币。”乙宣布：“谁让我痛饮一顿，我将给他两块金币。”丙发誓：“老子出三块金币！”当时也是淘金者的亚默尔，同样也遭遇到没水喝的困境，也发出过没水喝的抱怨声。

但后来亚默尔不再抱怨了。他从“没水喝”的问题中发现了机遇：如果将水卖给这些人喝，比挖矿更能赚钱，于是他毅然放弃淘金，用挖金矿的铁锹去挖水渠，将水运到那里，一壶一壶卖给找金矿的人。一起淘金的伙伴们都嘲笑他：“不挖金子发大财，却干这种蝇头小利的买卖。”后来，那些淘金者大多空手而回，而亚默尔却在很短的时间内靠卖水发了大财。

上帝是公平的，机会是平等的，“没水喝”的问题摆在所有淘金者面前，可是人们却忽视了它，根本没有看到其中隐藏的机遇，甚至还嘲笑那些把问题化成机遇的人。现实中类似的事情还有很多。工作中，平庸者往往从表面上找原因，他们把自己的“落魄”归之于条件，归之于机遇，殊不知真正起决定作用的是人的态度和能力。敏锐的洞察力，决定了你能否发现别人看不到的“问题中的机遇”。它就像一把锐利的尖刀，为你剖开问题的表层，让你看到紧裹在其中的“核”——机遇。

问题往往被看成阻碍任务完成的最大绊脚石，人们总是想方设法逃避问题。但那些真正的优秀者从不在问题面前俯首称臣，他们总能从与常人完全不同的角度去观察问题，从中寻找机遇，在解决问题的同时，打破绩效瓶颈，实现业绩的大幅度提升。

所以面对问题时转变思维和态度，把问题化成绝好的工作机会。

不要把问题推给别人

工作中遇到问题是不可避免的，遇到问题该怎么办呢？很多员工的措施是把问题推给别人。他们有时会向同事请教，但更多时候是推给上司。他们做出一副苦恼的样子，把问题带进上司的办公室，然后低着头等待上司提出解决办法，等他们离开时，并没有带走问题，而是把问题留在上司那里。

美国总统杜鲁门上任后，在自己的办公桌上摆了个牌子，上面写着“问题到此为止”，意思就是说：“让自己负起责任来，不要把问题丢给别人。”负责精神是解决问题的根本保证。

大多数情况下，人们会对那些容易解决的事情负责，而把那些有难度的事情推给别人，这种思维常常会导致他们工作上的失败。

克里·乔尼是一位火车后厢的刹车员，因为他聪明和善，常常面带微笑而受到乘客们的欢迎。

一天晚上，一场暴风雪不期而至，火车晚点了。克里抱怨着，这场暴风雪使他不得不在寒冷的冬夜里加班。就在他考虑用什么样的办法才能逃掉夜间的加班时，列车长和工程师接到报告：火车发动机的汽缸盖被风吹掉了，不得不临时停车。这是一个十分严重的问题，因为几分钟后，将有一列快车要从这条铁轨上驶来。唯一的自救办法就是红灯示警，让那列快车停下来。于是列车长赶紧跑过来命令克里拿着红灯到后面去。克里心里想，后车厢还有一名工程师和助理刹车员在那儿守着，便笑着对列车长说：“不用那么急，后面有人在守着，等我拿上外套就去了。”列车长一脸严肃地说：“一分钟也不能等，那列火车马上就要来了。”

“好的！”克里微笑着说，列车长听到他的答复后又匆匆忙忙向前部的发动机房跑去了。

但是，克里没有立刻就走，他认为后车厢里有一位工程师和一名助理刹车员在那替他扛着这项工作，自己又何必冒着严寒和危险，那么快跑到后车厢去。他停下来喝了几口酒，驱了驱寒气，这才吹着口哨，慢悠悠地向后车厢走去。

他刚走到离车厢10来米的地方，才发现工程师和那位助理刹车员根本不在里面，他们已经被列车长调到前面的车厢去处理另一个问题了。他加快速度向前跑去，但是，一切都晚了，在这可怕的时刻，那辆快速列车的车头，撞到了自己所在的这列火车上，受伤乘客的嘶喊声与蒸汽泄漏的嗞嗞声混杂在一起。

后来，当人们去找克里时，他已经消失了。第二天，人们在一个谷仓中发现了他。此时，他已经疯了，在凭空臆想中叫喊着：“啊，我本应该马上就去！……”

他被送回了家，随后又被送进了精神病院。

回避问题并不能使问题得到解决，相反，还可能因拖延而使问题变得严重，所以，只有积极面对，勇于行动才是最终的解决之道。

尽本分在素位中

清朝人金缨曾说：

收吾本心在腔子里，是圣贤第一等学问。

尽吾本分在素位中，是圣贤第一等功夫。

宇宙内事，乃己分内事；己分内事，乃宇宙内事。

“收吾本心在腔子里”和“尽吾本分在素位中”，就是说人们面对平凡的工作，心中存有一股认真做人的念头，在本分的工作中尽心尽力。像古人所说，你想做“圣贤”吗？这是第一等的学问和功夫。换言之，人要是有了这种态度，那就是平凡岗位上的“圣贤”。

如今，已进入市场经济时代。如果说，“古人”强调“尽吾本分在素位中”，还是一种出于道德修养的话，那么在今天，尽力尽心地做好本分的工作，就是市场经济社会的必然要求，没有这种态度，不但个人连工作都很难保证，从而失去谋生手段，整个社会也会陷入混乱，从而使个人的生活质量下降。这是因为，在市场经济中，社会在一定意义上是一个“我为人人，人人为我”的组织。

一个人的生活质量要取决于他周围许多为他服务的人的工作质量。你要吃肉吃粮，但为你提供这些商品的人缺乏“尽本分在素位中”的意识，你买来的火腿里有刀片，面包里有老鼠屎；你坐出租车赶火车，但司机嫌路途较近赚不了钱而拒载；你期望孩子学习好，但教他的老师业务不精，批改作文时还写错别字……这时，你真要对那些为你提供服务的人说一句了：“请把你的工作做得好一点，好不好?”反过来，你又是否尽本分了呢？你给别人提供的服务是不是让别人满意呢？在自给自足的农业社会，人们可以“万事不求人”，但在现代社会，人们离不开别人的工作和服务。市场经济的社会就是一个互相服务的社会。人们只有都做好自己的那份工作，才可以大大增加社会的财富，提高包括自己在内的每一个人的生活质量。

尽本分，首先是对自己有利。你要保住饭碗，要获得薪水，还想升职加薪，你就要兢兢业业做好你眼前的这份工作。没有一个老板会喜欢雇用一个工作吊儿郎当、业务一塌糊涂的职员。尽本分，也对他人、对社会有利，从而使你受到他人和社会的尊敬。你没有理由不尽本分。

尽本分应该是一种自觉的工作态度。这种自觉，来自于人们对自己工作的意义的理解，来自于对自己职业的热爱和自豪感。如果人们只是把工作看做是纯粹糊口的手段，就很难对它产生热爱，也就不会那么尽力了。

人当然最好是能拥有自己理想的职业，从事自己感兴趣的工作，但世事经常难遂人愿。也许你以后会有跳槽的机会，那你当然可以重新选择，但也许你会一直在目前这个工作上干下去。无论你能不能跳槽，你应该努力把眼下这份工作做好。你同样要对这份你不大喜欢的工作尊重，同样要尽本分，因为这个工作对你、对社会都是有利的。也许你不喜欢它，是因为你还不了解它的意义。当你真正投入了，了解了，熟悉了，也许你会热爱上它的。如果你最终发现它不适合你，你就把它当做你新的职业或工作的预备课好了。预备课你也要认真读，哪能敷衍了事呢？

经济学家茅于轼在《中国人的道德前景》一书中说："一个商品社会的成熟程度可以用其成员对自己职业的忠诚程度来衡量。社会成员具有强烈的职业道德意识是商品经济长期锤炼的结果。一个人如果不尽本分、不忠于自己的职守，必然被老板淘汰，不像在德行的其他方面，如有什么缺点还不致立刻威胁到自己赖以谋生的手段及饭碗。"

你要对自己说："尽自己的本分吧！"认真、负责、高质量地做好自己的工作，不论老板有没有在看着自己。即便某些人鄙视我们的职业，但只要它是有益的，你就不必自惭形秽。这样，你迟早会脱离平凡。

工作智慧之一：不要逃避问题，自己想办法

一个著名的企业家说："职员必须停止把问题推给别人，应该学会运用自己的意志力和责任感，着手行动以处理这些问题，真正承担起自己的责任来。"

在完成一项任务的过程中，如果遇到问题，千万不要逃避，更不要推给别人，你必须想办法自己解决它。很多人可能会说："这太难了，我根本没有能力做到这一点。""我没有这方面的经验。""我手头的权力和可调用的资源不足以把事情摆平。"但真的是这样吗？

很多时候，问题并没有你所想的那么严重，只要你不去寻找做不到的借口，不去想着推给别人，强迫自己去解决，你通常都能很好地解决它。

一个人问心理咨询师，自己业绩差，处处遭白眼，可就是无法改善。另外，父母年纪大了，可自己工作忙没时间照顾，特别内疚。心理咨询师递给他一张纸，让他在纸上写下自己最想做却由于种种原因做不到的事。他便写下了三条：成为业绩最佳的员

工；在5年内买一幢房子；每星期陪父母过周末。写完后，心理咨询师让他大声地读一遍。他站起来读了，读得热血沸腾，心潮澎湃。读完后，心理咨询师让他在每一条愿望前加上“我不能”三个字，再大声读三遍。读第一遍时，他感到心情沮丧，第二遍仍然理直气壮，而第三遍竟有些内疚的感觉。读完后，咨询师让他把每个愿望前的“我不能”改成“我不想”，再读三遍。读第一遍时觉得有些滑稽，第二遍则若有所悟，第三遍时他听见自己的心灵在大声地说：“不是你不能做到这些事，而是你不想！”读完后，咨询师又让他将“我不想”改成“我想”再读三遍，他读了，感觉像自己的心灵在发誓。读完后，咨询师又让他在每个愿望前加上“我能”读三遍。“我能成为业绩最佳的员工！”“我能在5年内买一幢房子！”“我能每星期陪父母过周末！”读完之后，他感到自己真的能够做到这些，所有的问题和阻碍根本就不值一提。

瞧，根本不是你解决不了，而是你不想解决。只要你下定决心去面对它，你就能轻而易举地把它解决掉。所以，遇到问题先别忙着把它扔出去，只要你冷静下来观察和分析，就能认清问题，并找到解决它的办法。

工作智慧之二：时刻问问自己“真的想尽办法了吗”

很多人在尝试了一两种办法失败后，便会产生把这烫手的山芋扔给别人的想法，并在心里安慰自己说：“我已经想尽办法了，可解决不了，只能推给别人了！”事实上，仅尝试了一两种方法根本不是“想尽办法”，即使你已经进行了多次尝试，也并不一定真的“想尽办法”了。

一个孩子放学回家时发现家里没人，而自己又没带钥匙，进不去家门。于是他便尝试用其他的钥匙拨弄门锁，但失败了。后来他又企图从窗户爬进去，但窗子太高而且里面被别住了。种种尝试都失败之后，他开始坐在门前的台阶上哭泣，并委屈地唠叨着："所有的办法都试过了，但都不行，怎么办呢?"这时，他的邻居走了过来，并拍拍他的后背说："孩子，你并没有尝试完所有的办法，你还没有向我求助。"说着，从兜里拿出一串钥匙："你妈妈走之前，把钥匙放在了我家。"

遇到问题，有时你总认为自己已经想破了脑袋，进行了所有的尝试，但事实上并没有，在你进行了多次尝试仍没有任何头绪的时候，你可以向同事或上司求助——请注意，是"求助"，而不是把包袱丢给他们自己走掉。他们可能能够为你提供一个思路更加清晰的解决之道。

请把"问题到此为止"作为自己的座右铭，遇到难题时，就用它来约束自己，防止自己临阵逃脱，把问题在自己手中解决，是一种高度负责的精神，是成就卓越的基础。

所以面对问题时，不要想着怎样才能推掉，而要以一种高度负责的精神，想办法把问题解决掉，让"问题到此为止。"

找到浪费时间的原因，提高工作效率

如果你静下心来反思一下，很可能发现自己之所以忙而无功，是因为自己常被一些琐事绊住，而无法做更重要的事，也就是说，把大量时间浪费在了毫无意义的小事上，而失去了做更重要事情的机会。

造成时间浪费的因素，来自环境和个人两方面。来自环境的因素包括：不速之客的拜访、电话太多、不必要的会议、繁文缛节、工作量太大、缺乏沟通的氛围、等待答复，等等。来自个人的因素包括：缺乏自律、拖延、心不在焉、规划不周、应酬太多、不懂得拒绝，等等。

根据专家统计，造成时间浪费的最主要的因素有五个，即外在的干扰、拖延、优先顺序改变、规划不周、等待答复。

外在的干扰——不想接听的电话或不速之客，常把你手边的重要工作切割得七零八落。

拖延——拖延几乎是每个人的通病。当你做一些难做、乏味，却又不得不做的事时，你可能就情不自禁地陷入拖延之中。

优先顺序改变——在你正处理某件事的时候，突然接到指示或发现有更重要的事要办，只好放下手头的事去做别的事。这样做的结果常常让事情半途而废。

规划不同——事前欠缺规划，往往使你工作起来手忙脚乱，从而浪费掉宝贵的时间。

等待答复——当你专心等待别人的答复时，如果稍一拖长，时间就会在你不知不觉或者焦急中浪费掉了。

对于这些浪费时间的因素，如果你从自己身上找出来，那就努力去克服它，不要犹豫不决。一旦克服了这些因素，你就像割除了身上的一个恶性肿瘤一样，以全新的面貌积极高效地投入到工作中去，终会有所成就。

工作智慧之一：分析自己能够掌控的时间，并善加利用

要想充分而有效地利用时间，前提就是能够分析出有多少时间是在你的掌控之内，这样你才会善加利用。

时间其实是由一连串事件组成的，因此，要分析自己能够掌控多少时间，就是分析自己能够掌控多少事件。

在一天中，有些事件是你能掌控的，比如起床、饮食、睡眠等，有些事件是你不能掌控的，比如交通状况、上司召见、开会时间等。对于无法掌控的事件，不要花时间去掌控，那只会让你徒劳无功的，只有把心思放在能够掌控的事件上，排定工作进行的优先顺序，并努力去做，做事才会有成效。

对于那些外在的干扰，其实也是你不可控制的，但你可以灵活处理，你要分辨这些干扰是有价值的还是没有价值的。没有价值的干扰，应设法避开或立刻中止。比如长话短说或告诉对方有要事要处理。必要的干扰是属于你的责任范围，或和你有切身关系，应该立即处理，除非时机不对。若时机不对，最好的方式就是另定一个合适的时间。

对于等待答复，虽然不能控制对方，但你可以主动出击，联络对方，

请对方给予明确的答复时间和内容。如果你得不到明确答复，那就马上去做下一个重要的任务，切记不要空等待。

在分析自己能够掌控的时间时，你要注意找出自己的“能量周期”，看看自己在一天内哪段时间精神、精力最好，哪段时间最差，利用自己的巅峰时期处理最重要的事，在此时间段，要尽量避免遭受干扰，以便发挥最佳工作效能。

工作智慧之二：做好工作规划，工作起来才不忙碌

工作规划可分为长期、短期和每日规划。长期规划是指超过一个星期、三个月内必须完成的事。短期规划以周为单位，列出未来一周要完成的工作，以及如何完成这些工作的行动细节。每日规划是工作规划的最高境界。每天你要花 10 ~ 15 分钟规划每天要做的事，就会发现每天的时间宽裕而且效率高，是一件成本低而获利高的投资。

把每天要做的工作列成一份清单，排定其优先顺序，每完成一样，就把它从工作清单上划掉，如果发生临时状况，要评估其重要性，再依序处理。每一天工作结束，检查一下完成了哪些事，你有哪些尚待处理，把它依据重要性，排入明天的计划中。

如果你有拖延的毛病，你要明确确定完成工作的期限，甚至把不紧急的事变得紧急，并建立反馈制度，告诉自己必须按时完成工作，按时完成了就给自己奖励。

这样，就会使你清醒而坚定地去做重要的事，并努力完成它，而不再沉溺于毫无意义的琐事之中，工作效率自然大大提高。

只要你按照以上几点去做，你一定会改掉浪费时间的毛病，成为一个善于利用时间的人，你的办事效率将会得到快速提高，业绩也将明显得到改善，同时，内心也充满了轻松和快乐。

所以，每天的工作时间是有限的，只有尽可能地提高时间的利用率，才有可能提高工作效率，在有限的时间里做更多的工作。

换个角度看问题

善于改变自己的思维，不按照常理去想问题，就会取得非同一般的成效。这就是说，换一种思维方式，倒过来看问题，可能会有助于解决一些棘手的问题。

美国有一家大百货公司门口的广告牌上写着：无货不备，如有缺货，愿罚10万。一个法国人很想得到这10万元，便去见经理，开口就说："潜水艇在什么地方？"

经理领他到大楼的18层，当真有一艘潜水艇。法国人又说："我还要看看飞船。"经理又领他到10层，果然有一艘飞船。法国人不肯罢休，又问道："可有肚脐眼生在脚下面的人？"他以为这一问，经理一定被难住，经理也的确抓耳挠腮，无言以对。这时，旁边的一位店员应道："我做个倒立给这位客人看看！"

今天，人们都已经熟悉了逆向思维这种方式，但到了实际情况中，特别是一些特殊情况，人们还是习惯于常规思维。因此，很多实际可以解决的问题，也就被人们看成无法做到、难以解决的问题。每个人看事物的时候，总会带着一种自己的想法和看法，或者说是一种眼光，一个预先铺设的背景，就像照相机的取景框一样非常有局限性。人们把这种带有个人主观经验背景的注意力叫做"框视"。

"框视"本身也无所谓好或坏，只是相对于人们的幸福快乐而言，会产生不同的结果。任何的人生遭遇所代表的意义，全取决于人们为它所配的"框视"。当你换了个"框视"，意义就随之而变。要想改变个人，最有效的工具之一就是要晓得如何为自己的遭遇配上最好的"框视"。不同的框视会产生不同的态度，而不同的态度就会影响到不同的行为，不同的行为就导致了不同的结果。一个一个结果累积起来，就形成了人们的现状或者叫命运，而人们的现状或命运又会塑造人们的“框视”。这是一个循环，可以是成功的循环，也可以是恶性循环，就取决于你怎样“框视”！

既然不同的“框视”会有不同的结果，那么，你就要将一些引发不好结果的旧“框”换一个全新的“框视”。也就是说，在实际工作中，你完全可以倒过来看待问题，这就是一个全新的“框视”了。当然，用这样的角度去看待问题，不但有助于改变你工作中的心态和思维，也容易帮助你在工作中取得成功。

> 王丹于1982年出生于东南一个城市，在南方上的学，毕业后就留在了深圳。虽然她刚参加工作一年多，做的是保险业务员，但是她的心态一直很好，工作业绩也非常突出，一年中的绩效已超过那些拥有三年工作经验的老业务员两年的工作绩效。
>
> 许多同事向她请教成功的秘诀，她总是摇摇头说：“没有什么啦！”同事们觉得她做出这么好的业绩肯定有成功的秘诀，怎么可能没有呢？于是一再地追问她，她还是摇头说：“真的没有什么秘诀，我只是觉得做保险挺轻松也挺顺利。”
>
> “难道在你销售保险的过程中，没有遇到过类似‘被拒绝’这样的挫折吗？”她的一位同事忍不住问。
>
> 王丹很肯定地回答说：“我从来都没有碰到过被拒绝的情况。”同事们非常诧异，“被拒绝”几乎是每个保险业务员必须经历到的难题，所以他们怎么也不能相信她说的话。
>
> 王丹笑了笑，解释说：“当顾客不买我保单的时候，这并不叫‘被拒绝’，只是顾客‘不了解’我这个产品而已。所以下一次看到这个顾客时，我就继续让他了解，如果他还不买，也没有关系，只是代表他还是不了解。所以我还会继续去拜防他，让他再多了解。”

“没有‘被拒绝’，只有‘不了解’”。多么好的一个定义！

是啊，当你能够从根本上扭转对一个事物的看法时，带给你的感受就大大的不同了。这个大大不同的感受也会带给你大大不同的结果。所以，换一个角度，你就是赢家！

及时发现问题并报告

企业的命运与员工的表现息息相关，日常工作中，若能把工作中发现的问题，积极地反馈到公司负责人的手上，企业或许就会因为一个意想不到的原因而节约大量的资源，或者更直接地说是创造更大的利润。

全美最著名的企业家之一的查尔斯·齐瓦勃先生，在钢铁大王安德鲁·卡内基的工厂做工的时候，就发誓要做工厂里的经理。他不计较薪水的高低，只是努力工作，使他的工作效率所产生的价值远远超过他的所得，他依然努力地做出更好的成绩给老板看。他以愉快的心情工作着，终于一步一步取得了今天的巨大成就。

齐瓦勃出生在一个贫困的家庭，只受过短期的学校教育，15岁至17岁在家乡做马夫，后来获得了一个周薪为2.5美元的工作机会，并时刻留意其他的工作机会。再后来应邀了去卡内基钢铁公司的一个建筑工地工作，工资变为日薪1.3美元。后来升任技师、总工程师、房屋建筑公司经理、卡内基钢铁公司总经理、全美钢铁公司总经理，如今是贝兹里罕钢铁公司总经理。他有决心、肯努力、不畏难，干任何事情都非常乐观而愉快。他总结出自己成功的心得是：努力从公司角度，多为公司着想。

乔治大学刚毕业就应聘到了一家钢铁公司。工作还不到一个月，就发现很多炼铁的矿石并没有得到完全充分的冶炼，一些矿石中还残留着许多没有冶炼好的铁。如果这样下去，公司岂不是会造成很大的损失？

乔治为此连续找了负责这项工作的好多位工人和工程师，但他们都不以为然。他们并没有像乔治那样把这件事看成一个很大的问题。

但乔治却认为这是个很大的问题，于是拿着没有冶炼好的矿石找到了公司负责技术的总工程师，他说：“先生，我认为这是一块没有冶炼好的矿石，您认为呢?”

总工程师看了一眼，说：“没错，年轻人你说得对。哪里来的矿石?”

乔治说：“是我们公司的。”

“怎么会呢？我们公司的冶炼技术可是一流的，怎么可能会有这样的问题?”总工程师很诧异。

“其他工程师们也这么说的，但事实确实如此。”乔治肯定地说。

“看来是出问题了，怎么没有人向我反映?”总工程师有些发火了。

总工程师召集负责技术的工程师来到车间，果然发现了一些冶炼并不充分的矿石。经过检查发现，原来是监测机器的一个零件出现了问题，才导致冶炼的不充分。

公司的总经理知道了这件事之后，不但奖励了乔治，而且还晋升乔治为负责技术监督的工程师。总经理不无感慨地说：“我们公司并不缺少工程师，但缺少的是负责任的工程师，这么多工程师就没有一个人发现问题，而且有人提出了问题他们还不以为然。对于一个企业来讲，人才是重要的，但是更重要的是对公司忠诚的人才。”

乔治从一个刚刚毕业的大学生转眼间就成了负责技术监督的工程师，可以说是一个飞跃。他自从获得工作机会之后，第一步成功就是来自于他在工作中能够把公司内发现的问题，当做他自己的问题来看待、来解决。

“兢兢业业”在这个年代已经是绝对不够了，一定要有超前意识，还要有超出老板期望值的好建议。这就需要员工们挖空心思，创造出一些额外的东西——这也就是一般人与优秀人才的不同之处。有了想法只停留在嘴上不付诸实施，企业就不会特别关注你。企业需要员工以公司为家，时刻关注企业的发展，参与管理，多提合理化建议。

合理化的建议哪怕是微不足道的一点，只要有利于帮助企业、公司提高生产效率的，老板们都会欣然接受。这样可以让你的地位在老板心目中水涨船高。老板自然会认为你是个既能提出好建议又能在工作中做到节俭和创造效益的好员工。

小晖是某家电脑公司的绘图员，为了查找资料每天他都要往公司的资料室跑几趟，疲惫和烦躁暂且不说，仅是工作效率就比他在原来的公司低多了。有一次小晖绘图的时候，突然想起了原来公司里办公室的布局：他的办公室比较大，还放了好几个资料储存柜，很方便查找资料。他打量了一下现在的办公室，心想可以调整一下办公室的位置，使办公桌挨得紧一些，那样就能腾出一块空间放几个书柜储存资料了，工作效率肯定能提高。

小晖把这个想法向主管提了提，主管觉得这个建议很好、很可行就采纳了。此后小晖和同事们每天再也不用忙于往返资料室与办公室之间了，资料就放在办公室里，既节省了查阅时间又节省了精力，两全其美。

由于小晖的合理化建议，年底公司的效益超出了原来的25%，老板一高兴单独给小晖发了一个很大的红包。

对老板主动提出合理化建议是一个员工应有的责任。但有些员工为了避免出错而保持沉默，他们不是想不出好主意、好建议。而是这些员工觉得事不关己，不愿意多事儿。老板怎么会喜欢这样的员工呢？

在商海中沉浮，老板承担的风险是最大的。一旦公司遭到破产的厄运，老板就有可能倾家荡产，甚至有的还会跳楼自杀。而员工们则没有什么包袱和负担，无非转换门庭另起炉灶。对老板来说，只有那些把公司利益放在第一位，时时刻刻为公司着想的员工，才是他真正需要的员工。作为员工，必须学会站在公司的角度想问题，多替公司着想，尽量避免知而不言的态度和想法，尽可能把工作中发现的问题及时汇报上去，为老板避免那些不必要的损失。

好的角度等于成功的一半

每个人都希望自己做事能有一个好的角度，从而把事情做得尽善尽美。但是这种好的角度，从何而来呢？当然是从思维而来。按照成功学的原理，不同的思维决定不同的出路，讲的就是一个人在做事之前，一定要善于变换角度看问题，这样可以增加成功的概率。

有两个基督教徒一起去问牧师在祈祷时能否吸烟。其中一个教徒先上前问："在祈祷时能否吸烟？"牧师生气地回答："不可以！"这个教徒闷闷不乐地退下去，另一个教徒上前问："在吸烟时能否做祈祷？"牧师愉快地回答："当然可以！"

对于一个本质相同的问题，用两种不同的问法，会得到截然相反的答案。所以，当我们说话时，不妨选择一个好的角度。有一个好的角度，就有了成功的一半。但若选择了一个坏的角度，你就得到了失败的全部。

再来看下面这个故事。

有一个穷秀才，十年寒窗苦读，这一年终于要进京赶考了。有一天晚上，秀才突然做了两个奇怪的梦：第一个梦是梦见自己踩在云端，在空中种菜；第二个梦是自己穿着蓑衣、戴着斗笠、打着雨伞。

秀才觉得奇怪，不知这两个梦有什么征兆，于是就去请庙口的相士解梦。

相士说："你可以不用去进京赶考了，去了也是白跑一趟。"

"为什么？"秀才问。

相士说："第一个梦：菜不种在地上却种在空中，所以这棵菜必死无疑，你在空中种菜，就是'空中'。第二个梦：自己穿着蓑衣又戴着斗笠、打着雨伞，此行你去，不是多此一举吗？所以你这次进京赶考凶多吉少，考也是白考，不会有什么好结果的！"

于是秀才很郁闷地回去，路上刚好碰上邻居女孩阿娇。阿娇问秀才为何愁眉苦脸，秀才先是犹豫了一下，还是把刚刚相士告诉他的话讲给她听。阿娇听完，很兴奋地告诉秀才说："你不要听相士瞎说，赶快去考，有考必中，而且成就非同寻常。"

秀才很惊奇："为什么？"

阿娇回答说："第一个梦：在空中种菜，表示此行你去，必定'高中'！第二个梦：你穿着蓑衣又戴着斗笠打着雨伞，这可是双保险呀！也表示冠上加冠，暗示你日后会飞黄腾达。"

看吧，梦还是那些梦，可是，换一个看法，就出现了天壤之别的意境。

作为刚毕业踏入社会的一群人，不管你是正在寻找工作，或者已经在职场上打拼，但总体来说，当你选择了在20世纪80年代来到这个世间，那么，就意味着你是一群职场上的新人，缺乏太多的社会实践和工作经验。但是，你一定要端正自己的态度，树立自己的信心，不要因为目前就业环境的竞争状况而丧失自己的信心。毕竟未来的时代是属于80后一代新人的，现在踏入社会所有的磨难和磨砺就是为了将来承担更多的责任和建设目标。

相信自己，相信时代，剔除你内心的忧虑和不满，树立自己远大的理想和目标，并鼓励自己在生活和挫折面前勇往直前。换个角度，以全面的眼光和视角正视自己所处的时代位置，并在这汹涌的时代潮流中找准自己的位置，并不断向前努力，那么，你一定会获得成功，当然这种成功需要一个循序渐进的过程。

另外，你不用强迫自己在一年之内要做出什么样的业绩，在公司排名第一，也不要强迫自己在35岁之前赚到多少数目的钱，因为你可能听说过：山外有山，天外有天，这是一个高人之外有高人、人才辈出的年代。你不一定要做到最好，只要努力了就好。

“如果有个柠檬，就做柠檬水。”这是一位聪明的教育家的做法，而悲观消极者的做法正好相反。如果他发现生命给他的只是个柠檬，他就会沮丧，自暴自弃地说：“我完了，我的命运真悲惨，连一点发达的机会也没有，命中注定只有个柠檬。”然后，他就开始诅咒这个世界，一辈子让自己沉浸在自卑自怜当中，毫无作为。

但是，当聪明的人拿到一个柠檬的时候，他就会说：“从这件不幸的事情中，我可以学到什么呢？我怎样才能改变我的命运，把这个柠檬做成一杯柠檬水？”

有一个人新进一家公司做基金研究员，不知怎么回事，主管老是看他不顺眼，比如邀请大家下班后到自己家吃火锅，总是不小心漏了他。

朋友便给自己打气：“去吃港式高级火锅，比他还享受！”主管要给他难堪，哪知他更得意！而主管分配给他的基金，老是冷门商品，很难有业绩上的表现，他也不气。他说：“还好他这样对我，否则我现在只能做研究分析。”主管的态度逼使他走出另一条路来，现在他在另一家公司的行销企划部如鱼得水。“谢谢那位主管的造就。”他说。

人的胸襟有多大，成就就会有多大，争一时不如争千秋，更何况你怎么知道，老天爷的布局不是要让你担起更大的责任呢？

伟大的心理学家阿佛瑞德·安德尔花了一辈子的时间来研究人类所隐藏的能力之后，他说，人类最奇妙的特性之一，就是“把负的力量变成正的力量”。

1 +1 能等于 1 吗？

能的。一份勇气 + 一份对社会的责任心 = 一个社会的安宁。

2 +1 能等于 1 吗？

能的。两个大人 + 一个可爱的孩子 = 一个幸福的家庭。

换个角度看问题，有时，你可以得到一个全新的答案。

物理老师认真地告诉我们：光路是可逆的，我说，思维也是可逆的。

一个小孩子问画家：“你总是画一座山，不单调吗？”画家回答：“换一个角度画山，山的样子就会不一样了啊！”

年轻人问老人：“这瀑布、小草、彩虹、石头有什么好看的？”老人说：“瀑布旁挂着彩虹，石头边长着小草，磅礴与宁静、刚劲与柔和交织在一起，往往构成生命中最美丽的画面……”

换个角度看问题，灰暗的世界也能变得明亮，迷茫的事态也能变得清晰。所以，你一定要选好自己工作和生活中的角度，因为选择一个好的角度就是成功的一半。

学会从正面思考问题

因工作暂时受挫，埋怨生不逢时；或因不受上司赏识，哀叹怀才不遇；反正除了抱怨，就是牢骚。这些人把自己、别人或任何事情都看得太严重，心里稍有不平衡便歇斯底里地发作，满腹牢骚，看谁都不顺眼，仿佛世界上所有人都做了对不起他的事。不但如此，他们还整天喋喋不休地到处找人发泄不满，甚至大放厥词，自己抱怨也就罢了，还老想把别人也拉下水。

不停地抱怨，受害最大的还是自己。抱怨或牢骚通常因不满而引起，人们在遭遇挫折或不当待遇时，难免会发出不平之鸣，并且希望引起别人的注意与同情。这是一种正常现象，但如果一个人不断地把抱怨的矛头对准别人时，反而很容易让人产生反感，产生负面效果。

贺宇的业绩名列整个集团公司的第五名。按照惯例，业绩在公司前六名的员工可获得2万元年终奖金。贺宇兴奋极了，他都盘算好了怎么安排这笔钱；1万元存在银行，另外1万元好好与老婆享受一回，想买啥就买啥。

可万万没想到的是，公司公布的奖金名单上竟然没有他的名字！第七名都入围了，唯独裁掉了他，凭什么？

贺宇怒气冲冲地去找上司讨个说法。上司看到他一点也不意外，说这次绩效考核，不仅看业绩，而且还要看平时的表现，尤其是个人的心态。很多同事都反映你的牢骚与抱怨太多了，打击了公司的团队合作士气，甚至让同事间彼此产生很多误会，导致一些客户丢失，所以，公司决定取消你的奖金资格。

上司的一番话，像一记炸雷撞击着贺宇的心。他先是诧异，继而愤怒，接着是羞愧，他低下了头，脸上阵阵发烧，上司安慰地拍拍他的肩膀，语重心长地说："我能理解你现在的心情，回去好好反思反思，相信明年见到的你会是一个全新的你。"

贺宇一言不发地退出了上司的办公室，对上司的话，他几乎找不到一点反驳的理由，因为他的确就像上司说的那样，爱发牢骚，爱抱怨，同事们都私下里叫他"抱怨鬼"。有时心里不痛快，发发牢骚也是问题吗？那一整天，贺宇都被这个问题纠缠不清。他从来没有意识到，牢骚也会影响到他的生存大计。

第三章　把自己融入工作团队

任何成就都来自团队协作

在广袤的非洲大草原上，三只小狼狗一同围追一匹大斑马。面对着身材高大的斑马，三只两尺多长的小狼狗一拥而上，一只小狼狗咬住斑马的尾巴，一只小狼狗咬住斑马的鼻子，无论斑马怎么挣扎反抗，这两只小狼狗都死死咬住不放，当斑马前后受敌、疼痛难忍时，一只小狼狗就开始啃它的腿，终于，斑马支撑不住倒在了地上。一匹大斑马就这样被三只小狼狗吃掉了。

三只小狼狗之所以能够击败大斑马，不仅由于它们自身的优秀，还在于它们组成了一支优秀的团队，并分工协作，致力于共同的目标。

在专业化分工越来越细、竞争日益激烈的现代职场，靠一个人的力量是无法面对千头万绪的工作的。如果你能把自己的能力与别人的能力结合起来，就会取得令人意想不到的成就。

一个哲人曾说：你手上有一个苹果，我手上也有一个苹果，两个苹果交换后，每人仍然只有一个苹果。但是，如果你有一种能力，我也有一种能力，两人交换的结果，就不再是一种能力了。

一加一等于二，这是人人都知道的算术题，可是用在人与人的团结合作上，所创造的业绩就不再是一加一等于二了，而可能是一加一等于三、等于四、等于五……团结就是力量，这是再浅显不过的道理了。

一个人是否具有团队合作的精神，将直接关系到他的工作业绩。几乎所有的大公司在招聘新人时，都十分注意人才的团队合作精神，他们认为一个人是否能和别人相处与协作，要比他个人的能力重要得多。

一个没有团队精神的人，即使个人工作干得再好也无济于事。因为在这个讲究合作的年代，真正优秀的员工不仅要有超人的能力、骄人的业绩，更要具备团队精神，为团队整体业绩的提升作出贡献。一个人的成功是建立在团队成功的基础上的，只有团队的绩效获得了提升，个人才会受到嘉奖。

所以作为公司的一员，只有把自己融入到整个公司之中，凭借整个团队的力量，才能把自己所不能完成的棘手的问题解决好。当你来到一个新的公司，你的上司很可能会分配给你一个难以完成的工作。上司这样做的目的就是要考察你的合作精神，他要知道的是你是否善于合作、善于沟通。如果你不言不语，一个人费劲地摸索，最后的结果只能是"死路"一条。明智且能获得成功的捷径就是充分利用团队的力量。

一位专家指出："现在年轻人在职场中普遍表现出的自负与自傲，使他们在融入工作环境方面表现得缓慢和困难。这是因为他们缺乏团队合作精神，项目都是自己做，不愿和同事一起想办法，每个人都会做出不同的结果，最后对公司一点用也没有，而那些人也不可能做出好的成绩来。"

工作智慧之一：认清团队精神，实现自我超越

在知识经济时代，竞争已不再是单独的个体之间的斗争，而是团队与团队的竞争、组织与组织的竞争，任何困难的克服和挫折的平复，都不能仅凭一个人的勇敢和力量，而必须依靠整个团队。

有一位英国科学家把点燃的蚊香放进了蚁巢里。

开始，巢中的蚂蚁惊恐万状，过了十几分钟后，便有蚂蚁向火冲去，对着点燃的蚊香，喷射自己的蚁酸。由于一只蚂蚁能射

出的蚁酸量十分有限，所以很多“勇士”葬身火海。但是，“勇士”们的牺牲并没有吓退蚁群，相反，又有更多的蚂蚁投入“战斗”之中，它们前仆后继，几分钟便将火扑灭了。活下来的蚂蚁将战友们的尸体移送到附近的一块墓地，盖上薄土安葬了。

过了一段时间，这位科学家又将一支点燃的蜡烛放到了那个蚁巢里。虽然这一次的“火灾”更大，但是蚂蚁已经有了上一次的经验，它们很快便协同在一起，有条不紊地作战，不到一分钟，烛火便被扑灭了，而蚂蚁无一殉难。

从蚂蚁扑火的实验中可以看出，个体的力量是很有限的，而团队的力量则可以实现个人难以达成的目标。

人也是一样。每一个公司都类似于一个大家庭，其中的每一位成员都仅仅是其中的一分子，每个人单独可以做好的事情很少，而且效率和质量都极低。但如果几个人组成一个团队，就可实现协同合作，从而使整个组织的战斗力得以提高。所以，团队精神是相当重要的。只有具备团队精神，才能创造更多的价值、更大的效益。每个人的价值也会因为团队合作而变得更大，更加引人注目。因此，可以毫不夸张地说，只有对团队认真负责的人，才能对自己的人生和事业负责。

那么究竟什么才是团队精神呢？很多人认为团队精神就是与别人一起去做某件事。事实上，这种认识太过肤浅和狭隘了。正是因为对团队精神的肤浅理解，使得很多标榜自己善于与人合作的人并未取得真正的成功。团队精神的核心是无私和奉献精神，是主动负责的意识，是与人和谐相处、充分沟通、交流意见的智慧。它不是简单地与人说话，与人共同做事，而是不计个人利益，只重团队整体的奉献精神。

最能体现团队精神的真正内涵的莫过于登山运动。在登山的过程中，登山运动员之间都以绳索相连，假如其中一个人失足了，其他队员就会全力挽救。否则，整个团队便无法继续前进。但当所有队员绞尽脑汁，试了所有的办法仍不能使失足的队员脱险的时候，只有割断绳索，让那个队员坠入深谷，只有这样，才能保住其他队员的性命。而此时，割断绳索的常常是那名失足的队员。这就是团队精神。

所以，要想具备团队精神，首先就要检视自己的灵魂，只有高尚的、无私的、乐于奉献的、勇于负责的灵魂，才能具备这一制胜的优点。

工作智慧之二：去掉愚蠢的“个人英雄主义”

个人英雄主义是团队合作的大敌。如果你从不承认团队对自己有帮助，即使接受过帮助也认为这是团队的义务。你就必须抛弃这一愚蠢的想法，否则只会使自己的事业受阻。

亨利是一家营销公司的一名营销员。他所在的部门曾经因为团队精神而创造过奇迹，而且部门中每一个人的业务成绩都特别突出。

后来，这种和谐而又融洽的合作氛围被亨利破坏了。

原来，公司的高层把一项重要的项目安排给亨利所在的部门，亨利的主管反复斟酌考虑，犹豫不决，最终没有拿出一个可行的工作方案。而亨利则认为自己对这个项目有十分周详而又容易操作的方案。为了表现自己，他没有与主管商量，更没有贡献出自己的方案，而是越过他，直接向总经理说明自己愿意承担这项任务，并提出了可行性方案。

他的这种做法严重地伤害了部门经理，破坏了团队精神。结果，当总经理安排他与部门经理共同操作这个项目时，两个人在工作上不能达成一致意见，产生了重大的分歧，导致团队中出现分裂，项目最终流产了。

要想获得成功，你就应该学会与人合作，而不是单独行动。只有把自己融入到团队中才能取得更大的成功。融入团队必须要有团队意识，摒弃“独行侠”的思想，和“狂妄”、“清高”、“刚愎自用”坚决作别，代之以

“众人拾柴火焰高”、“众志成城”、“齐心协力”的团队意识。

工作智慧之三：扮演好自己的团队角色

与人合作的前提是找准自己的位置，扮演好自己的角色，这样才能保证团队工作的顺利进行。若站错位置，乱干一气，不但不会推进整体的工作进程，还会使整个团队陷入混乱。

团队要想创造并维持高绩效，员工能否扮演好自己的角色是关键，也是根本，有时它甚至比专业知识更加重要。

要想扮演好自己在团队中的角色，必须做到以下几点：

第一，总让团队出头做“好人”是扮演好团队角色的首要原则。在工作中，不要直接否决团队的决定，始终让团队作为与客户打交道的主体。如果可能的话，也要让团队与上级打交道。如果你不得不插手，就公开支持自己的团队。实在需要做出什么改动，那就同团队成员私下解决，并把功劳归于团队。让客户觉得在你这儿得到的承诺，远不如在团队那儿得到的多，最好让上级也产生同感，这样，他们就会养成与团队直接打交道的习惯。

站在员工个人的角度来讲，直接和团队打交道可以使工作更加轻松；站在团队的角度讲，让团队成为主体可以使团队的运作更有效率——真正一举两得。

第二，要扮演好团队队员的角色，还应主动寻找团队成员的积极因素。在一个团队中，每个成员的优缺点都不尽相同。你应积极寻找团队中其他成员的优秀品质，并且向其学习，使自己的缺点和消极因素在团体合作中减少以至消失。在提升自己的同时，提升团队成员之间合作的默契程度，进而提升团队执行力。团队强调的是协同，较少有命令和指示，所以团队的工作气氛很重要，它直接影响着团队的工作效率。如果你积极寻找其他成员的积极因素，那么你与团队的协作就会变得更加顺畅；你自身工作效率的提高，也会使团队整体的工作效率得到提高。

第三，要时常检查自己的缺点。改变工作角色之后，你应该时常检查自己的缺点。比如自己是否依旧对人冷漠，或者依旧言辞锋利。这些缺点是扮演好团队成员角色的一大障碍。团队工作需要成员之间不断地进行互动和交流，如果你固执己见，难与他人达成一致，你的努力就得不到其他成员的理解和支持，这时，即使你的能力出类拔萃，也无法促使团队创造出更高的业绩。

如果你意识到了这些缺点，不妨通过交流坦诚地讲出来，承认缺点，让大家共同帮助你改进。不必担心别人的嘲笑，你得到的只会是理解和帮助。

新一代的优秀员工必须树立以大局为重的全局观念，不斤斤计较个人利益和局部利益，将个人的追求融入到团队的总体目标中去，从自发地遵从到自觉地培养，最终实现团队的最佳整体效益。

集思广益，听取他人的建议

工作中要有个方向问题。向着正确的方向，就会事半功倍；而若向着错误的方向，则会事倍功半。因此，找到正确的方向是相当重要的。但遗憾的是，单凭个人的能力和经验，可能并不能迅速准确地找到正确的方向。因为当一项全新的、完全陌生的工作放在你面前时，你常常会不知所措，找不到头绪。即使曾经做过的工作，你也不一定能找到最准确的方向，用最快捷有效的方法完成它。这时你就需要别人的帮助，向那些能力更强、见解更独到、经验更丰富的同事请教，怀抱感恩之心，热情地对待同事的建议和批评——即使这些批评和建议十分不中听，也要认真地加以对待。

在现代公司里，许多人恃才傲物，不愿请教他人，不愿承认别人比自己懂得多，这是一种非常愚蠢的心理。成功者之所以成功，很重要的一点在于他们勤学好问，对不知道、不清楚的事总要问个为什么。

美国电力公司的老板斯泰因麦兹说：“如果一个人不停止问问题，世上就没有愚蠢的问题和愚蠢的人。”他不断告诉他的员工：能真正从工作中成长起来的唯一方法便是发问。你只学你要学的，你之所以问一个问题便是因为你想知道它的答案；因为你想知道，于是便在心里牢记它。所以，一个时时产生问号的头脑是一笔很大的财富，它可以让平庸者走出事业的低谷，让成功者更加成功。

向专业人士请教自己不懂的问题是一种非常宝贵的素质，它可以提升你的能力，拓展你的知识面，使你的工作能力变得更强。更重要的是，请教别人还有利于你获得良好的人际关系，因为每个人都有一种做个重要人物的冲动。请求同事帮忙，能使对方觉得自己很重要，而且也能为你赢得友谊和合作。

有时，你并未主动请教，别人也会对你的工作发表一些自己的意见。千万不要对这种意见产生反感，不管意见是对是错，你都要真诚地向对方道谢，并客观地评价这些建议。这些建议通常都极其有价值，可以为你提供一个崭新的工作思路或为你开辟出一段崭新的职业生涯。

19世纪50年代，在美国旧金山掀起了一股淘金热。有一个叫李威·施特劳斯的年轻人，放弃了自己的文职工作，随着两个哥哥来到旧金山，开了一家杂货店。一天，有位淘金工人来店里购物，对李威说：“你的帆布包虽然适合我们用，但不如用帆布做成裤子更适合淘金工人穿。矿工们现在穿的工装裤都是棉布做的，很容易磨破。若改用帆布，就结实耐用了。”

李威经过一夜的思考后，很快采用了这位淘金工人的建议，取出一块帆布来到裁缝店做出了第一条工装裤。这种工装裤诞生后，受到了许多矿工的喜爱。谁也没有料到，这就是牛仔裤的雏形，之后发展成为引领世界潮流的服饰。

不久，一位远方的朋友来看望李威·施特劳斯。朋友看到工人们购买这种工装裤的火暴情形后，建议他：“你应该投入一些资金，进行广告宣传；另外，聘请一些经验丰富的裁缝，把这种裤子重新设计一番，全面推向市场。”李威·施特劳斯听从了朋友的建议。把这种工装裤重新进行设计，推向了市场，受到了年轻人的青睐。后来，他引进了设备，大批量生产，并利用各种媒体宣传牛仔裤，大谈“牛仔裤文化”。铺天盖地的宣传，使牛仔裤深入人心。“西部牛仔”成了美国青年崇拜和模仿的对象。不少中老年人，连上层社会的人物也开始喜欢牛仔裤了，牛仔裤的市场越来越广阔。现在，他的公司已经成为世界驰名的跨国公司，他的事业也传到了他的第四代子孙身上。

善于倾听别人对自己工作的建议，是一种对别人眼光、见识、经历、智慧、创意的吸收和学习，通过这种方式，你能够不断地改善自己的工作，提升自己的能力，而那些自以为是的人，却常常为此付出代价。

竹下君被公司委派去俄罗斯开发当地市场。在接到公司的工作安排后，他很快拟就了一份市场开发方案。开会研究时，他把自己的方案简单地讲解了一遍，就算通过了。他手下的业务精英当场提出一些疑问和合理建议，但他却傲慢地说：“我负责开发各地市场这么多年了，难道不知道怎么做？我的方案是正确的，不用再讨论了。”结果，公司付出了巨大的财力、物力、人力代价，却未能提升当地的市场份额。公司只好对他进行降职处分，然后，重新安排一个人顶替他的职务，开发这片市场。新安排的人名叫崎川一雄，他深知集合众人智慧的重要性，所以，他一上任便安排业务员对当地市场开展调查，然后集合所有负责俄罗斯市场的员工讨论。会上，他把自己设想的市场开发方案列举出来，让大家根据考察的情况来讨论其可行性。业务员们都热情高涨地发表自己的看法。崎川一雄从中选了一些好的建议记了下来，进一步完善方案，最后，拟订出一个稳妥可行的方案。很快，公司就在俄罗斯的市场上取得了成功。

因此，在工作中，你要集思广益，善于从别人的建议中汲取智慧，帮助自己取得工作上的进步。

作为工作团队中的一员，你是不是从来不向上司或同事请教有关工作上的事，或是探讨自身的问题？如果答案是肯定的，那么从今天起，你就应改变自己。

即使工作多年，遇到自己难以解决的难题和困境也可以向其他同事和上司请教，这样一方面可以降低错误率，而且还有助于合作。

但值得一提的是，凡事有度。如果你遇事就去问别人，就会显得你无能、缺乏主见，这样的形象是很难获得老板的赏识的。

建立自己的人际网络

你知道一般人才与顶尖人才的真正区别在哪里吗？你可能会毫不犹豫地回答：是才能。那你就错了。哈佛大学商学院曾经做过一个调查，发现：在事业有成的人士中，26%靠工作能力，5%靠关系，而人际关系好占了69%。

可见，要想成为出类拔萃的顶尖人才，不仅要提升你的才能，更重要的是拓展你的人脉，提升你的人脉竞争力，只有这样，你才会脱颖而出，取得事业的成功。

工作智慧之一：丰富的人际资源可使工作更加得心应手

一个人在人际关系、人脉网络上的优势，就是人脉竞争力。哈佛大学为了解人际能力在一个人取得成就的过程中起着怎样的作用，曾针对贝尔实验室顶尖研究员做过调查。他们发现，被大家认同的专业人才，专业能力往往不是重点，关键在于“顶尖人才会采取不同的人脉策略，这些人会多花时间与那些在关键时刻可能对自己有帮助的人培养良好关系，在面临问题或危机时便容易化险为夷”。他们还发现，当一名表现平平的实验员遇到棘手问题时，会去请教专家，却往往因没有回音而白白浪费时间；顶尖人才则很少碰到这种问题，因为他们在平时就建立了丰富的资源网，一旦前往请教，立刻便能得到答案。

柯力和维波都受雇于一家管理咨询公司。这天，他们同时接受了一项任务，为一家生物公司写一份管理报告，以获得一份50万美元的合同。正因为如此重要，公司才安排他们两个人同时写，以从中选优，或者把两人的报告中的精华结合起来，打造一份出色的报告。

柯力接受任务后，表现得很轻松，一副成竹在胸的样子。由于时间紧，柯力必须在最短的时间内收集到尽可能多的那家生物公司所使用的生物鉴定过程的信息。他想起了以前的一位同事，她现在已去了一家非常著名的公司工作，她应该认识负责生物公司产品鉴定的科学家。于是他马上拨通了同事的电话。果然不出所料，同事把他介绍给了那位科学家。他虚心向科学家请教，对方也很乐意向他提供他所需要的信息，并立即通过互联网传给他。仅仅通了两个电话，仅仅一封电子邮件，柯力便获得了报告中所需的关键信息。

而维波又是怎么做的呢？维波接受任务后，发现所需要的信息大多没有着落，不免有些着急。想来想去，最后把问题交给了电子公告牌。结果第二天，有40位专家等着回答他的问题。这些专家们相互之间有些矛盾，答案自然也不相同。他不知道谁的答案正确，因为他无从判断这些答案的质量与正确性。他被这些复杂的信息压垮了，却不能找到真正需要的东西。最后完成的报告自然不如柯力的优秀。

一个人一旦踏入职场，光有主动性是远远不够的，要想把事情做好，还必须建立起自己的人际网络。因为你掌握的知识是有限的，无法独立完成所有任务，你必须知道谁懂得你未知的信息。即使优秀的工作者，也需要一个庞大的专家体系来帮助他完成工作。

工作智慧之二：职业受挫源于人脉竞争力太弱

在21世纪的今天，无论是保险、传媒，还是金融、科技、证券等各个领域，人脉竞争力都是一个日渐重要的课题。专业知识固然重要，但人脉是一个人通往财富、荣誉、成功之路的门票，只有拥有了这张门票，你的专业知识才能发挥作用。

在台湾证券投资领域，杨耀宇可是个知名人士，他将人脉竞争力发挥到了极致。他曾是统一集团的副总，退出后做了一名财务顾问，并兼任五家电子公司的董事。根据推算，他的身价应该有5亿台币之高。

为什么一个不起眼的乡下小孩到台北打拼能快速积累这么多财富？杨耀宇自己解释说："有时候，一个电话抵得上十份研究报告。我的人脉网络遍及各个领域，上千万条，数也数不清。"

如果不注意建立自己的人脉关系，你可能就会陷入劳而无功的境地。

小静自大学毕业后进入了一家公司工作，她认为只要自己努力工作，展现出超人的工作能力，必然能够做出一番事业来，获得重用并步步高升。可是一年过去了，小静虽然表现出了出色的工作能力，但调薪比例很低，并不比那些表现一般的同事高，职位也没有得到晋升。小静很不服气，工作起来更加努力了。她认为总有一天上司会看到她的能力与才华，成功之日也离她不远了。

但是，又一年过去了，小静还是在原地停留。相反，与她同时进公司的同事已经是独当一面的主管了，薪水也比小静高出许多。小静终于忍不住，向公司里唯一与她要好的同事抱怨自己怀才不遇。然而，同事却说："不要抱怨了。你虽然工作非常出色，但与同事的关系没处好，所以才一直得不到重用。"工作细心、处事粗心的小静，怎么也没想到自己两年来，只做了别人26%的工作，也难怪总是在不重要的职位上停留。

对于员工来说，人脉是相当重要的，只有建立起高质量的人脉网络，在工作时才会实时得到帮助和支持。

成功建立人脉关系网的关键是选择合适的人建立稳固的关系。因为人的精力是有限的，在建立关系网时，不要盲目地去建，否则会使你整天为应付一些无关紧要的关系而叫苦连天。

工作智慧之三：在需要之前就建立人脉网络

在你需要时再去建立自己的人脉网络，就已经晚了，这是一个非常简单的道理。所以，平时就应注意搜罗网络中的专家，建立并不断扩大你的人脉网络，一旦需要哪些专家帮助，立即就能受益。若平时不注意，当你需要获得专家支持的时候，就会发现无法跟对方沟通。即使硬着头皮给专家打电话，往往会遭到对方的婉言拒绝，此时只能从别的渠道搜集需要的信息，结果浪费了大量的时间，搞到手的却大多是些无用的信息，既贻误了工作，又降低了工作质量。

创造机会事先就跟纳入你网络的专家建立联系。可以利用听某位专家演讲的机会，在会后主动介绍自己，问一些与主题相关的问题，收集专家所感兴趣的信息。也可以送出一份在研究中写的相关的文章请专家指教，并告诉专家一些关于他最喜爱的活动的一些信息。当然，不要忘记递上自己的名片。这样，当几个月后，你需要跟这位专家联系时，就不会显得尴尬了。

维持关系很重要。在一些特殊的有纪念意义的日子要给专家送一份礼物，给对方一个惊喜。礼物不一定很贵重，一束鲜花、一本他感兴趣的书都可以，关键是表达你的一份祝福，给专家留下深刻的印象，让他真正把你记在心里，当你再跟他联系时，双方首先感到的是一种亲切感。只要你一提要求，他自然很乐意为你提供帮助。

此外还要经常跟网络中的专家电话联系，嘘寒问暖，主动为对方帮忙，来维护你们的关系。若时间长了不联系，感情自然就淡薄了，甚至对方已将你忘记了，那又得从头做起。

工作智慧之四：不断完善自我，增长个人魅力

素质高而有魅力的人容易得到别人的接纳，这也是人之常情。所以要不断完善自我，增长个人魅力。

在交往中要注意礼仪。这表现在你的着装、谈吐、一举一动之中。谦谦君子比一般人更容易获得对方的好感，窈窕淑女同样更能给对方留下好的印象。这关系到你能否顺利打开对方的心灵之门。

还要尊重别人，尊重别人的信仰、生活习惯等，让人觉得你是一个可交往的人。

小沈在结交一位专家时，发觉对方是一个很“花”的人，喜欢享受多姿多彩的夜生活，但是小沈不喜欢去那种场所。一次他请专家吃完饭后，对专家说一起去一个独步全球精彩好玩的地方，而且还是24小时营业的，专家的眼中立即现出渴望的光芒。然后他们一起搭上计程车，直奔当地最大的书店，专家自然很失望，但很快就随遇而安，也高高兴兴地选了两本书。后来专家就不再要求小沈去那些灯红酒绿的地方了，但是对小沈的要求，比以前更乐意帮助。因为小沈给专家留足了面子，让专家觉得小沈把他看做一个高尚的人。

提高自己的专业素质，最好在某一方面小有成就，提高自己的档次。因为人人都喜欢与优秀的人交往，渴望与比自己优秀的人建立关系，专家也同样，所以你的素质越高，他对你的热情就越高；反之，即使他答应帮你忙，也许只是敷衍了事。

工作智慧之五：遵守信息互享的原则

你需要从专家那里获得有用的信息，同样，专家也需要获得信息，如果你提供给专家的信息让专家获益匪浅，专家自然在心里感谢你，在你需要他帮助时，他肯定毫不犹豫地尽最大可能帮助你。这样，你就和专家形成了信息互享的良性循环，成为彼此网络里不可缺少的人。

工作智慧之六：在平时要注意发现那些能够找到专家的人

有些人因为某种关系跟某些专家建立了良好的关系，如果你能说动他们把你介绍给专家，那你就大大减少了结交专家所需花费的时间。当然，对于这些提供信息者，你除了表达你的谢意外，还应在必要时给他们帮助，使他们甘心把更多的信息提供给你。

只要你按照上面几点去做，你将会慢慢建立起自己的人脉网络，在你需要专家提供某一方面的信息时，就不会劳而无功。当然，有了自己的人脉网络，你的办事效率自然会得到提高。

在好莱坞流行一句话："一个人能否成功，不在于 What you know（你知道什么），而在于 Whom you know（你认识谁）。"

职场人士，不要以为自己拥有卓越的才能就能获得成功。学着去建立自己的人脉网络吧。只有建立起了人脉网络，你才会享受到人脉网络给你带来的好处，那时你才会深刻认识到：一般人才与顶尖人才的真正区别在于人脉，而非仅仅是才学和能力。

尊重同事，增强合作精神

拿破仑·希尔说："那些不了解合作努力的人，就如同走进生命的大旋涡中，他们会遭受不幸的毁灭。'适者生存'是不变的道理，我们可以在世界上找出许多证据。我们所说的'适者'就是有力量的人，而所谓的

‘力量’就是合作努力。为了获得生命的成就，我们就应该努力合作，而不是单独行动，一个人只要能够和其他人友好合作，才更容易获得成功。”

合作是取得成功的重要前提，不能与他人良好合作，你就休想取得良好的工作成果，有时甚至仅仅把工作做到符合标准也非常困难。人们处在一个精细分工的时代，不管你是一位策划师，还是一名文员，你只处于整个工作流程的一环，你无法自己单独做好所有工作，你必须依靠别人的帮助。所以，合作是职场人士必须进行的一项修炼，只有具备强烈的团队意识和超强的合作能力，才能做好自己的工作，并最终成就卓越。

然而，对于那些习惯于做“独行侠”，以“竞争”为处世哲学的人来说，融入团队，与人和谐相处并相互合作，并不是一件容易的事。这需要他们抛弃以“竞争”、“单赢”为基础的思维方式，而采用“合作”、“双赢”的思考方法，进而改变自己的行为和工作方式。

要想增强自己的合作精神，就必须抛弃傲慢、自私的行为方式，真正地尊重别人，这样才能获得别人的好感，别人才愿意为你提供帮助，才乐于与你合作。与他人相处时，要态度谦恭、有礼，更要有为公、为别人着想的意识，只有这样才能融入团队，实现合作共赢。

尊重首先要体现在态度上，其次则要表现在行为上。很多人对如何用行为表现自己对别人的尊重感到困惑，实际上这并不难做到，只要尊重对方的想法，多从同事的角度考虑问题，就能做到。

工作智慧之一：让同事觉得他自己很高明

没有人喜欢按照别人的思维方法和行为方式行事，所以不管是在与同事讨论问题的解决方案，还是共同制订某项决策的执行计划时，切不可强迫别人接受自己的观点。处处命令别人，处处显得比别人优越是阻碍与他人顺利合作的罪魁祸首。

不管你的能力有多强或者自己所持的观点有多正确，都要给同事表现自己的机会。

阿荣是一名出色的服装设计师，在与团队成员合作时，她遇到了一些麻烦。她所在的团队中有专门的色彩专家，所有设计师在设计好一个方案后，都要与色彩专家沟通，为服装选择最能突出其感染力的颜色。色彩专家和每位设计师合作得都很好，除了阿荣以外。每次阿荣拿去的设计图样，色彩专家都以“阿荣，咱们今天谈不来”为由给挡了回去。几次之后，阿荣终于弄明白是怎么回事了。原来，别的设计师拿给色彩专家的图样都是未着色的，只用铅笔描出轮廓，细节部位的设计也是在和色彩专家协商之后才进行的。而自己的不但已经按照自己的偏好涂了颜色，而且每个细节都已设计完整，这使得色彩专家没有了发表意见、展示自己的机会，所以自己总是碰钉子。

找到原因后，阿荣决定尝试一下。她随手抓起几幅还未完成的图样，找到色彩专家，诚恳地说：“乔姐，你觉得这几个方案该采用怎样的色彩呢？还有，这几幅图样的细节设计，我很需要你的建议。”小乔微笑着站起来说：“我很愿意为您效劳。来，我们把它们输入电脑，然后找出最能打动我们心灵的一个。至于细节，还是等大的着色方案定了之后再考虑它吧。”

每个人都喜欢展示自己，但他们可不喜欢别人在自己面前自吹自擂。有一句法国名言是这样说的：“如果你想树立敌人，只要处处压制他就行了。但是，如果你想拥有朋友，你必须让朋友显得比你突出。”让同事显得很高明，这就是与同事相处之道。

给同事表现自己的机会，就是要给他发言的机会和权利，不要总是自己喋喋不休；要善于倾听同事的意见和观点，让他充分表达自己的想法，并给予适当的肯定；接受同事与你不同的工作方式，不要对其妄加批评；不要强迫对方按照你的想法处理事情，要征求他的意见，并在行动时加以履行；在取得好的成绩接受表扬时，要把同事的名字排在自己前面……以上这些都是小事，但却对提高你的合作能力大有助益，所以一定要认真对待。

工作智慧之二：学会从同事的立场看待问题

在与同事合作时，很多人发现，自己的合作伙伴太不可理喻了。“他们的想法荒唐可笑，可他们却固执己见，根本不给任何人协商的余地。很多次，我们的讨论都因无法达成共识而不欢而散，这也影响了我们团队的工作效率。”一个程序编写员抱怨说。

这种情况并不鲜见。由于每一个团队成员都有不同的成长环境、不同的工作经历，所以就形成了不同的思维习惯，对同一件事就会产生不同的观点，而且有一些甚至还显得不可思议。有些职场人士在面对合作伙伴的不同观点时，头脑中闪出的第一个念头就是：“多么可笑的想法！”然后就会竭尽全力说服对方放弃自己的想法，认同自己的观点。事实上这种做法并不可取。

当别人的想法与你不同时，你就应该努力去了解别人，站在别人的立场分析问题，这样既能减少不必要的摩擦，又能增进友谊，利于以后的合作。在《如何使人们变为黄金》一书中，肯尼斯·古地说：“任何人都可以和林肯、罗斯福这些名人一样，只要他以同情的心态接受别人的观点，就能拥有做好事情的基础。”

面对分歧时，能够设身处地地站在对方的角度思考问题，不但是一种智慧的行为，更凸显出你人格的高尚。它能充分地体现出你对别人的尊重和真诚，表现出你的无私和豁达。任何合作都是在这种换位思考中实现的，也只有频繁地进行换位思考，团队成员才能团结在一起，实现高质量的合作。

所以，吉拉德·黎仁柏在对自己的著作《打入别人的心》评论时说：“当自己认为对方的观点和想法与自己的想法同等重要时，交谈才能在融洽的气氛中进行下去。在交谈开始时，就要对方提出自己的目的或方向。当我们作为听者时，我们要用听到的话来管制自己要说的话；当我们作为讲话人时，我们接受对方的观念将会鼓励对方打开心胸接受我们的观念。”

如果你想改变他人的观点，而不至于伤害他人的感情或引起悔恨，那么你只需从他人的立场来看问题就可办到。

团队意识不容忽视

假如每个人仅考虑个人的利益，而忽视了团队的利益，不与团队中的成员真诚合作，那么团队的利益和每个人的利益都将不保。

某著名公司招聘管理层人员，12 名优秀应聘者从几百人中脱颖而出，闯入复试。

此次招聘仅有 3 个名额。复试开始后，负责人把这 12 个人随机分成甲、乙、丙、丁 4 个组。指定甲组的 3 个人去调查婴儿用品市场；乙组的 3 个人调查学生用品市场；丙组的 3 个人调查中青年用品市场；丁组的 3 个人调查老年人用品市场。

“我们录取的员工是负责市场开发的，所以，你们应该具备对市场的敏锐观察力和对一个新工作的适应能力。现在，你们分别去办公室领取一份相关的资料。”招聘负责人说。

两天之后，12 个人把自己的市场分析报告送到了负责人那里，负责人一一看完之后，说：“恭喜甲组，你们被本公司录取了，因为在这 4 个组中，只有甲组的 3 个人互相借用了各自的资料，补全了自己的分析报告，这正是我们公司需要的人才——具有团队合作意识的人才。”

在现代企业界，能否与同事友好协作，以团队利益为重，已成为现代企业招募人才的重要衡量标准。

比如，一家具有国际影响力的大公司的总经理接受记者采访时被问到：“贵公司在招聘员工时，最看重员工的什么素质？”这个总经理回答说："我们有一套非常严格的招聘员工的标准，其中最重要的是具备团队协作精神。若一名应聘者缺乏团队协作观念，他即使是天才，我们也不会录用，因为在现代企业中，我们需要促使不同类型、不同性格的人共同努力、团结奋进，把各自的优势发挥到极致，一家企业如果缺乏团队协作精神是难以成功的。"

张敏是本节开头那件事例中丙组的一名成员，事后，他同笔者说："当我刚加入这个小组时，大家都希望自己能够被这家公司录取，所以，把其他的人都当成了竞争者，因此在合作的过程中，互相提防算计着对方，都没有真诚合作的态度，结果我们全体出局了。不过经历了这件事后，我总算认清了这样一个道理：对团队负责，才能对自己负责，假如每个人仅考虑个人的利益，而忽视了团队的利益，不与团队中的成员真诚合作，那么团队的利益和每个人的利益都将不保。"

从三年前大学毕业开始，朱晓聪就有自己的一个时间表，他立下志向，30 岁之前，必须买到房子和车；35 岁之前，必须拥有自己的公司。在他看来，这并不算一个很宏伟的目标。

朱晓聪原来的想法是：先到一个外企待着，然后积累资源，为自己将来的创业做准备，等到人脉网络慢慢形成后，他就自己办个公关公司。

但是两年的时间过去后，朱晓聪等不及了。时不我待，用他的话来说，就是"发财要趁早"。他的理论是：许多当年的大学同学都已经买了房子，还有一些人留学已经归来，成为"海归"，虽然现在市场行情见跌，但是总算有所成就，不像自己，每个月累死累活地干，但是至今没有升迁的机会出现，实现原定的目标显得那么遥不可及。

朱晓聪说："这两年时间，内心一直觉得焦虑，对于未来有一种非常紧张的感觉。现在的社会竞争太激烈，稍微不努力，等过了 30 岁就很难再有机会了。所以我很着急，但是一直没有找到解决问题的办法。”

在言谈中，朱晓聪显示出了对于成功的饥渴。这种饥渴同样存在于许多与朱晓聪同龄的人心中，很少有人愿意安静地坐下来做几年事情，每个人都想上“财富速成班”。但是，在现实中，他们往往太注重个人的利益，而忽视工作中团队的整体利益，因此，只能频繁地跳槽，结果到现在为止，他依然还是一无所有。

1980年以后出生的人，所处的商品经济发达的生存环境对于他们实现“自我”将提出更高的要求，而这也正是“80年代出生者”表现自我的大好环境，因为他们的自我、他们的时尚将有可能会领导社会的潮流。但是，也因为他们的“自我主义”太强，往往成为破坏企业中团队精神的一种危险因素。所以，80后一代人容易在职场遭受群体的打压和挤对，甚至被排挤出局。

对团队负责，才能对自己负责。作为刚进入职场的朋友们，应该明白这句话本身的分量。当然，要想认真做到这一点，还要年轻的朋友们纠正自己的缺陷，学会在团队中安守自己的职责，并与队友们携手努力，共同开创自己辉煌的明天。毕竟这是个讲求协作的时代，唯有以团队的利益为至高利益，才能够确保自己的理想和利益得以实现。

巧妙帮助别人

在日常工作中，一个人肯定会遇到各种各样的困难，但应该记住：搬开别人脚下的绊脚石，有时恰恰是为自己铺路——帮助同事即是帮助自己。在帮助别人时，任何一种努力都不会白费。在企业的发展中，也非常需要这种舍己为人、帮助别人的员工，具有这种精神的员工老板当然会喜欢。

在一场激烈的战斗中，上尉忽然发现一架敌机向阵地俯冲下来。按照常理，发现敌机俯冲时要毫不犹豫地卧倒。可上尉并没有立刻卧倒，他发现离他四五米远处有一个小战士还站在那儿。他顾不上多想，一个鱼跃飞身将小战士紧紧地压在了身下。此时一声巨响，飞溅的泥土纷纷落在他们身上。

上尉拍拍身上的尘土，回头一看，顿时惊呆了：刚才自己所在的那个位置被炸成了一个大坑。

故事中的小战士是幸运的，但更加幸运的是故事中的上尉，因为他在帮助别人的同时也帮助了自己。

当然，你在工作中帮助同事，有助于提高整个团队的工作效率，但是，在帮助同事的过程中也要采取一定的方式方法，千万不要因为采取的方法不当，而惹来别人的抱怨。有这样一个故事：

有位善良的富翁，盖了一栋大房子，他特别要求建筑师傅把四周的房檐建得加倍的长，使贫苦无家的人，能在下面暂时躲避风雪。

房子建成了，果然有许多穷人聚集檐下，他们甚至摆摊子做起买卖，并生火煮饭。嘈杂的人声与油烟使富翁不堪其扰；不悦的家人，也常与在檐下的人争吵。

冬天，有个老人在檐下冻死了，大家骂富翁不仁。

夏天，一场飓风，别人的房子都没事，富翁的房子因为屋檐特别长，居然被掀了顶。村人们都说这是恶有恶报。

重修屋顶时，富翁要求只建小小的房檐，因为他明白，施人余荫总让受施者有仰人鼻息的自卑感，结果由自卑变成了敌对。

富翁把钱捐给慈善机构，并盖了一间小房子，所能荫庇的范围远比以前的房檐小，但是四面有墙，是栋正式的屋子。许多无家可归的人，都在其中获得暂时的庇护。

没几年，富翁成了最受欢迎的人。他死后，人们为继续受他的恩泽而纪念他。

实际工作中，人们也会经常碰到这样一些事情。

马江毕业后进入一家电子公司工作，因为他为人随和，在虚心学习的同时，也肯帮助别人，因此在工作中还算是比较开心和顺利。

但是，也有一次，他因为帮错了忙，差点给公司和同事带来损失。一次公司派同事小李去一家公司安装电脑程序，这种程序是ERP企业管理软件，马江实际上还对其具体操作不太熟练。因为小李中途有事，耽误了一天，客户打来电话后，马江也没有征求在家中休假的小李的意见，便抱着替他帮忙的态度去了那家公司。结果，因为他对这程序操作生疏，安装过程中出现了失误，害小李又多忙活了两天，并且差一点惹怒了客户，给公司带来损失。

所以，在工作中当我们想要帮助同事的时候，一定要征求对方的意愿，并遵照对方的意见帮忙，千万不要贸然行动。

另外，你也切忌在私底下过多帮助自己的同事，因为私底下帮助同事，往往可能会脱离工作范围。

私底下帮忙的事情，只能偶尔为之，而且要让对方清楚你是卖他一个人情，不能养大他的胃口，该拒绝时，还要明白地说“不”。当对方知道你帮忙的分寸和底线后，自然不会再三试探。

切莫搬弄是非

如果将一个人的生活做个粗略的划分，根据时间和空间的不同，大致可分为公域和私域。因此，说话要分场合，公私分明是一条在什么时候都很有效的游戏规则。所以，办公室里不能乱说话，即使说也要说公事，不要掺和私事。别人没兴趣会让你扫兴，别人感兴趣对你可能会更糟。当然，说话的过程中，你尤其要注意的是千万不要搬弄是非。

有些人一听到办公室政治，第一个反应就是避之唯恐不及，不愿卷入办公室的尔虞我诈里，遗憾的是，有这种想法的人，并没有认清自己和其他人身在同一条船上的事实。

那些想要明哲保身、图个耳根清净的上班族，最后的下场不只是求仁得仁，远离是非圈，甚至可能连工作都莫名其妙地丢了，还搞不清楚为什么。你大可不必跟着别人惹是生非，但千万别以为洁身自爱就可置身事外，因为办公室风暴从来就不长眼睛。

每个企业都有资源有限的难处，而且难免有分配不均的问题，利用一些手段来增加个人的竞争优势，不足为奇。每家公司都有两种组织结构：正式的组织结构是可以用图表现的，而非正式的组织结构就是人际关系。说明白点，办公室政治不过是多结交对你仕途有益的朋友，少在同事间结怨。

因此，与其对办公室政治心怀排斥畏惧，不如放下所有的不屑和无奈，投身其中，享受办公室政治。办公室政治难精通，却不复杂。办公室政治是什么？是待人接物的态度，是应对进退的分寸拿捏，是害人之心不可有、防人之心不可无，简而言之，就是广交朋友，特别是能让身处权力核心的人如你的上司，成为你的良师益友。但是，在这个过程中最不能碰到的底线就是搬弄是非。

很多人抱着清者自清、浊者自浊的心态在看待办公室政治，以为只要能独善其身就可以远离是非，但实情是，地球上没有真正的中立国，办公室里也没有可以明哲保身的人，只要身在办公室里，就处在暴风圈中，没有所谓的台风眼可容藏身。

很多人天真地相信，只要自己专业过人，工作脚踏实地，不惹是生非，总有一天老板会注意到自己这块璞玉。但最后结果往往事与愿违，因为专业不是升迁的唯一指针，躲在计算机后面，不与同事交流，不会让你成为领导者、管理者。

又有些人说，办公室政治是高层才有的钩心斗角，跟我们这种基层的员工没关系，事实上，管理阶层有管理阶层的政治学，基层员工也有基层员工的政治考题。

组织既然是人的组合，每个人都有自己的优先级和利害关系，如果学不会如何协调人与人之间的关系，也就别痴心妄想平步青云。

上班族应认清办公室政治没有旁观者的现实，这是一场你不下场参赛就会自动被判出局的游戏。想要独善其身的人，下场可能是被大家遗忘，甚至哪一天你就得卷铺盖走人。

这绝对不是鼓吹上班族在办公室里兴风作浪、每役必与，你可以不必进场打混战，但却必须保持消息灵通，随机应变。

许多人进入职场后，为了争权夺利，不惜四处散播谣言，或者搬弄是非，惹得人人生厌，公司内部的和谐状态被彻底打破了，完全违反了职场中的游戏规则，结果，老板不得不请他卷铺盖走人。

> 吴大林刚进入职场后，不知道办公室政治的深浅，与同事王某一同出去吃饭，听王某诉说主管陈某的一些是非，便在后来的一次出差机会中把这些话又原封不动地告诉了陈某。陈某一气之下，又说了王某一些事情。吴大林出差回来后又在一次偶然的机会告诉了王某，因此，王某和陈某大吵了一顿，顺带牵出了吴大林。后来，老板为了摆平这些事情，把吴大林辞退了，这才平息了王某和陈某的争斗。

所以，在职场上，你一定要注意自己的嘴，尽量避免谈论公司的人和事。

人事关系最微妙，有人升迁，有人被炒。你不是老板，你不知原委就免开尊口，至于谁是老板的亲戚你知道就得了，犯不上传扬或跟人背后嘀咕。同样，有些类似“公司福利不好”、“公司老让加班，不给加班费”的话说也白说，反而传来传去，被添油加醋，让你连解释的机会都没有。“没有不透风的墙”，老话自有道理。今天你和某同事说“小张能力不行，办不成事”，过不了两天，话就传到小张耳朵里了，你还不知情，却把人得罪了。

当然，要想做到这一点，你在一些场面上说话也一定要把握好分寸。分寸拿捏得好，很普通的一句话也会平添几许分量。话少往往精练，让人觉得你是经过深思熟虑才说出来的。话太多往往容易失控，话的质量随数量的上升而下降，头脑发热，忘了什么能说什么不能说，公事私事搅在一起很容易授人以柄。

如果在同业的聚会上，不小心说了某客户的坏话。因此，该客户的态度突然变得冷淡，自己难以和他再接近，这时候该怎么办呢?

虽然无意中说了别人的坏话，但这也是非常重要的人际关系问题，作为一名在职人员，应该知道坏话必然会传入当事人的耳朵中，因此公司内也一样，不能随随便便说别人坏话或诽谤别人。

赞美他人也是种智慧

和同事相处，看起来似乎是一个很简单的问题，但在实际生活和工作中，并非如人们想象的那般简单，其中也有许多人陷入了求全责备的误区。

你可能在生活中听到过类似这样的话语：

“他怎么能跟我们搞这个项目，瞧瞧他那副清高的样子!”

“他性格太孤僻，进我们公司不太合适。”

“这个人个性太强，不适合到我们这里来。”

俗话说：“金无足赤，人无完人。”生活、做人的道理人们都懂，但一遇到具体的事情，人们却常常犯上面的错误，要求他人尽善尽美，没有缺点和不足；一旦发现或意识到同事身上的缺点或不足，就开始求全责备，由于对对方身上的一些无关紧要的方面看不顺眼，而拒绝同对方进行很有价值的或者很有意义的合作。这种由于非本质的好恶而排斥同对方合作的做法，是事业上的一种失败。

是的，清高、孤僻、个性太强，这些都是缺点和不足，然而问题是，这个人身上有着你这项工作、这笔生意、这个项目所需要的优点和长处，后者才是他个人的价值所在。所以，当遇到类似这样的问题时，你首先要考虑的是你的工作、生意、项目，而不是你的同事身上的一些缺点，要想和同事之间合作得更默契，相处得更融洽，你还需要掌握一点，那就是学会适当地赞美他人。

请记住，如果你突然发现了别人的某些优点，那么不要犹豫，请立刻告诉他。没有比这个更能赢得别人好感的了。

在交往中，适当地赞美对方会让你迅速获得对方的好感。

对他人真诚的赞美，正如沙漠中的甘泉一样让人的心灵受到滋润。而当你赞美他人的时候，别人也就会在乎你存在的价值，你对他人的赞美也会让你获得一种不容易获得的成就感。在由衷的赞美给对方带来愉快以及被肯定的满足时，你也会十分难得地分享到一份喜悦和生活的乐趣。

为了不辜负你的赞美，受到你赞扬的人会在这方面竭尽全力。反之，对于别人的缺点，你也应该学会用更加委婉的方式指出，使之听起来更像是赞美而不是直接的批评。

在你的生活和工作当中，也应该这样，以鼓励代替批评，以赞美来启迪他人内在的动力，使其自觉地克服缺点、弥补不足。渐渐地，你就会发现，这种办法比你去责怪、去埋怨有效得多。这样将会让你拥有越来越多的朋友，创造出一种和谐的气氛，从而给工作带来十分积极的影响。

当然，仅仅赞美是不够的，你的赞美还必须是真诚的，要实事求是，而不是夸张的赞美。毫无根据的夸奖，会让人产生你在拍马屁或者说至少有什么不可告人的目的的想法。而且，实际上，对于那些喜欢别人过分夸奖的人，也未必适合和他做朋友。只有当你真的发现了别人身上的某些优点时，你才要把它直截了当地说出来。这种优点并不一定要惊天动地，一些细微处的赞赏可能更能感动别人。比如你发现对方今天穿了一件很漂亮的衣服，那就请立刻告诉她："你今天这身衣服真好看。"

每一个人都希望受到周围人的称赞，希望自己的真正价值被认可，渴望对方发自内心的赞扬。鉴于此，我们不妨掌握一些说话的技巧，适当地赞美一下自己的同事。要想做到这一点，在与同事相处的过程中，你一定要把握以下几点说话的分寸：一是要表示出先注意"对方"，然后再提到"自己"；二是把对方放在主要地位，而把自己放在次要地位；三是多用引起对方注意的词句，让他感到你值得信赖；四是表示对对方的话题感兴趣，这本身就是对对方的赞美；五是在对方遇到困难时，要表示出对他的帮助之意。

从心理分析的角度来说，在人的思维中是排斥"你是你，我是我"的言辞的，而是倾向于"群体"。如果群体当中有你，这个群体给你温暖感和保护感，你自然就不觉得孤单和寂寞了。因此，在工作当中，如果有人发现自己的行为与大众不一样，心里就会感到不安。

所以，当你和同事在一起时，如果你不想让同事疏远你，要学会说"咱们"。因为这十分微妙。在汉语中，用"咱们"是指包括谈话的对方，而用我们既可以包括谈话的对方，也可以不包括谈话的人，所以说"咱们"，对方会不知不觉和你找到共同的感觉。

其实，人人都喜欢美的事物，但称赞时机和场合必须恰当。所以，在工作中赞扬同事要把握尺度，不要过分地赞扬同事，那会给人肉麻的感觉。另外，在赞美的过程中，你一定要注意避开利益话题，尤其是在领导面前。

如果你把对领导的赞美仅限于工作业务，在领导和同事看来都有动机不纯的嫌疑，所以，你在日常工作中要学会寓赞美于工作之外，就领导的爱好、特长、兴趣等方面进行赞美也就避开了这种麻烦，并且在闲谈中可以增加沟通，增进感情联系。

适度地赞美并不是单纯的奉承，是搞好同事关系，得到接纳的一种好方法。诚恳和适当地赞美会让人心情愉快，提高被赞美者对赞美者的评价，同时降低对对方的防御心态，接下来的事情也就可以进行得更顺利了。试想一个这样的情景，你需要请财务的工作人员帮你处理一批票据，但是你不熟悉财务的流程，在他们看来，你把票据整理得一塌糊涂。会计正要对你发火，你说一句："这都是财务的事情，我们怎么懂呢?"换一种可能，你说一句："我对这些真是一点都不懂，李姨总是能把这些乱七八糟的票据整理好，真不容易呀。"哪种能起到更好的效果呢？结果显而易见，同样是你没能把事情做好，但是当你适当地赞美对方时，对方的反应肯定会发生变化。

沟通的学问

戴尔·卡耐基在他的著作中不断提到，一个人的成就，80%决定于与人沟通的能力，而专业知识只占有20%。沟通是什么？沟通就是互相交换彼此的想法，然后使双方达成理解取得一致的过程；沟通就是要倾听别人的心声之后，再将你的想法种植到别人心中；沟通就是表达理念，使人接受并产生同感。善于沟通的人一定是个顶尖推销员，因为别人理解他；善于沟通的人一定是个好领导者，因为他了解下属，下属也相信他；善于沟通的人一定是个好的演讲者，因为听众的心都会向着他。

有一对老夫妇，当天是他们金婚50周年，早晨起床的时候老头就和老太太说我们今天谁也不许和谁吵架，老太太答应了老头这个要求，中午家庭聚会庆祝一个美好的一天，大家都高兴地吃着饭，服务员端上来一盘鱼，老头上去一筷子就把鱼头夹到了老太太的碗里，老太太当时立即就流出了眼泪，说了一句："我忍了你50年了，我这辈子最不爱吃的就是鱼头，到今天你还把鱼头夹给我。"老头听到这句话也默默流下了眼泪说："我这辈子最爱吃的就是鱼头，50 年了，这 50 年我都舍不得吃，每次都给你吃。”

不知道老人的眼泪是感动还是悔恨，50 年如果他们试着沟通一下还会留下这辈子的悔恨和遗憾吗？如果人们生活多一点沟通就会少一点遗憾。

刘老板说自己已经失眠两个月了，因为他跟公司一位重要部门的主管经理张某在闹别扭。

四年前，刘老板特别把张某从别的公司挖过来，可最近两人的默契却越来越差，并且还经常起争执；公司的许多业务，也都因为他俩的冷战而无法展开。刘老板已经面临跟张某摊牌的最后阶段，但是他又不知道自己该怎么开口。

沟通的情境引导，可以缓和情绪，使人放下怨气。

刘老板就找来一个他和张某都认识的朋友，做和事老，希望朋友能找张某单独沟通一下。如果张某再不改进就得严词以对了，决心裁掉他，不再忍让。

当这个朋友跟张某见面时，发现他很沮丧落寞，也对自己很有戒心。朋友首先聊起过去的经历、自己的专长，以及他对公司的贡献；激发出他的优越感后，明显看到他恢复了信心及荣耀感，笑容也开始多了。接着朋友就问他：“好朋友落到这般地步，你知道问题出在哪里吗？”绕了一圈终于进入主题了！他也用很冷静的情绪娓娓道出一段段的冲突故事，以及他的看法。

很多的争执都不是争道理，而是争意气！

张某不断地遗憾他自己的不对之处，和以前开会时判若两人，朋友心里想“他并不是冷酷尖酸、毫无人情的人啊”，谁让他变成这样的呢？事实上他也清楚地知道自己很主观，也会有判断错误的时候，但是他就是不能向刘老板低头，因为他若是认错，不是更没本钱跟刘老板斗气吗？原来这就是让争执越来越不

不理性的症结——别带着怒气沟通！

带着怒气沟通是没法沟通的，刘老板每次跟张某沟通时，内心早有芥蒂，所以两人开会都无法以诚相待，当然不会讲真话、讲实话，只能带着怨气发泄，因此气氛会被对方的怨气而充满，根本没办法进行沟通，此时即便是有沟通的内容在里面，在对方听来也都会跟怨气一起处理掉。长此以往，这些负面的能量一天一天地积累下来，关系只会往下沉沦，怎么可能会更好呢？最后的结局一定是分崩离析。

可是就因为朋友实时的介入，帮忙调解，所以化解了两人无法下台的尴尬，让几乎无解的问题变成圆满的结局。

这件事告诉大家一个经验："有问题要赶快沟通，沟通不成功时就赶快问，找人问也要问对人，还要记得多问几个人。"

善于沟通的人，首先要有自信的态度。一般事业相当成功的人士，他们不唯唯诺诺或随波逐流。他们大都有自己的想法和作风，但却很少对别人吼叫、谩骂，甚至连争辩都极为罕见。他们对自己了解相当清楚，并且肯定自己。他们的共同点是自信，而且听得进别人的话，日子当然过得就开心很多，有自信的人常常是最会沟通的人。

沟通的最好方法就是善用询问与倾听。询问与倾听的行为，是用来控制自己，让自己不要为了维护权力而侵犯他人。尤其是在对方行为退缩，默不做声或欲言又止的时候，可用询问行为引出对方真正的想法，了解对方的立场以及对方的需求、愿望、意见与感受，并且运用积极倾听的方式，来诱导对方发现意见，进而对自己产生好感。一位优秀的沟通好手，绝对善于询问以及积极倾听他人的意见与感受。

一个人的成功，20%靠专业知识，40%靠人际关系，另外40%需要观察力的帮助，因此，为了提升你个人的竞争力，获得成功，就必须不断地运用有效的沟通方式和技巧，随时有效地与"人"接触沟通。只有这样，才有可能使你的事业更成功；只有这样，才能使你的工作更顺利。

摆正心态，切莫错误地去“合群”

一个拥有良好心态的人，他应该始终具有清醒的头脑。在工作取得了好的成绩的时候不忘形，在失意的时候，也不沮丧。

一个炎热的中午，狮子正在草原上午睡，突然传来嗡嗡的尖叫声，不停在狮子耳边吵吵。狮子被小蚊子打扰，怒不可遏便与小蚊子争执起来，小蚊子自恃身手灵活，飞动自如，不但不理会狮子的警告，还故意叮在狮子头上、鼻子上，弄得狮子焦头烂额。得意忘形的蚊子，眼看着丛林之王也给自己弄得如此狼狈，来不及高兴的时候，竟然被身后的蜘蛛网缠住了。小蚊子拼命挣扎，可是愈缠愈紧，结果成为蜘蛛丰盛的午餐了。

蚊子的死是罪有应得的，但这个寓言故事给人们的启示却是深刻的：一个人经历千辛万苦换来成功的果实时，是手捧观之得意扬扬，还是保持冷静视之为过去，重新设定新的目标，并加倍努力实现之。选择前者，就选择了和蚊子一样的命运——止步不前；选择后者，成功的甘甜才会始终伴随着你——不断成功。

为什么人的选择会不同呢？这主要是由人的心态决定的。好的心态不仅可以指导你在工作上取得成绩，还能指导你在各种困难面前站稳脚跟，坚持自己认为对的事情，不因为别人的不理解而改变自己。

由于与生俱来的性格使然，有的人外向，有的人内敛，也因此造成了每个人外在行为上的差异，这便成为误解的根源。

不久以前，一位刚参加工作的小周跟他一个知心朋友说：“同事们都这样，如果我整天捧着本书，不和他们闲聊，显得我多清高，不合群，那样多不好啊！”

的确，每个人都渴望自己能够在单位中培养良好的人际关系，和大家融为一体，尤其是刚毕业的学生，好像不和大家打成一片就没有获得大家的认同，工作起来没有底气。

小周毕业于某警校，学的是道路交通管理，毕业后被分配到一个小城市，他每天的工作是上街值两个小时的班后休息几个小时，然后再去值班。工作的压力不大，闲暇的时间也很多，但是，他的同事们每天值班回来后，不是打牌，就是聊天。晚上下班后，也经常是出去吃吃饭、喝喝酒、跳跳舞。小周觉得自己整天和他们在一起的时间太浪费了，有一种犯罪感。他喜欢读书思考问题，并想接着深造——考研究生。但他又觉得如果自己不和同事们在一起玩，又怕人家说自己假清高、不合群，因此，他十分苦恼。

他的朋友听完他的描述后，对他说："从你所说的这些情况来看，可能你的同事的素质都不是很高，他们又安于现状，没什么太大的追求。也许他们能够做好目前的本职工作，但如果再让他们有所发展和进步的话，那可能性就很小了。其实你的这些顾虑完全没有必要，因为如果只有和他们一起虚度光阴才算合群的话，那你必须牺牲自己的爱好、前途、追求为代价而去合群，必须放弃提高自己思想境界为代价才不会清高。在工作中，这种'就低不就高'的合群、不清高，实际上就是媚俗，是完全错误的一种想法。况且，你年纪小，想追求进步，他们在你这个年龄的时候，也会有这样的想法。所以，即使你不和他们在一起玩，我想他们也不会怪你的。"

不合群的现象，一般有两种：一种是因为性格孤僻，封闭自我，或是道德人品上低劣而使大家疏远他；另一种则是因为某个人的优秀出众，或者是追求的目标高于众人之上，不迎合众人的口味或疏于处理人际关系，从而不被大家接受或受人嫉妒。

在工作中，人们经常遇到的是后一种情况。比如陈景润做一名中学数学老师时，肯定是不“合群”的；“文革”时的马寅初也跟不上潮流；比尔·盖茨从哈佛中途退学，也和大家心目中的好学生标准不一致……这些人的共同特点都是曾经不被大家看好，却都取得骄人的成绩，而且他们从不曾得意忘形。

你应该努力处理好与同事的关系，但这是为了发展自己的事业，让自己做得更好，而绝不意味着牺牲自己的理性和追求去随波逐流。要在心态上摆正，只要你出众优秀、超凡脱俗，就很容易被人认为是假清高、不合群，但这也胜于得意忘形后的自我毁灭。

学会拒绝同事的请求

“对不起，我办不到”，这句话委婉地拒绝了他人的请求。那么什么时候说这句话合适呢？只有自己根本没有能力办到或遇到不想办的事情时，你才可以说。有些话有时候把它放到不合适的语境当中，就会使人产生误解。所以，说话千万要慎重，不可因小而失大。

当同事托你办某事时，当上司委托你做某事时，请你一定不要不假思索地满口应承。至少也要冷静 1 分钟，在大脑中转一个圈子，考虑这件事自己能不能办得到、办得好。把自己的能力与事情的难易程度以及客观条件是否具备结合起来统筹考虑，然后再作决定。

办事要量体裁衣，自己感到难以做到的事，要勇敢地鼓起勇气，说声：“对不起，我实在无能为力，您是否可以另找别人?”或者“实在抱歉，我水平有限，只能让您失望了。我想，如果我硬撑着答应，将来误了事，那才对不起您呢!”这样，你才是真正会办事的人。否则，将来丢脸的肯定是你自己。

因此，你在处理事情的过程中，必须全盘衡量，把握分寸，协调好各方面的利害关系，在争取你自己利益的同时，绝不能伤害他人。

的确，拒绝别人的要求是件不容易的事，大家都有体会。而当别人央求你，你又不得不拒绝的话，更是叫人头痛的，因为每个人都有自尊心，希望得到别人的重视，同时也不希望别人不愉快，因而，也就难以说出拒绝之话了。

不过，当你经过深思熟虑，知道答应对方的要求将会给你或他带来伤害时，那么，就应该拒绝，而不要为了面子问题，做出违心的事来，结果对双方都无好处。

有时，出于难为情，对于别人提出的请求没法一口回绝。在这种情况下，许愿就要掌握分寸，应根据不同的具体情况采取不同的许愿方式和方法。

工作智慧之一：要留有余地

对把握性不大的事可采取弹性的许愿；如果你对情况把握不很大，就应把话说得灵活一点，使之有伸缩的余地。例如，使用“尽力而为”、“尽最大努力”、“尽可能”等有较大灵活性的字眼。这种许愿能给自己留下一定的回旋余地，但一般会给对方留下疑虑，取得对方的信任的效果要差一些。

工作智慧之二：要从时间上推托

对时间跨度较大的事情，可采取延缓性的许愿。有些事情，当时的情况认准了，可是由于时间长了，情况会发生变化。这时，你在许愿中可采用延缓时间的办法，即把实现许愿结果的时间说长一点，给自己留下为实现许愿创造条件的余地。比如，有人要求老板给自己加薪，老板就可以这样说：“要是年终结算，厂里经济效益好，我可以给你晋升一级工资。”用“年终结算”一语表示实现许愿时间的延缓，显得既留有余地，又入情入理。

工作智慧之三：提出必要的条件

对不是自己所能独立解决的问题，应采取隐含前提条件的许愿。这即是说，如果你所做的承诺，自己不能单独完成还要谋求别人的帮助，那么你在许愿中可带一定的限制词语。

比如，你许诺帮助同事办理家属落户的问题，这涉及公安部门和国家有关政策，你不妨这样说更恰当一点：“如果以后公安部门办理农转非户口，而且你的条件又符合有关政策，我一定帮忙。”这里就用“公安部门办理”和“符合有关政策”对你许愿的内容做了必要的限制，既见自己的诚意，又话语灵活，具有分寸，还向对方暗示了自己的难处（也要求人）。真是一石三鸟！

为人处世，应当讲究言而有信，行而有果。因此，许愿不可随意为之，信口开河。明智者事先会充分地估计客观条件，尽可能不做那些没有把握的许愿。

须知，许了的愿，就应努力做到。千万不可因一时事急，乱开“空头支票”，愚弄对方。一旦自食其言，对方一定会特别恼火。

万一因情况有变而没实现自己的许愿，也应向对方如实说明原因，并诚恳地道歉，以求得对方的原谅和理解。

对于自己根本没有能力办到或不想办的事情，最好及时地回绝。拒绝并不是简单地说一句：“那不行”，而是要讲究艺术：既拒绝了对方的不适当要求，又不致伤害对方的自尊，也不损害彼此的关系。

别让才华误了自己的前程

这是一个务实的年代，对于才华本身的定义也已经发生了改变。如今的一般标准是“才而不财，非才也”。今天出了名的职场英雄当中，又有几个是因为才华横溢、风华绝代而受人称道的呢？

才华横溢是对一个人的最高褒奖吗？身处职场，有的人才能平平而工作做得如火如荼，有的人才华横溢而工作平平。人们都仰慕有才华的人。他们无论走到哪里都会像宝石一样发射出奇异夺目的光彩，在一个工作单位如果没有一两个资质不凡的人，将是一种悲哀。想想看，如果自己本来就是平平庸庸一个凡人，还要整天混迹于一堆同样平庸的凡人中间，于个人的水准和格调来说，不仅断无提高的可能，恐怕还会不断降低呢。况且，没有一两个可以追逐、可以效仿、可以嫉妒的偶像放在那里，上班的日子又该有多么难熬？不错，才华横溢的人可能容易有恃才傲物、好高骛远，不愿意老在一个地方待着等的毛病。但是只要明察暗访一番就能发觉，这些毛病往往是遭人嫉妒或者排挤的结果，有的根本就是强加的。谁愿意让别人轻易出头呢？所以，有才之人在职场上混，很难取得一般意义上所说的成功，除非他洞悉了某些规律并向其妥协。也正因为如此，著名的日本松下公司的用人理念是只用具有70%能力的人，而不用业界最优秀的人。因为这些人做事更认真，而且友善、谦虚，对上司和同事更具亲和力。现代社会更强调团队合作精神。一个人锋芒毕露并不被认为是一件好事。因而，越来越多本来满腹才华的人将才华束之高阁。才华横溢只是职业成功的千万个必要条件中的一个，甚至还不是主要的。在合适的职位上，你的智慧才能发挥出应有的价值，才有可能获得足够让社会认可你成功的财富，若遇到一个拿“红缨枪当烧火棍”使的领导，你的才华和智慧只会让你过得比别人更痛苦！

在职场上，才华不仅仅指“腹有诗书”的学富五车，也不单单指“运筹帷幄”的才高八斗，简单点说，不管你是底层办事员还是高级主管，不管你是装卸工人，还是编程人员；也无论你是才华横溢，还是斗字不识，只要你在工作中能把你才华的最大潜能发挥出来，即使你没有惊人的事业或不名一文，你仍然是一个成功的人。调动你最大的能动性，充分体现你的人生价值，你就没白活一回！

职场中确实有这种现象，很多才华横溢的人往往不是事业的成功者，而不少能力一般的人却在事业上如鱼得水，这“不由你不信，不服也得服”的现实，确实令那些不太得志的“鸿鹄”们英雄气短。

在职场上，才华横溢只是成功的诸多要素之一，而你投身的事业肯定不是孤立于社会而存在的，你的才华首先要融于一个团队之中，与其他人的才华形成1+1大于2的合力效应，企业才能真正取得成功，从而彰显个人的成就。而在这个“融于”的过程中，人和人之间的差异相当明显。

才华横溢的人往往缺少与周围环境的良好亲和力，情商的缺陷往往使他们与团队像油与水一样难以相融。与此相对应的是，一些才智平平的人却由于懂得如何与人相处，如何把握机遇、把有限的才智用在最该用的地方，所以他们之中的一些人平步青云也就不难理解了。

其次，指望一个人适应各种各样的环境，其实也不现实。那些才华横溢的人有时并不清楚目前所处的环境是不是真的适合自己，还有没有可能以自己的主观努力变换一个新的环境，使之更适合自己。聊起自己的专业来神采飞扬，可涉及这些直接关乎自己前程的、专业之外的“琐事”，却又往往是除了叹息就是无奈。

理论上的才华永远不等于能力，才华只有体现在调控与创新上才确有价值。要让才华变成实实在在的能力，指望“躲进小楼成一统”是不可想象的。相信职场上那些不太得志的精英们只要拿出其才华的一小部分，投入到自己的“情商建设”上来，真正的成功就不会太遥远。

第四章　责任胜于能力

勇于负责可以改变一切

一位伟人说："人生所有的履历都必须排在勇于负责的精神之后。"勇于负责的精神是改变一切的力量，它可以改变你平庸的生活状态，使你变得杰出和优秀；它可以帮你赢得别人的信任和尊重，从而强化你脆弱的人际关系；更重要的是，它可以使你成为好机会的座上宾，频频获得它的眷顾，从而扭转向下的职业轨迹。如果你已经足够聪明和勤奋，但依然成绩平庸，那么就请检视自己是否具有勇于负责的精神。只要拥有了它，你就可以获得改变一切的力量。

在这个商业化的社会里，老板越来越欣赏那些敢于承担责任的员工。因为只有这样的人才能给人以信赖感，值得去交往。也只有这样的人，才具备开拓精神，为公司带来效益。所以，在做事的过程中，我们应该要求自己具备一种勇于负责的精神。

工作智慧之一：要想赢得机会，就得勇于负责

一个普通的员工，一旦具备了勇于负责的精神之后，他的能力就能够得到充分的发挥，他的潜力便能够不断地得到挖掘，因而为公司创造出巨大的效益。同时，也让他本人的事业不断向前发展。

安妮是一家大公司办公室的打字员。有一天中午，同事们都

出去吃饭了，唯有她一个人还留在办公室里收拾东西。这时，一个董事走进来，想找一些信件。

尽管这并不是安妮分内的工作，但是，她依然回答："尽管这些信件我一无所知，但是，我会尽快帮您找到它们，并将它们放在您的办公室里。"当她将那位董事所需要的东西放在他的办公桌上时，这位董事显得格外高兴。

四个星期后，在一次公司的管理会议上，有一个更高职位的空缺。总裁征求这位董事的意见，这时他想起了那位勇于负责的女孩——安妮。于是，他推荐了她，安妮的职位一下子升了两级。

美国塞文事务机器公司董事长保罗·查来普说："我警告我们公司里的人，如果有谁做错了事，而不敢承担责任，我就开除他。因为这样做的人，显然对我们公司没有足够的兴趣，也说明了他这个人缺乏责任心，根本不够资格成为我们公司里的一员。"

勇于负责是一种积极进取的精神。当一个人想要实现自己内心的梦想，下定决心改变自己的生活境况和人生境遇时，首先要改变的是自己的思想和认识。要学会从责任的角度入手，对自己所从事的事业保持清醒的认识，努力培养自己勇于负责的精神，因为这才是成功的最佳方法。

工作智慧之二：勇于负责就要踏踏实实地把事做好

勇于负责的精神说到底就是一种踏踏实实地把事情做好、做到底的态度。

在一家电脑销售公司里，老板吩咐三个员工去做同一件事：到供货商那里去调查一下电脑的数量、价格和品质。

第一个员工5分钟后就回来了，他并没有亲自去调查，而是向下属打听了一下供货商的情况，就回来做汇报。30分钟后，第二个员工回来汇报，他亲自到供货商那里了解了一下电脑的数量、价格和品质。第三个员工90分钟后才回来汇报，原来，他不但亲自到供货商那里了解了电脑的数量、价格和品质，而且根据公司的采购需求，将供货商那里最有价值的商品做了详细记录，并和供货商的销售经理取得了联系。另外，在返回途中，他还去了另外两家供货商那里了解一些相关信息，并将三家供货商的情况做了详细的比较，制订出了最佳购买方案。

结果，第二天公司开会，第一个员工被老板当着大家的面训斥了一顿，并警告他，如果下一次出现类似情况，公司将开除他。第三个员工，因为勇于负责，恪尽职守，在会议上受到老板的大力赞扬，并当场给予了奖励。

无论做什么工作，都应该静下心来，脚踏实地地去做。要知道，你把时间花在什么地方，你就会在哪里看到成绩。只要你是勇于负责、认认真真地在做，你的成绩就会被大家看在眼里，你的行为就会受到上司的赞赏和鼓励。

“千里之行，始于足下。”任何伟大的工程都始于一砖一瓦的堆积，任何耀眼的成功也都是从一步一步中开始的。聚沙成塔，集腋成裘，不管我们现在所做的工作多么微不足道，我们也必须以高度负责的精神做好它。不但要达到标准，而且要超出标准，超出上司和同事对我们的期望。成功也就是在这一点一滴的积累中获得的。

那些在职场上表现平庸的人都有以下共性：不受约束，不严格要求自己，也不认真负责地履行自己的职责；面对一切岗位制度和公司纪律，都在内心深处嗤之以鼻，对一切指导和建议都持抵触情绪和怀疑态度；在工作和生活之中，动辄以潇洒为借口，以玩世不恭的姿态对待自己的工作和职责；对自己所在机构或公司的工作报以嘲讽的态度，稍有不顺就频繁跳槽；老板或上司稍加疏忽便自我懈怠，自甘堕落；如果没有外在监督，根本就不好好工作；对工作推诿塞责，故步自封……任何工作到了他们的手里都得不到认真对待，最终他们得到的就是年华空耗，事业无成。以这种态度面对工作和生活还谈什么谋求自我发展，提升自己的人生境界，改变自己的人生境遇，实现自己的人生梦想呢？

只要你还是公司的一员，就应该抛弃借口，丢掉脑中的消极懒散的思想，以全部身心投入到自己的工作之中，以勇于负责的精神去面对自己的工作，时时处处为公司着想。只有改变自己的工作作风，主动清除自己头脑中的错误思想，才能成长为一个真正具备勇于负责精神的员工，才会被老板或公司视为支柱，才会获得全面的信任，并获得重要职位，拥有更广阔的工作舞台。这时候，自己的事业也就指日可待，胜券在握了。

生活总是会给每个人回报的，无论是荣誉还是财富，条件是你必须转变自己的思想和认识，努力培养自己勇于负责的工作精神。一个人只有具备了勇于负责的精神之后，才会产生改变一切的力量。

工作智慧之三：勇于负责才能赢得尊严

一个人要想赢得别人的敬重，让自己活得有尊严，就应该勇敢地承担起责任，一个人只要他能够勤奋地工作，认真、负责地处理日常工作中的事务，就会赢得别人的敬重和支持。反之，一个人即使高高在上，却不敢承担责任，丧失掉基本的职业道德，便会遭到他人的鄙视和唾弃。

泰勒是一家大型汽车制造公司的车间经理，手下管着一百多位安装技工。有一次，他带着几名员工安装一辆高级小轿车，安装完毕，恰逢总裁和他的几个朋友到车间巡视，其中有一位发现了这辆小轿车安装上的失误，因为总裁在场，泰勒怕自己挨训，当时把责任推给了他的下属。总裁一看他这种做法，勃然大怒，当着全车间的人，把他训斥了一顿。

许多人之所以一生一事无成，皆因为在自己的思想和认识中，缺乏对勇于负责这种精神的理解和掌握。他们常常以自由享乐、消极散漫、不负责任、不受约束的态度对待自己的工作和生活，结果，沦落为生活中的失败者。

改变态度，努力培养自己勇于负责的精神，你将会产生出无穷的力量。

热爱工作，增强自己的责任感

生活中常常听见别人说："过一天算一天吧，不至于丢掉饭碗就行了！"这种人永远不会取得任何成就，因为他们已经失去了强烈的责任感，承认了自己人生的失败。要想扭转生命之舟的航线，唯有让自己热爱自己的工作，具有强烈的责任感。

工作智慧之一：强烈的责任感能创造奇迹

在一列火车上，有一位妇女将要临产。列车员广播通知，紧急寻找一位妇产科医生。这个时候，有一位妇女站了出来，她说自己是妇产科的，列车长赶忙把她带入一间用床单隔开的病房。

毛巾、热水、剪刀、钳子什么都到位了，只等最关键的时刻到来。那位自称是妇产科的女子此刻非常着急，将列车长拉到产房外，说产妇的情况非常紧急，并告诉列车长自己其实是妇产科的一名护士，并且由于一次医疗事故被医院开除了。今天这个产妇情况不好，人命关天，她自知能力不够，建议立即送往医院抢救。此时，产妇由于难产而非常痛苦地尖叫着，而列车行驶在京广线上，距最近的一站还要行驶一个多小时。列车长郑重地对她说："你虽然只是一名护士，但在这趟列车上，你就是医生，我们相信你！"

列车长的话感染了这名护士，她开始变得镇定，但走进产房时又问："如果在不得已时，是保小孩还是保大人？"

“我们相信你!”列车长又郑重地重复了一遍。这位妇女明白了，她坚定地走进产房。列车长轻轻地安慰产妇，说现在正由一名专家给她助产，请产妇安静下来好好配合。

经过了漫长的等待，婴儿洪亮的啼哭声宣告了母子平安，人们悬着的心终于落下。那位妇女几乎单独完成了这个手术。这是她从业以来碰上的难度最大的手术，但同时也是她第一次独立完成而且成功了的手术，创造了这一奇迹的正是强烈的责任感。

强烈的责任感能激发一个人的潜能，增强他的勇气，在困难和挑战面前，不会选择逃避，而是充分挖掘自身的潜能解决问题。在强烈的责任感的驱使下，能力再平庸的人也会成为拥有无限神力的超人，克服万难，从而取得令人惊讶的优秀成绩。

工作智慧之二：主动精神是提升责任感的关键

遗憾的是，工作和生活中更容易遇到另外一些人。他们从不知道责任感为何物，更不知积极主动地做好工作。他们习惯于受人鞭笞、受人强迫、受人呵斥、受人惩罚。除非上司严厉地警告他们，如果不把某件事做好，就将饭碗不保，他们才会硬着头皮应付工作。他们从来不曾考虑动用自己的潜能（有些人甚至不知道自己体内蕴藏着巨大的潜能），即使对自己现有的知识和学识他们也一无所知，一旦遇到困难，一旦接到稍有难度的工作，他们的第一反应就是报告上司“我干不了”。工作遭遇困难对于他们来说是再好不过的事，因为这样他们就可以休息一下了。即使上司和同事正为解决问题而四处奔忙，他们也能够坦然地坐在旁边“看热闹”——不去帮忙有什么了不起，顶多受上司几句责难而已，又有什么大不了的？正是抱着这种态度，他们情愿永世在山谷中徘徊，也不肯花一丁点儿力气攀登山峰。

一个人如果具备了强烈的责任感，面对任何艰难困苦的挑战绝不会犹豫退缩，他们从不认为自己的生活可以随便地“得过且过”地打发，他们知道，自己每天都应该努力奋斗，他们唯恐落在别人的后面，成为一个混饱肚皮、打发日子的人。他们每天都会努力检验自己，究竟是前进了一寸还是一尺。

他们不会放过任何一个锻炼和提高自己的机会，除非一个难题超出了自己的权限范围，否则他是不会求助上司来处理的。对于那些真正超出自己能力的困难，他们会把它变成向别人学习的机会。积极主动是他们的做事风格，他们从不等待，从不等人吩咐，有时上司还未想到的问题他们已经做好了。正是在这种积极主动中，他们发现了更多别人未曾注意的机会，从而获得了更加广阔的舞台。

只有失去强烈责任感的人，才会埋怨找不到事做或者怀才不遇。那些具备强烈责任感的人，从不会在别人面前诉苦，他们晓得，埋头苦干才是人生中唯一的出路。要想增强自己的责任感，从而找到人生的出路，就必须做到以下几点：

第一，端正自己的态度。

一个人只有具备了良好的态度，才会产生强烈的责任感。

第二，要有远大的人生目标。

目标是一盏灯，它指引着正确的航向，为了实现目标，你才会具有强烈的责任感。

第三，一心想为自己的理想和事业奋斗，心无旁骛。

第四，要有“博爱”思想。爱自己，也爱家人、亲戚、朋友。为了让他们过得幸福和快乐而努力奋斗，这样也会生出一股强烈的责任感。

推卸责任的人将被淘汰出局

工作中，谁都不希望出现失误，但一旦做错了事，就不要推卸责任了，否则你就会被淘汰出局。然而，生活中，为自己的错误竭力开脱的人却比比皆是，他们以为这样会把责任推得一干二净，可以保全自己“从不犯错”的良好形象，殊不知，上司能够容忍员工犯错，但却无法宽恕一个人推脱责任。

在老板看来，一个员工对待错误的态度可以直接反映出他的敬业精神和道德品行。一个称职的员工，对于自己应该承担的责任就该负责，而不是随便找个理由推脱。

正如艾克松集团的副总裁爱德·休斯所说：“工作出现问题是自己的责任的话，应该勇于承认，并设法改善。慌忙推卸责任并置之度外，以为老板不会察觉，未免太低估老板了。我不愿意让那些热衷于推卸责任的员工来做我的部下，这会使我不踏实。”

对于任何人来说，推脱责任都是有害无益的，这会断送一个人的前途，并注定一个人平庸的结局。所以，要想成为一名优秀的员工，就要竭力避免推卸责任的言行，树立起主动承担责任的好形象。

工作智慧之一：不要说你不知道

当事情办砸、情况糟糕的时候，上司听到的最多的就是“我不知道”、“我不知道怎么会这样”、“我想尽了办法，但不知道怎样才能改善”、“都是他们出的主意，我不知道他们的初衷”……或许事情确实像你所说的那样，但态度却不可原谅。遇到问题时，你所应该做的就是想办法解决，而不是两手一摊“我不知道”。

杰克是一家家具销售公司的部门经理。有一次，他听到一个消息：公司高层决定安排他们部门的人员到外地去处理一项难缠的业务。他知道这项业务非常棘手，要想妥善处理，并不容易，所以，提前一天告假。第二天，上面安排任务，恰好他不在，便直接把任务交代给他的助手，让他的助手转达。当他的助手打他的手机向他汇报这件事情时，他便以自己有病为借口，让助手顶替自己前去处理这项事务。处理这项事务的具体操作办法，他在电话中也教给了助手。

半个月后，事情办砸了，他怕公司高层追究自己责任，便以自己告假为由，谎称自己不知道这件事情的具体情况，一切都是助手自作主张。他想，助手是总裁安排到自己身边的人，出了事，让他顶着，在公司高层面前还有一个回旋的余地，假若让自己来承担这件事的责任，恐怕有被降职罚薪的危险。

但真相总会显现，当总裁知道事情的真相后，便辞退了他。

20世纪末，在美国德州瓦柯镇的一个异端宗教的大本营内，发生了邪教徒集体自杀的事件。其中有20多名儿童被其身为邪教徒的父母所毒害。同时，在这次事件中，也有10名正在查案的联邦调查局的探员遭到杀害。因为这次事件，美国司法部部长珍纳·李诺在众议院遭到许多议员们的愤怒指责，他们认为她应该为这起惨剧负责。

面对千夫所指，珍纳颤抖地说："我从没有把孩子的死亡合理化。各位议员，这件事带给我的感受远比你们想象的要强烈得多。的确，那些孩子和探员的死，我都难辞其咎。不过，最重要的是，各位议员，我不愿意加入互相指责的行列。"很明显，她愿意担起所有责任。

珍纳接受谴责，并愿意一人独担责任，使众议员们为之折服，大众传媒也深受感动而对她大加赞扬。

另外，因为她一人担起所有的责任，没有推卸，使本来会给政府带来灾难性后果的指责声音减弱了。一些本来对政府打击邪教政策抱有怀疑态度的民众，也转变观念，开始支持政府的工作。

工作智慧之二：不要不作任何决定

许多人怕犯下错误后承担责任，便想出了一个自以为很聪明的办法：

不作任何决定。他们认为不作决定就不会犯错，也就轮不到自己去承担什么责任。这是一种多么荒谬的逻辑啊！

为了逃避，或者推卸责任，这种不作任何决定的人通常会有以下几种表现：

第一，尽量拖延，等待别人作决定。

第二，找一个现成的替罪羊，让别人当场作决定，自己按照别人的决定行事。错了，自己也好推卸责任。

第三，事无大小，都向上司请教，按着上司的指令行事，自己也好逃避责任。

第四，自己只作不会给自己带来困扰、任何情况下都不会出纰漏的决定。

阿伟从一所名牌大学毕业后，来到一家文化公司做编辑。他担心自己的能力和经验不够，不小心做错了事，给公司造成损失，所以，在工作中什么事都征询主管的意见。有一天，经理让他和他的主管在15天内编出一本教育方面的书，他不敢擅自做主，事事请教自己的主管。有一次，把主管惹烦了，训了他一顿。尽管他闷闷不乐，在编辑的过程中，还是不敢擅自做主。恰好，主管有事请假三天，他便像一个无头的苍蝇一样，什么也不敢干，每天面对着材料在办公室里干耗时间。这种情况，被经理看在眼中。因为迟迟不能完成这部书稿，经理大发雷霆，把他解雇了。

工作智慧之三：不要置身事外

作为公司的一员，就应该把公司当做自己的家一样来看待，在工作或生活之中，如果碰到一些不是自己岗位职责范围内的事务，也不要置身事外，而应积极、主动地为公司处理好这些事务。尽管上司没有交代，也要把它们当成自己应该履行的职责，认真、负责地把它处理妥当，这才是一名优秀而出色的公司职员所应做的。

克杜拉是一家大型企业的质检员。有一次，他看见公司的一位宣传员在为公司编撰一本宣传材料。但是，他发现这位宣传员文笔生疏，缺乏才情，编出来的东西无法引起别人的阅读兴趣。因为平时喜爱阅读，有些文采，克杜拉便主动编出一本几万字的宣传材料，送到了那位宣传员的面前。

那位宣传员发现，克杜拉所编撰的这本材料文笔出众而翔实，远超过自己的水平，大喜过望，他舍弃了自己所编的东西，把克杜拉所编的这本材料交给了总经理。

总经理把这本宣传材料详细地看了一遍。第二天，把那位宣传员叫到了自己的办公室。

“这大概不是你做的吧?”总经理问那位宣传员。

“不……是……”那位宣传员有些战栗地回答。

“是谁做的呢?”经理问道。

“是车间里的一位质检员。”宣传员回答。

“你叫他到我办公室来一趟。”经理指派宣传员找来克杜拉。

“小伙子，你怎么想到把宣传材料做成这种样子?”经理问他。

“我觉得这样做，既有益于对内部员工宣传我们的企业文化、理念和管理制度，更有益于对外扩大我们企业的声誉，加强我们的企业品牌，有利于产品的销售。”克杜拉说。

总经理笑了笑说：“我很喜欢它。”

这次谈话没几天，克杜拉被调到了宣传科任科长，负责对外宣传。不到一年时间，他因为在工作中表现出色，被调到总经理办公室担任助理。

虽然你没有义务做自己职责范围以外的事，但是，在工作的过程中，只要事关公司的事务，你就不应该置身事外，袖手旁观。尽管做这些职责范围以外的事务，会占用你的时间，但这样的行为，将会为你赢得良好的声誉。

如果你是公司的一名货运管理员，也许可以在发货清单上发现一个与自己职责无关且又未被发现的错误；如果你是一个过磅员，也许可以质疑并纠正磅秤的刻度错误，以免公司遭受损失；如果你是一名邮递员，除了保证信件能及时准确到达之外，也许可以做一些超出职责范围的事情——这些工作也许是专业技术人员的职责，但是，如果你做了，就等于为自己播下了成功的种子。

工作智慧之四：不要嫁祸他人

在公司里，每一个部门和每个岗位上都有着明确的职责。但是，也总会有一些突发事件或者意外的任务，无法明确地划分到哪个部门或个人，而这些事情往往都是比较紧急或重要的。如果你是一名合格的员工，在处理这些事务时，一不小心把事情办砸了，就要勇敢地承担起责任来，千万不要为了推卸责任，而寻找借口，嫁祸他人。这样的话，不但于事无补，还会为自己带来严重的后果。

逊尼是英国一家大型建筑公司的工程部经理。一次，他的上司安排他去处理公司在外地的一桩收尾工程中与当地居民发生的纠纷。本来，这些事务不属于他的职责范围，但是，公司一时找不到合适的人选，总裁看他能言善辩，又极懂周旋，便让他暂把手中的业务交给属下打理，到外地与公司分部的几位负责人共同协调，把这件事情处理妥当。

到了外地之后，逊尼因不了解当地的民俗民情，在处理事务中，又自恃是总裁派下来的人，不懂得与几位分部的负责人积极配合、共同处理协调事务，一意孤行，结果把事情没办好不说，还与当地的民众发生了尖锐的冲突。

当总裁责怪他时，他便把责任统统推到分部的几位负责人头上。当总裁知道了事情的真相后，给予了其严厉的惩罚。

有人曾说，一个优秀的员工应该永远学会为两件事负责：一件是目前所从事的工作；另一件则是以前所从事的工作。为现在的工作负责，可以促使自己把手中的工作做得更出色，并在不断学习中超越目前的职位，不断向前攀登。为以前所从事的工作负责，是为了把工作干得更出色，以自己的人品、道德和人格魅力来赢得别人的信任，帮助自己更快捷地实现人生的价值。

英国成功学家格兰特说过这样一段话："如果你有自己系鞋带的能力，你就有上天摘星星的机会！"所以，你应该改变自己的行为，把推卸责任、嫁祸他人的时间和精力用到自己的工作之中，勇敢地挑战自己的责任，坦率地承认自己工作中的失误，从失败中找出教训。这样，才会让自己的工作和事业发生质的飞跃。

工作智慧之五：不要坐等奇迹出现

有一些人，在事情出现后，不主动解决，而是抱着等等看的态度，什么也不做，期望奇迹出现。结果，由于错过了时机，事情变得更加不可收拾，为自己和公司带来了损失。

洛依达是一名体育运动员，有服用挪威一家公司生产的清凉药和镇痛剂的习惯。不幸的是，这种配合在一起使用的清凉药和镇痛剂，含有一些对健康不利的成分，如果长期服用的话，会对人体产生极大的危害。1990年春天，这种药品的副作用为人所知晓，加利福尼亚州许多长期服用这两种药物的人的健康状况十分令人担忧。

但是，洛依达却不以为意，认为自己有可能例外，便继续使用这类药物。终于，在某一天出现了手脚疼痛、关节和肌肉痉挛等病状。这时候，他上诉法院，要求该药厂赔偿自己400万美元，然而，法院却认为他对自己的病患应该承担大部分责任。最终，做出药厂赔偿120万美元的判决，这种结果令洛依达大失所望。但是，他也不能否认，自己抱着等着瞧、坐等奇迹出现的态度，也是造成身体健康遭到严重危害的原因之一。

同样的错误也发生在挪威那家药厂主管售后服务的经理卡林·里奇身上。他很早就知道一些民众服用这两种药后出现了毒副作用，但没有采用积极主动的措施补救，以致最后，公司因这两种药品而官司不断。他的这种失职行为，使公司遭受了很大的损失。为此，公司以渎职罪把他告上了法庭。

在面临危局时，不是坐等奇迹出现，而是以非常负责的精神，勇敢地置身其中，才能够博得他人的喝彩。而这种行为，也将会为自己的人生和事业开创出一片新的天地。

工作智慧之六：不要忙于证明自己的清白

有些人为了推卸责任，喜欢为自己辩护，极力向别人证明自己的清白，替自己开脱。实际上，这种推卸责任、文过饰非的态度，常常会使一个人在自己的人生航道上越走越偏。

洛纳里克早年在公司亚洲部担任采购主管时，由于听从了另外一个部门的经理和自己部门经理助理的建议，犯下了一个很大的工作失误。

两位建议者认为，泰国有一种产品，大量采购后，运到北卡罗来纳州会有很好的销路，但大量采购会透支账户上的存款。而该地区对零售采购商有一条至关重要的规则——不可以透支自己所开账户上的存款数额。如果你的账户上不再有钱，你就不能购进新的商品，直到你重新把账户补满为止——而通常这要等到下一个采购季节，这是一件很危险的事。洛纳里克权衡了一下，他认为按照往年的状况，这个季节不会再有新的采购任务，所以即使透支问题也不大。而且如果泰国的货物使公司大赚一笔，自己肯定会受到嘉奖。权衡之后，他采纳了两位建议者的“好主意”。

但洛纳里克刚刚办完这件“有可能使自己的职业生涯得以扭转”的采购案，就接到了部门经理打来的电话。经理告诉他，有一种日本企业生产的新式提包在欧洲市场上特别受欢迎，要求他采购一批。这一始料未及的情况，一下子让洛纳里克慌了神。

此时，他只有两种选择：第一种，坦率地向经理承认失误，并配合经理向更高层申请追加拨款；第二种，把责任推到经理助理和另外一个部门经理的头上。最终他选择了走第二条路。他在电话中大声控诉那两位乱出主意的建议者，并绘声绘色地描绘建议者对他的暗示和胁迫，表明自己是无辜的，是被人利用了。部门经理又气又急，采购日本提包的计划只得作罢。此事还惊动了公司总裁，总裁认为责任全在洛纳里克身上，因为他是最终作出购买决定的人，于是降职罚薪，让他到一个偏远分部门任一名采购员，他的职业生涯真的发生“扭转”了。

作为公司的一员，不要一出现失误，便寻找理由，证明自己的清白，为自己辩护、开脱。勇敢地承担责任，才能有出色的表现。

工作智慧之七：不要对同事们的困境视而不见

面对同事的困境视而不见也是一种不负责任的表现，它会破坏同事间的合作，影响团队的和谐氛围，从而导致整个团队的失败。

沃斯是一家机械销售公司的业务主管。为了扩大业务，部门新招了一批业务员。这些业务员大多刚刚毕业，第一次接触机械销售这一行。尽管公司对他们进行了集中培训，但是，因为工作阅历和社会经验太少，他们一时无法进入工作状态，尤其是分配到沃斯所在部门的休姆和嘉丽。这两个人进入公司已经两个月了，对机械销售的技巧一窍不通，每次见客户的时候，都因为销售不当，导致本来可以达成的交易最终都泡汤了。

有许多次，沃斯都想主动帮助他们，但最后都放弃了。因为他认为自己没必要为他们浪费精力。结果，三个月后，这两个本来可以成为优秀销售员的新人，在试用期结束时，因为没有业务成绩，被解聘了。这个消息被沃斯所在部门的经理史坦利首先获知，他把身为业务主管的沃斯叫到了办公室。

史坦利说："沃斯，你要明白，身为业务主管，指点新业务员掌握销售技巧，走出工作困境，是你的工作责任，也是你的工作义务。在这三个月中，我也细细观察了进入我们部门的那几位新业务员，他们都很能吃苦，也具有敬业精神，尤其是休姆和嘉丽。但他们两个都没有做出业务成绩，这些责任有很大一部分不在他们身上，而是在你这个业务主管身上。因为他们刚刚进入机械销售这一高难度的销售行业，这就需要你想办法帮助他们走出工作困境。我了解那两位新员工，知道他们已经对工作尽了最大的努力，虽然他们没有做出业务成绩。"

听了部门经理史坦利先生的一番话，沃斯惭愧地低下了头。

同事之间的互相帮助，不但能够为公司创造出一种和谐融洽的工作氛围，增加公司内部的凝聚力，加速公司的发展，也能使人们品尝到友谊的快乐。所以，在工作中，不要对同事的困境视而不见。

工作智慧之八：不要抱怨工作

奎尔是一家汽车修理厂的修理工，从进厂的第一天起，他就开始喋喋不休地抱怨，什么"修理这活太脏了，瞧瞧我身上弄的"，什么"真累呀，我简直讨厌死这份工作了"……每天，奎尔都在抱怨和不满的情绪中度过。他认为自己在受煎熬，在像奴隶一样卖苦力。因此，奎尔每时每刻都窥视着师傅的眼神与行动，稍有空隙，他便偷懒耍滑，应付工作。

转眼几年过去了，当时与奎尔一同进厂的三个工友，各自凭着精湛的手艺，或另谋高就，或被公司送进大学进修，独有奎尔，仍旧在抱怨声中做他讨厌的修理工。

不管走到哪里，你都能发现许多才华横溢的失业者。当你和这些失业者交流时，你就会发现，这些人对原有工作充满了抱怨、不满和谴责。要么就怪环境条件不够好，要么就怪老板有眼无珠，不识才，总之，牢骚一大堆，积怨满天飞。殊不知问题的关键在于——吹毛求疵的恶习使他们丢失了责任感和使命感，只对寻找不利因素兴趣十足，从而使自己发展的道路越走越窄。他们与公司格格不入，变得不再有用，只好被迫离开。你如果不相信，你可以立刻去询问你所遇到的任何 10 个失业者，问他们为什么没能在所从事的行业中继续发展下去，10 个人当中至少有 9 个人抱怨旧上级或旧同事的不是，绝少有人能够认识到自己之所以失业是失职的后果。

提及抱怨，有位企业领导者一针见血地指出："抱怨是失败的一个借口，是逃避责任的理由。这样的人没有胸怀，很难担当大任。"仔细观察任何一个管理健全的机构，你会发现，没有人会因为喋喋不休的抱怨而获得奖励和提升。这是再自然不过的事了。

如果你受雇于某个公司，就发誓对工作竭尽全力、主动负责吧！只要你还想自己的事业能够有所发展，就不要对工作和公司存有抱怨。因为诋毁公司，只会断送自己的前程。如果公司不能满足你的某个期望，让你心存不满的话，作个选择吧。一是选择离开，找寻新的发展空间，但多半很难找到；当你选择留在这里的时候，就应该检查自己是否做得还不够，找出缺点并改正，然后全身心地投入到公司的工作上来，为更好地完成工作而努力。记住，这是你的责任。

先舍后得，责任使你出类拔萃

“瞧瞧，每月只有这么一点微薄的薪水，还不够生活费，怎么能提起精神来好好工作呢？”

“我们辛辛苦苦干了一个星期，想要休息都不行，还得加班，加班，再加班。这种情况下，我们怎么能心甘情愿地做好工作呢？”

“别的公司的员工不但有高工资，而且还有相当高的福利。不但每月有礼物，年底还有长时间的休假和公费旅游，而我们呢？什么都没有。这怎么能调动起我们的积极性呢？”

人们就是这样为自己的不负责任开脱的。

“既然老板这么吝啬，那么也休想得到我的慷慨付出。”这就是那些应付工作、敷衍问题的人的逻辑。他们以为这样可以“报复”一下上司，殊不知，这种做法最终“报复”的正是他们自己。任何一个老板都不会提拔那些对工作敷衍了事的人，不会给他们加薪，除非他有优异的表现。如果你业绩平庸又不思进取，而且还把时间和精力用在抱怨工作和“报复”公司上，那么你永远都别想获得上司的垂青和良好的报酬，相反，这种行为和态度更有可能使你职位不保。

所以，任何时候都不要问公司给了你什么，而要问你为公司做了什么。如果你在工作上兢兢业业、恪尽职守、主动负责，并且取得了相当不错的成绩，上司一定会注意到你，并给予你想要的。但如果你敷衍了事，应付工作，逃避责任，上司也会给你应得的——低薪、低职，甚至一纸辞退信。

在为自己“可怜”的收入不平之前，先想想自己究竟为公司做了什么。如果你确实把时间都浪费在找“合理的托词”逃避责任而不是解决问题上，那么就改变这种不负责任的消极工作方式，增强自己的责任感主动负责吧，这样才能扭转事业困境，改善职业生涯。

工作智慧之一：坦率地承认“这是我的错”

人非圣贤，孰能无过。美国前总统西奥多·罗斯福说：如果自己所决定的事情有75%的正确率，便是预期的最高标准了。罗斯福无疑是20世纪最杰出的人物之一，他的最高希望也不过如此，何况你我呢。

作为企业的员工，在工作当中难免会犯一些错误。面对错误，大多数人虽然认为自己错了，但却没有勇气承认，或把犯错的理由归结于别的因素。只有极少数人能够站出来，勇敢地向老板坦白：“这件事没成功，是我的错……”在前者看来，承认错误意味着老板的责罚；沉默和“合理的托词”意味着逃脱责任。但是当你选择了承认错误时，你得到的真的只有惩罚吗？

布鲁士是美国某公司的财务人员。一天，他在做工资表时，给一个请病假的员工定了个全薪，忘了扣除他请假那几天的工资。事后布鲁士发现了这个错误，于是他找到这名员工，告诉他下个月要把多给的钱扣除。但是这名员工说自己手头正紧，请求分期扣除，但这么做的话，布鲁士就必须得请示老板。

布鲁士知道，老板知道这件事后一定会非常不高兴的，但布鲁士认为这混乱的局面都是因自己造成的，他必须负起这个责任，去老板那儿认错。

当布鲁士走进老板的办公室，告诉他自己犯的错误后，没想到老板竟然大发脾气地说这是人事部门的错误，但布鲁士再度强调这是自己的错误。老板又大声指责这是会计部门的疏忽，当布鲁士再次认错时，老板看着布鲁士说：“好样的，我这样说，就是看看你承认错误的决心有多大。好了，现在你去把这个问题按照你自己的想法解决掉吧。”事情终于解决了。从那以后，老板更加器重布鲁士了。

因此，假如你犯了错且知道免不了要受责，抢先一步承认自己的错误，可能会更好一些。如果你在老板发现之前，就承认了自己的错误，并把责备的话说出来，十有八九会得到原谅的。

自己的过错要自己承担，这是每个人的责任和义务。千万不要惧怕伴随错误而来的负面影响，一味地隐瞒错误或为自己的错误寻找开脱的借口，这样做，错误就会制约你前进的步伐，减慢你成功的速度，降低你的行为质量。事实上，很多时候，如果你能以积极的心态，勇敢地承认错误，那么你将永远不会为错误所累，你就会更快地获得成功。

工作智慧之二：主动采取措施弥补自己的过错

一位名人说过："认错是改正的一半。"那么另一半是什么呢？另一半就是采取一切可能措施去弥补自己的过错，这不仅可以将由错误造成的损失最小化，还可以让老板更进一步了解你的能力和潜在价值。

达尼尔是一家商场新招聘的笔记本电脑销售员。尽管达尼尔的业务还不是很熟练，但他认真热情的工作态度，受到了大家的一致好评。

一天，达尼尔在销售笔记本电脑时，一时大意，把一台价值2万元的笔记本电脑，以1万元的价格卖给了一位顾客。发现自己的错误后达尼尔非常着急，不知该怎么办。有同事帮达尼尔出谋划策，告诉他，他完全可以向那位顾客追回1万元。如果不希望因为追款引起太多的事，他还可以自己筹齐1万元悄悄地入账，这样，就可以神不知鬼不觉地了结这件事。可是达尼尔觉得都不妥，他决定到经理那里去承认错误。同事听后大吃一惊："你疯了，达尼尔，那样你肯定会被辞退的！"达尼尔仍然坚持自己的决定。

在下班之前，达尼尔手拿一个信封来到经理的办公室："对不起，经理，今天我犯了一个很严重的错误，让公司遭受了1万元的损失。我为我的错误感到羞耻。这1万元是我这几年的存款，请您收下，希望能弥补公司的损失。如果您要因此开除我，我不会有任何怨言。”

经理听后问达尼尔：“你真的打算用自己的钱填补那1万元的亏空？”

“是的，经理。”达尼尔说，“虽然我可以按照顾客留下的联系方式，找到顾客让他付这笔钱。但为什么要去找他呢？是我把两种笔记本电脑弄错了，这完全是我的错，我对这个失误付有全部的责任。而且，那样做还会影响商场的声誉。”

达尼尔勇于认错，并敢于负责的举动深深感动了经理。他没有开除达尼尔，而是给了达尼尔更大的发展空间。达尼尔因此获得的远比1万元多得多。

因此，当犯了错误的时候，不要采取消极逃避的态度。你应该在发现错误的时候，马上想一想自己应怎样做才能最大程度地弥补过错。只要你能以正确的态度对待它，勇于承担责任，错误不仅不会成为你发展的障碍，反而会成为你前进的推动器，促使你不断地、更快地成长。所以说，任何事情都有它的两面性，错误当然也不例外。关键就在于你从什么样的角度去看待它，以怎样的态度去处理它。

工作智慧之三：即便是小错也要承认

现实社会中，有很多年轻人好高骛远，不能踏踏实实地工作，工作中出现一些小问题也不愿深究，听之任之。他们的论点是：如果我所犯的错误性质十分严重，我一定会承认的。如果是芝麻大的一点小错，再那么认真地计较，难免有点小题大做，根本没有这个必要。如果你也是这样看待错误的，那就大错特错了。

工作无小事，更无小错，1%的错误往往就会带来100%的失败。在一次登月行动中，美国的飞船已经到达月球却无法着陆，最终以失败告终。

事后，科学家们在查找原因时发现，原来是因为一节价值30美元的电池出了问题。起飞前，工程人员在做检查工作时只重点检查了“关键部位”却把它给忽略了。结果，一节30美元的电池让几十亿美元的投资和科学家们的全部心血付诸东流。

没有什么事是不可能的，任何一个小错误都有可能引起严重的后果，造成不可挽回的损失。所以说，承认错误，勇担责任应从小错开始。假如你总是无视小错，而不去关注它，积极改正它，那么失败和低水平表现就会变成理所当然的事。

关注小错误是每一个成功者必备的素质。如果你仔细观察就会发现，成功者从来不会因为错误小就放过错误，而是认真对待。

史蒂芬是个20多岁的美国小伙，几年前他在一家裁缝店学成出师。来到堪萨斯州的一个城市开了一家自己的裁缝店。由于他做活认真，且价格又便宜，很快就声名远扬，许多人慕名而来找他做衣服。有一天，风姿绰约的哈里斯太太让史蒂芬为她做一套晚礼服，等史蒂芬做完的时候，发现袖子比哈里斯太太要求的长了半寸。但哈里斯太太就要来取这套晚礼服了，史蒂芬已经没有时间修改衣服了。

哈里斯太太来到史蒂芬的店中，她穿上了晚礼服在镜子前照来照去，同时不住地称赞史蒂芬的手艺，于是她按说好的价格付钱给史蒂芬。没想到史蒂芬竟然坚决拒绝，哈里斯太太非常纳闷。史蒂芬解释说：“太太，我不能收您的钱。因为我把晚礼服的袖子做长了半寸。为此我很抱歉。如果您能再给我一点时间，我非常愿意把它修改到您需求的尺寸。”

听了史蒂芬的话后，哈里斯太太一再表示她对晚礼服很满意，她不介意那半寸。但不管哈里斯太太怎么说，史蒂芬无论如何也不肯收她的钱，最后哈里斯太太只好让步。

在去参加晚会的路上，哈里斯太太对丈夫说：“史蒂芬以后一定会出名的，他勇于承认错误、承担责任以及一丝不苟的工作态度让我震惊。”

哈里斯太太的话一点也没错。后来，史蒂芬果然成为了一位世界闻名的高级服装设计大师。

美国总统肯尼迪在就职演说中说：“不要问美国给了你们什么，要问你们为美国做了什么。”这句话曾激励了一代又一代美国青年积极主动地为自己的行为和现在所处的糟糕情况负责任。正是这种负责精神使他们找到了突破困境走向成功的真正法门，使美国经济实现了腾飞。负责精神是改变一切的力量，如果你的职业陷入困境，事业步入低谷，不要抱怨和心存不满，要先问问自己为公司做了什么，只有这样才能积蓄起破除事业坚冰的力量。

要有强烈的使命感

使命感是一种促使人们积极采取行动，实现自我信仰和人生目标的心理状态，也是决定人们行为取向和行为能力的关键因素。

那些具有强烈工作使命感的牧师们，无论是非洲的原始森林，南美洲的高山峻岭，还是亚洲地区，他们都敢于只身前往。他们在几乎与世隔绝的穷乡僻壤、茹毛饮血的土著部落、卫生条件极其恶劣的瘟疫流行地区传教，过着极其艰苦的生活，甚至老死在那里，他们别无所图，完全是为了自己的神圣使命。

将工作本身看成一种神圣的使命，会极大地调动人的积极性，而能驱使自己自动自发地干好自己的每一项工作。

具有强烈使命感的人，不但具有坚强的意志和坚忍不拔、埋首工作的决心，还具备极强的探索精神，肯在自己的工作领域里刻苦钻研，尝试创新。他不是被动地等待着新使命的来临，而是积极主动地寻找目标和任务。他不是被动地适应工作使命的要求，而是积极、主动地去研究，变革所处的环境，尽力作出一些有意义的至关重要的贡献，并从中汲取再一次走向成功的力量。

具有强烈工作使命感的人，他们都会主动要求自己努力工作，而不以薪水为目标。他们也不会畏惧自己工作上的坎坷，而始终沿着目标向前迈进，因此他们也一定能够享受到实现自己人生目标后上天所赋予的生活快乐。

30年前，费兰德还是一个13岁的少年时，他就要求自己有所作为。那时候，他把自己人生的目标不可思议地定在纽约大都会街区铁路公司总裁的位置上。

为了这个目标，他从13岁开始，就与一伙人一起为城市运送冰块。虽然没有上过几天学，但是他依靠自己的努力，不断地利用闲暇时间学习，并想方设法向铁路行业靠拢。18岁那年，经人介绍，他进入了铁路业，在长岛铁路公司的夜行货车上当一名装卸工。他觉得这对他而言，是一件十分难得的机遇。尽管每天又苦又累，他都能保持一份快乐的学习心态，因此受到赏识，被安排到铁路上，开始干一份检查铁轨和路基的工作。尽管每天只能赚1美元，但是，他感觉到自己已经向铁路公司总裁的职位迈进。

随后，他又被调到铁路扳道工的岗位上。在这里，他依然勤奋工作，加班加点，并利用空闲帮主管们做一些书记工作。他觉得只有这样，才可以学到一些更有价值的东西。

后来，他回忆说："不知道有多少次，我不得不工作到午夜十一二点钟，才能统计出各种关于火车的赢利与支出、发动机耗量与运转情况、货物与旅客的数量等数据，做了这些工作后，我得到的最大收获就是迅速掌握了铁路各个部门具体运作细节的第一手资料。而这一点，没有几个铁路经理能够真正做到。通过这种途径，我已经对这一行业所有部门的情况了如指掌。”

但是，他的扳道员工作只是与铁路大建设有关联的暂时性工作，工作一结束，他立刻被解雇了。

于是，他找到了公司的一位主管，告诉他，自己希望能继续留在长岛铁路公司做事，只要能留下，做什么样的工作都可以。对方被他的诚挚所感动，调他到另一个部门去清洁那些满是灰尘的车厢。很快，他通过自己的实干精神，成为通往海姆基迪德的早期邮政列车上的刹车手。无论做什么工作，他始终没有忘记自己的目标和使命，不断地补充自己的铁路知识。很快，大家都知道他是一个雄心勃勃的年轻人。现在，费兰德已是公司的总裁，他依然废寝忘食地工作着。在纽约人来人往、川流不息的街道上，他每天负责指导运送100万乘客，至今也没有发生过任何重大的交通事故。

他在最近的一次演讲中说：“在我看来，对一个具有强烈工作使命感的员工而言，没有什么不能改变的，也没有什么不能实现的。从另外一个角度而言，一个具有强烈工作使命感的员工，也正是一个优秀的、勇于负责的人，他在任何地方都会受到欢迎。他在依靠自身的努力向前迈进的时候，也会受到各方面的真诚相助。”

忠诚地对待工作

在一项对世界著名企业家的调查中，当问到“您认为员工应具备的品质是什么”时，他们几乎无一例外地选择了“忠诚”。

忠诚是职场中最应值得重视的美德，因为每个企业的发展和壮大都是靠员工的忠诚来维持的，如果所有的员工对公司都不忠诚，那这个公司的结局就是破产，那些不忠诚的员工也自然会失业。

只有所有的员工对企业忠诚，才能发挥出团队力量，才能拧成一股绳，劲往一处使，推动企业走向成功。同样，一个职员，也只有具备了忠诚的品质，他才能取得事业的成功。

如果你能忠诚地对待工作，就能赢得老板的信赖，从而给你以晋升的机会，并委以重任，在这样一步一步前进的过程中，你就不知不觉提高了自己的能力，争取到成功的砝码。

员工对老板的忠诚，能够让老板拥有一种事业上的成就感，同时还能增强老板的自信心，更能使公司的凝聚力得到进一步的增强，从而使公司得以发展壮大。所以，很多老板在用人时不仅仅看重个人能力，更看重个人品德，而品德最为关键的是忠诚。那种既忠诚又有很强工作能力的员工是每个老板都心仪的得力助手。

既忠诚又有能力的员工，这种人不管到哪里都是老板喜欢的人，都能找到自己的位置。而那些三心二意，只想着个人得失的员工，就算他的能力无人能及，老板也不会委以重任的。

忠诚于公司、忠诚于老板，实际上就是忠诚于自己。忠诚不同于一味的阿谀奉承，忠诚也不是用嘴巴说出来的，它不仅要经受考验，而且还表现在你的行动和行为上。

工作智慧之一：忠诚，我们的做人之本

忠诚于自己的公司，忠诚于自己的老板，跟公司的同事和老板和睦相处，与公司同舟共济、荣辱与共，全心全意为公司工作，把公司当成自己的公司，公司成功了，你自然也就赢得了成功。

小刘长得并不好看，学历也不太高，在一家房地产公司做电脑打字员。小刘的打字室与老板的办公室之间只隔着一块大玻璃，老板的举止她只要愿意就可以看得清清楚楚，但她很少向那边多看一眼。小刘每天都有打不完的材料，小刘知道工作认真刻苦是她唯一可以和别人一争短长的资本。她处处为公司打算，打

印纸不舍得浪费一张，如果不是要紧的文件，她会把一张打印纸两面用。

一年后，公司资金运作困难，员工工资开始告急，人们纷纷跳槽，最后总经理办公室的工作人员就剩下她一个。人少了，小刘的工作量也陡然加重，除了打字，还要做些接听电话、为老板整理文件的杂活儿。有一天，小刘走进老板的办公室，直截了当地问老板："您认为您的公司已经垮了吗?"老板很惊讶，说："没有!""既然没有，您就不应该这样消沉。现在的情况确实不好，可很多公司都面临着同样的问题，并非只是我们一家。而且虽然您的2 000万元砸在了工程上，成了一笔死钱，可公司没有全死呀！我们不是还有一个公寓项目吗？只要好好做，这个项目就可以成为公司重整旗鼓的开始。"说完她拿出那个项目的策划文案。隔了几天，小刘被派去搞那个项目。两个月后，那片位置不算好的公寓全部先期售出，小刘为公司拿到3 800万元的支票，公司终于有了起色。

以后的4年，小刘作为公司的副总经理，帮着老板做了好几个大项目，又忙里偷闲，炒了大半年股票，为公司净赚了600万美元。

又过了4年，公司改成股份制，老板当了董事长，小刘则成了新公司第一任总经理。老板与相恋多年的女友终于结婚了，在婚礼上，新郎（老板）一定要请小刘为在场数百名员工讲几句话。

小刘说："我为公司炒股赢利了，许多炒股高手问我是如何成功的，我说一要用心，二没私心。"确实，很多人一面在为公司工作，一面在打着个人的小算盘，怎么能让公司赢利呢？世上有些道理本是相通的，比如，夫妻双方应该彼此忠诚，公司和员工也应该彼此忠诚。只有这样，家庭才能和顺，公司才能发达。我们在任何时候都不能失去忠诚，因为它是我们的做人之本。

从小刘的身上，我们可以看到忠诚的魅力，它是一个员工的优势和财富，它能换取老板的信任与坦诚，如果你有了忠诚的美德，总有一天，你会发现它会成为你巨大的财富。相反，如果你失去了忠诚，那你就失去了做人的原则，失去了成功的机会。

工作智慧之二：要保守秘密

身在职场，要守住公司和老板的秘密。不该问的不问，不该说的不说，公司的各种事情都不可以随便张扬，绝对守口如瓶。

张平在一家大公司供职，能说会道，才华出众，所以他很快被提拔为技术部经理，他认为，更好的前途正在等着他。

有一天，一位港商请张平喝酒。席间，港商说："最近我的公司和你们公司正在谈一个合作题目，如果你能把你手头的技术资料提供给我一份，这将使我们公司在谈判中占据主动。"

"什么，你是说，让我做泄露机密的事？"张平皱着眉道。

港商小声说："这事儿只有你知我知，不会影响你。"说着，将15万元的支票递给张平。张平心动了。

在谈判中，张平的公司损失很大。事后，公司查明真相，辞退了张平。

真是赔了夫人又折兵，本可大展宏图的张平因此不但失去了工作，就连那15万元也被公司追回以赔偿损失。他懊悔不已，但为时已晚。

一个不忠诚的员工即使才华横溢也不会成功，因为他无法得到老板的信任，无论是谁都不喜欢这样的人。而这同时也表明：忠于公司老板，也就是忠于自己，背叛公司、老板，也就是背叛自己，最终走向失败。

作为一名员工，不要忘了自己的角色，你需要为公司争取利益，而不是为你自己争利益。只有公司"发达"了，你才会跟着"发达"，万万不可越位。有时，公司与你个人在利益上也会发生冲突，这时你千万不能把公司利益置之度外，使自己糊涂一时。

有家公司因一家对手公司业务的红火，而发愁焚心，但想不出制伏对手的良策。终于，对策有了！他们想方设法寻找关系，接近对手公司的一名仓库主管，让其暗中出卖商业机密。这个主管在利益的驱使下，利令智昏，把自己公司的库存数量、货品结构、价格策略一一泄露。几经交手，商界风向大变，原先生意红火的公司，节节败退，最后元气大伤而倒闭。另一家濒临倒闭的公司，却起死回生，反败为胜。一个不忠诚的蛀虫，股掌之间就将一个公司搞垮了。老板输得稀里糊涂，蒙受了惨烈的苦痛。

这种隐性的不忠诚，可以说是职场的定时炸弹。一个有职业道德的人，心里要有一条准则：可为与不可为。需要坚守的信条是：绝不选择良心的堕落。

工作智慧之三：频繁跳槽，就是缺乏忠诚

很多公司不惜代价对员工进行培训，但是当员工们积累了一定的工作经验后，经常是不打一声招呼就跳槽而去，这样的人对公司是缺乏忠诚的。

缺乏忠诚度，频繁地跳槽直接受到损害的是企业，但从更深层次的角度上看，对员工伤害更深，无论是个人资源的积累，还是所养成的“这山望着那山高”的习惯，都会使员工的价值有所降低。频繁跳槽，不利于自己的经验积累和进步，重要的一点是，难以取得老板的信任。

作为一名员工，最好不要随便跳槽。社会学家指出，现代人一生当中平均要换五到六次工作。不过，在一个人的职场生涯中，换工作毕竟是一件大事，它是检验一个人忠诚度的根据。最好不要动不动就想以跳槽来改变自己的境遇，你可以在岗位上勤恳工作，努力提高自己各方面的能力，

积极进取，这样才能更好、更快地接近成功。如果你一年之内连续换了好几份工作，老板就会想："这人的忠诚度恐怕有问题……"那你日后的麻烦可就大了。

人一生更换几次工作是很正常的事情，但不管做什么工作都要把工作做好，这是对所从事的职业的高度责任感，是对职业的忠诚，是承担某一责任或者从事某一职业所表现出来的敬业精神。

对公司来说，忠诚会使公司的效益得到大幅度提高，还能增强公司的凝聚力，使公司更具竞争力，能让公司在变幻莫测的市场中更好地立足。对于员工来说，忠诚能使你更快地与公司融为一体，真正地把自己当成是公司的一分子，更有责任感，对将来更加自信。

如果你渴望成功，那就要保持忠诚的美德，让它成为你工作的一个准则，并在此基础上逐步培养正确的道德观，发展真正的好品格，这样，老板总有一天会给你理想的回报。

敬业是一种使命

一个人在追求成功的过程中，不可避免地遇到这样或那样的困难。那么，要战胜困难，就要有敬业精神。敬业精神是强者之所以成为强者的一个重要方面，也是由弱者到强者应该具备的职业品性，如果你在工作上敬业，并且把敬业变成一种习惯，你会一辈子从中受益。

敬业，顾名思义就是敬重并重视自己的职业，把工作当成自己的事业，并对此付出全身心的努力，抱着认真负责、一丝不苟的工作态度，即使付出更多的代价也心甘情愿，并能够克服各种困难，做到善始善终。

敬业的员工，不仅仅是为了对老板有个交代，更重要的一点，敬业是一种使命，是一个职业人应具备的职业道德。

从古至今，职业道德一直是人类工作的行为准则，在世界飞速发展的今天，职业道德成为成就大事所不可或缺的重要条件。

在竞争如此激烈的现代社会，毫不夸张地说，一个公司的存亡，就取决于其员工的敬业程度。只有具备忠于职守的职业道德，才有可能为顾客提供优质的服务，并能创造出优质的产品。如果把界定的范围扩大到以国家为单位，那么一个国家能否繁荣强大，也取决于人民是否敬业。

但在职场中，总有些员工在工作中偷懒，不负责任，这样的员工，头脑里根本没有对敬业的理解，更不会把敬业看做是一种神圣的使命。

每个员工的敬业所带来的最直接的结果当然是企业的不断发展，以及员工个人的事业的成功。

当敬业意识深植于我们脑海里，那么做起事来就会积极主动，并从中体会到快乐，从而获得更多的经验和取得更大的成就。当然，要取得最终的成功需要长期的努力，不会迅速见效。但如果不具备敬业精神，那也就不会有成功的可能了。工作上的马虎失职，也许对公司并不会造成严重的影响，但长此以往，也就葬送了你的前程。

阿尔伯特·哈伯德说："一个人即使没有一流的能力，但只要你拥有敬业的精神同样会获得人们的尊重，即使你的能力无人能比，却没有基本的职业道德，一定会遭到社会的遗弃。"

有个才华横溢的年轻人，对工作缺乏热情和敬业精神，总是以消极、散漫的态度应付本职工作，与他一起大学毕业并一同进入公司的同学得到了提拔和重用，而他始终无法获得提升。

难怪有一位成功大师在谈到"敬业精神"时说："有许多非常优秀的大学生，当学业有成步入职场后，对工作缺乏敬业精神，结果往往抓不住成功的机会，真是非常遗憾啊！"

他的话令人深思。

无论从事什么行业，只有全心全意、尽职尽责地工作，才能在自己的领域里出类拔萃，这也是敬业精神的直接表现。

之所以要敬业，原因无非是两个：一是为了提高自己的业务能力，放眼于未来的发展，二是为了把工作干得更好，对公司和老板负责，得到老板的青睐。

任何一家公司、任何一个老板，都想自己的事业能兴旺发达。这样，他就自然而然地需要一个、几个乃至一批兢兢业业、埋头苦干的下属，需要一些具有强烈敬业精神和强烈责任心的下属。

从这一点说，敬业的员工，是老板最倚重的员工，也是最容易成功的员工。如果你的能力一般，敬业可以让你走向更好；如果你十分优秀，敬业会将你带向更成功的领域。

王杰本科毕业后被分配到一个研究所，这个研究所的大部分人都具备硕士和博士学位，王杰感到压力很大。

工作一段时间后，王杰发现所里大部分人不敬业，对本职工作不认真，他们不是玩乐，就是搞自己的“第三产业”，把在所里上班当成混日子。

王杰反其道而行之，他一头扎进工作中，从早到晚埋头苦干业务，还经常加班加点。王杰的业务水平提高很快，不久成了所里的“顶梁柱”，并逐渐受到所长的重用，时间一长，更让所长感到离开王杰就好像失去左膀右臂。不久，王杰便被提升为副所长，老所长年事已高，所长的位置也在等着王杰。

假若老板的周围缺乏实干敬业者，你如果具有强烈的实干敬业精神，你自然能得到重视，受到重用，得到提拔。

热情是职场人士的生命

热情是一种难能可贵的品质。正如拿破仑·希尔所说，“要想获得这个世界上的最大奖赏，你必须拥有过去最伟大的开拓者所拥有的将梦想转化为全部有价值的献身热情，以此来发展和销售自己的才能”。

然而不幸的是，对自己的工作和所从事的事业充满热情的人少之又少。看看我们的生活到底是怎样的吧！早上醒来一想到要去上班就心中不快，磨磨蹭蹭地挪到公司以后，无精打采地开始一天的工作，好不容易熬到下班，立刻就高兴起来，和朋友花天酒地之时总不忘痛陈自己的工作有多乏味、有多无聊。如此周而复始。有人估计美国有82%的人视工作为苦役，而且迫不及待地想要摆脱工作的桎梏。在工作环境相对开放的美国尚且如此，别的国家的情况可见一斑。

工作智慧之一：热情是职场人士的生命

工作是一个人个人价值的体现，应该是一种幸福的差事，可是为什么人们却把它当做苦役呢？绝大多数的人都会回答是工作本身太枯燥了。然而实际上问题往往不是出在工作上，而是出在你自己身上。如果你本身不能热情地对待自己的工作的话，那么即使让你做你喜欢的工作，一个月后你依然觉得它乏味至极。大多数人已经有过这样的经历。IBM前营销总裁巴克·罗杰斯曾说过："我们不能把工作看做为了五斗米折腰的事情，必须从工作中获得更多的意义才行。"你得从工作当中找到乐趣、尊严、成就感以及和谐的人际关系，这是你作为一个员工所必须承担的责任。

当你在职场中遇到挫折或失败的时候，你总喜欢从外界找借口为自己开脱——比如说竞争太激烈、大幅度裁员等——而很少会仔细地审视一下你自己。你总认为无精打采地上班，磨磨蹭蹭去工作，并不是什么大事情，然而，实际上正是这些让老板下定决心辞退你的。

热情对于一个职场人士来说就如同生命一样重要。如果你失去了热情，那么你永远也不可能在职场中立足和成长。凭借热情，你可以释放出潜在的巨大能量，补充身体的潜力，发展出一种坚强的个性；凭借热情，你可以把枯燥乏味的工作变得生动有趣，使自己充满活力，培养自己对事业的狂热追求；凭借热情，你可以感染周围的同事，让他们理解你、支持你，拥有良好的人际关系；凭借热情，你更可以获得老板的提拔和重用，赢得珍贵的成长和发展的机会。

著名人寿保险推销员法兰克·派特正是凭借着热情，创造了一个又一个奇迹。

“当时我刚转入职业棒球界不久，遭到有生以来最大的打击，因为我被开除了。我的动作无力，因此球队的经理有意要我走人。他对我说：‘你这样慢吞吞的，哪像是在球场混了20年。法兰克，离开这里之后，无论你到哪里做任何事，若不提起精神来，你将永远不会有出路。’本来我的月薪是175美元，离开之后，我参加了亚特兰斯克球队，月薪减为25美元，薪水这么少，我做事当然没有热情，但我决心努力试一试。待了大约10天之后，一位名叫丁尼·密亭的老队员把我介绍到新凡去。在新凡的第一天，我的一生有了一个重大的转变。我想成为英格兰最具热情的球员，并且做到了。

“我一上场，就好像全身带电一样。我强力地击出高球，使接球的人双手都麻木了。记得有一次，我以强烈的气势冲入三垒，那位三垒手吓呆了，球漏接了，我就盗垒成功了。当时气温高达华氏100度，我在球场上奔来跑去，极有可能中暑而倒下去。

“这种热情所带来的结果让我吃惊，我的球技出乎意料的好。同时，由于我的热情，其他的队员也跟着热情起来。另外，我没有中暑，在比赛中和比赛后，我感到自己从来没有如此健康过。第二天早晨我读报的时候兴奋得无以复加。报上说：‘那位新加入进来的球员，无异是一个霹雳球手，全队的人受到他的影响，都充满了活力，他们不但赢了，而且是本赛季最精彩的一场比赛。’由于对工作和事业的热情，我的月薪由25美元提高到185美元，多了7倍。在后来的两年里，我一直担任三垒手，薪水加到当初的30倍之多。为什么呢？就是因为一股热情，没有别的原因。”

后来由于手臂受伤，派特不得不放弃打棒球。他来到了菲特列人寿保险公司当保险员，但整整一年都没有成绩，他因此非常苦恼。后来他像当年打棒球一样，又对工作充满热情，很快他就成了人寿保险界的大红人。他说："我从事推销30年了，见到过许多人，由于对工作抱持的热情的态度，他们的收效成倍地增加，我也见过另一些人，由于缺乏热情而走投无路。我深信热情的态度是成功推销的最重要因素。"

热情的态度是做任何事的必要条件。任何人，只要具备了这个条件，都能获得成功。热情可以让他的事业飞黄腾达。

对你的工作倾注全部热情吧！

在这个社会中，职场人士承担着巨大的有形或者无形的压力。同事之间的竞争、工作方面的要求，以及一些日常生活琐事，无时无刻不在禁锢着人们的心灵。于是在种种的压力、种种的禁锢之后，无精打采、垂头丧气和漠不关心扼杀了人们心中美好的对事业的追求和热忱。从热爱工作到应付工作再到逃避工作，人们的职业生涯遭到了毁灭性的打击。

没有热情，成长和发展的机会从何而来？不要再去计较那些毫无意义的事情了，有什么比拥有精彩和幸福的人生更让人快乐的呢？对你的工作倾注热情，你将从中获益匪浅。

工作智慧之二：把工作当做事业来看待

如果你只把工作当做一件差事，那么你就很难倾注你的热情。而如果你把你的工作当做一项事业来看待，情况就会完全不同。

记得有这样一个故事：

在一个小镇上，路人问三个石匠在做什么。第一个石匠说："我每天都枯燥地搬石头砌墙。"第二个石匠说："我的工作很重要，我要把墙垒好，这样房子才结实。"第三个石匠则目光炯炯地说："我的责任十分重大，这是镇上的第一所教堂，我要将它建成百年的标志。”

差别就在于你怎样看待自己的工作。如果你只把目光停留在工作本身，那么即使是从事你最喜欢的工作，你依然无法持久地保持对工作的热情，而如果在拟定合同时，你想的是一个几百万的订单；搜集资料、撰写标书时你想到的是招标会上的夺冠，你还会认为自己的工作周而复始、枯燥无味吗？

把工作当做一项事业来做，把自己的职业生涯与工作联系起来，你就会觉得自己所从事的是一份有价值、有意义的工作，并且从中可以感觉到使命感和成就感，从而彻底改变浑浑噩噩的工作态度。

工作智慧之三：端正工作态度

工作的态度有两种，你可以从中任选其一。第一种是爱迪生所说的：“我一辈子从来没有工作过，我只是在玩而已。”另一种就是古希腊神话里头邪恶国王西西弗斯王所认为的工作就是苦役。

爱迪生认为工作可以创造出生产力、乐趣以及满足感。投身于自己所从事的工作，你将从中得到源源不断的快乐和成就感。

而西西弗斯王被打入冥府后，每天必须推动庞大的巨石到山上去。一天过完之后，这块巨石又会自动掉落山谷。他每天都要重复这样的过程，日复一日都是艰辛、枯燥而且毫无意义的工作。

工作对你而言究竟是个乐趣，还是个枯燥乏味的事情，其实全要看自己怎么想，而不是工作本身。从工作中获得快乐、成功以及满足感的秘诀并不在于专挑自己喜欢的事情做，而在于发自内心地喜欢自己所做的工作。就算你注定要做个扫大街的清洁工人，也要对自己的职责全力以赴，就好像米开朗琪罗作画、贝多芬作曲或莎士比亚写诗那般地投入，倾注全力达到最好的工作表现，让每个人都为你驻足赞叹：“这个清洁工人表现真好。”

工作智慧之四：在工作过程中寻找热情

既然下定决心要在枯燥的工作中倾注热情，使之成为最有趣的工作，那么先从小事开始。

第一，比别人先行一步。彻底改掉总跟在别人后面，做事总比别人慢一拍的坏习惯，在工作中先行一步。比如，当电话铃响起时，抢先接电话，尽管你知道不是找自己的；当客人或上司来时，最先起身接待；召开会议时，最先发觉该给他人的杯子里添上茶水，等等。反应敏捷、做事勤快、行动力强就是热情工作的最直接体现。

第二，积极主动地做事。做事情时别慢腾腾的，那会给人消极怠工的印象。把热情投入到工作中去，你会发现很多问题，主动想办法解决这些问题，不但会从中学到很多知识，而且还会给上司和同事留下果断和利落的印象，无疑这对于你获得成长的机会大有裨益。

第三，走路时挺胸阔步。慢腾腾地走路给人的感觉就是无精打采，这种消极情绪不但会影响同事的情绪，还会使老板怀疑你的工作积极性，如此怎么能热情地工作呢？昂首阔步地走路，为自己创造良好的心态，鼓励自己把全部热情倾注于工作中，这样工作起来才会意气风发。

得克萨斯有句古老的谚语这么说道："湿火柴点不着火。"当你觉得工作乏味、无趣时，不是因为工作本身出了问题，而是因为你的"易燃指数"不够高。点燃你心中的热情一切都会好起来。

第五章　看事说事不如做事

办公时间少说多做

在办公室里，只要大家略微一闲下来，便免不了要凑到一起闲谈。不管是有用的、没用的都夹杂在其中。如果谈论一些与工作有关的话题无可厚非。和工作一点关系都没有的家长里短和别人的私生活，都成了聊天的主要话题，这样的聊天被称为“错误的聊天”。

“错误的聊天”专指那些在不正确的时间、场合，谈论一些没有什么深度和意义话题的聊天。这样的聊天不但浪费时间而且没有什么意义，反而会引起一些不必要的冲突。

上班时间要杜绝这样的聊天。聊天是办公中最浪费时间的行为。它让人们觉得时间过得飞快，不知不觉把本应办公的时间浪费掉。至于那些喜欢在聊天中夹杂一些同事或者领导私生活内容的聊天，无论出于何种动机，在背后说人闲话总是一种不道德的行为，容易引发人际关系危机。

一些很无聊的人，常常利用上班时间讲一些无聊的小笑话，或者是说一些粗俗的“单口相声”，自以为是办公室里的“开心果儿”。其实不然，那样不但会影响自身工作的注意力，降低工作效率，还会干扰同事办公，影响他人的效率，让那些不喜欢这种行为的人很容易产生一种莫名的厌恶感。

小刘在一家公司做业务员，平时嘴里总是不闲着，这也许和他的性格以及职业有关！爱说话对于业务员来说根本算不上什么缺点，甚至可以说是优点。但是他经常在公司谈论的都是那些很低级趣味的小笑话，有时候甚至还夹杂着一些“黄色”的小段子。即使大家都在专心联系业务的时候他也乐此不疲，常常耽误了自己的工作不说，还时常影响到周边同事联系业务的情绪。有时正当同事和客户联系的时候，他讲的一些小段子引起了大家的爆笑，业务电话也会因此受到干扰听不清对方的谈话。在电话另一头的客户常常因为电话中不雅的笑声，认为该公司管理松散、不值得信赖。正因如此，小刘经常把同事的一些志在必得的业务搞黄了，而他自己的业务也少得可怜。

小刘的行为引起了同事们的不满和反感，但是大家都在一起办公，碍于面子也没有正面提出来。这一切被公司管后勤的汪大姐看在了眼里，决定要替同事们教训一下小刘，让他长长记性。

有一天，汪大姐特意带了一个可以录音的小随身听。当小刘又在工作时间大张旗鼓地开始“单口相声”表演时，汪大姐就用那个随身听把小刘的“单口相声”全部录了下来。汪大姐是管后勤的，自然知道公司即将举行一次联欢会，到时会要求每个小组出助兴节目，录出来的磁带自然会派上用场。没过几天，公司就下来了通知说要开联欢会，要求每组准备一个节目作为助兴。当小刘他们组正为出节目发愁时，汪大姐神秘地一笑，对大家说：“这个呀，我已经为大家准备好了，保准大家满意！”公司的联欢会如期召开了，轮到小刘所在组表演了。只见主持人报出名字叫做“办公室里的单口相声”，声音响起来了：急促的电话铃响个不停，各个员工联系业务的声音。突然出现了一个声音，那个声音正是小刘的，开始了他极富特色的“单口相声”，不时夹杂着一些黄色小笑话，还有的就是哄堂大笑。不知道是生气气的，还是羞愧的，小刘的脸一下子变红了。

不过令人高兴的是，小刘自此之后很少在办公室里谈论与工作无关的话题了。公司一下清静了许多，大家都能够安心地联系自己的业务了。同事们和小刘的效率也有了不同程度的提高，拿到了更多的提成奖金。

汪大姐的这个办法虽然有点过分，但对于小刘本人却是一个很好的教育和帮助，不但使小刘认识到办公时间说闲话的害处，还让所有人提高了办公效率。

说闲话要注意场合和时机，在什么时机和场合可以说闲话，什么时机和场合不能说闲话，一定要分清；还要分清什么话可以说，什么话不能说。比如，在上班时间只适宜谈论一些与工作有关的话题，闲谈其他则造成效率方面的影响和同事的反感。若是在午休或者其余休息时间，可以随便谈论，但是值得避讳的是别人的私人问题，尤其是失恋、离婚或者私生活方面的话题，以免生出没必要的事端。

工作智慧小结：上班时间一定要减少闲聊，把办事效率提高，让公司和自己多获得一些经济方面的收益，这是一种双赢的策略。

没有自己私人的时间

因为时间观念差而在职场上屡屡受控，已不是什么新鲜事。在老板眼中，下属的所有时间都属于公司，都属于工作。迟到、早退、一加班就开始抱怨的人不可能干好工作，必须早点离开。

工作智慧之一：做一个严格守时的人

别以为没有人注意你的出勤情况，也别以为老板经常不坐在办公室内，实际上你在公司的一举一动，老板都清清楚楚。因为所有的老板只有对两方面的情况了解得清清楚楚，他们才能安心睡觉，一是公司的业绩，二是员工的表现。

如果有一天，老板准时走进办公室，看到其他同事正在埋头工作，而你的座位空空如也，那么无论你如何开脱，也很难挽回恶劣影响了。在老板的眼里，你肯定是不喜欢目前的工作，随时准备放弃，所以工作起来无法尽心尽力。

一位成功的职业人士这样告诫他的后辈："就算不能第一个到办公室，也不做最后那个姗姗来迟的人。在星期一早上，如果你能比其他人都早到一些，即使只是趁别人还没有进办公室之前查查自己的电子邮件，或者整理一下办公桌，都会让自己提早进入一周的工作状态。同时跟周围的人比起来，你的精神显得特别愉快，也绝对是当天最让上司眼睛一亮的员工。"

"就算不能最后一个下班，也不要在众人都埋头工作时扬长而去。你的工作效率可能比别人的都高，那么应该去帮助显然在今晚必须开夜车的人，问他有什么是你可以帮忙的，就算你到头来也没有帮上什么，光是这点心意，就足以让人感动并产生好感了。但切记一定要出自诚意，别忘记，整个团队的成功，才能让你的优秀表现更杰出；让团队里其他人显得灰头土脸，不但不会让上司认为你的能力比其他人高强，反而会觉得你的工作是否过于轻松了，并且没有团队精神的概念。"

所以，在工作中积极主动的员工总会比公司所规定的时间早到几分钟，利用这短短的几分钟，使自己的心沉静下来，准备迎接一天工作的挑战，而下班前注意整理桌面，重要文件归档、确认第二天的工作。

上班时间丝毫马虎不得，要充分利用起来，提高工作效率，否则，你的工作常常落在别人后面，别说升职加薪，恐怕连下月的薪水都无处去领。

不要在上班时间跟他人闲扯，不要接听冗长无聊的电话，更不能"身在曹营心在汉"，想到"外面的世界多精彩"或者家里的煲汤香浓浓，心猿意马，魂不守舍。你应该做的是把全部的心思和精神都投注于自己手边的工作上，有效地提高工作质量，提升工作效率。

工作智慧之二：永远不要抱怨

占用下属的私人时间已经是老板们司空见惯的事情，只要工作需要，他们不会有任何歉意，而且加班费少得可怜，所以很多人最害怕的事情就是已经和家人计划好周末的活动内容，却在周五被老板临时通知加班。没办法，只好一脸沮丧地打电话向家里人解释，毕竟工作更重要。

渐渐地，不但老板乐此不疲，就是员工也习以为常，毫不介意。因为老板肯占用自己的时间，正好代表重用。

一般对喜爱和信任的员工，老板会下意识地认为，偏用他们的最直接表现就是收买对方的全部时间。

一则在于成功人士必以事业为第一生命，富可敌国的比尔·盖茨每天都要工作十几个小时，将人比已，老板认为，有志向的员工也应随时准备献身事业。

二则身为老板，必然精打细算，任何支出必须争取获得超额回报，所以多数员工都会遇到老板要求免费奉献的情况。如果这种事轮到你的头上，你不要介意，仍要满怀热情地去工作，把这一切做作磨炼，毫无抱怨。

有一位领取公司最高薪金的员工，曾经这样对他的朋友说："不要以为我获得的最多。其实，老板从来没有雇用过像我这样便宜的员工，我一个星期工作7天，每天苦干16小时，平均计算，我的薪水还不如一般职员呢。"

所以，职场上打拼的成功者，都不会吝啬自己的私人时间，只有这样，才有前途可言。

不做牢骚满腹的人

野心不能挂在嘴上，在打工的起步阶段，是虎你得卧着，是龙你要盘着。单位里有了事情往往是看的人多、说的人多、等的人多，而这最为老板所头痛。你要做的是踏踏实实把自己分内该干的事做好。同时还要把单位的事（包括上司关心的公事、私事）当做自己的事，当一名实实在在的

"干"将。

一是千万不能给人留下一个只说不做的印象。只说不做是上司最讨厌的一种行为，一旦给上司留下这样一个印象，那你的职业生涯也就就此止步了。

二是别做怀才不遇的"牢骚王"。只说不做的一个典型就是那些自认为"怀才不遇"者。如今，"怀才不遇"好像成了年轻人的一种通病。他们普遍的症状是：牢骚满腹，喜欢批评他人，还时常显出一副抑郁不得志的样子。和这种人交谈，运气不好的时候，还会遭到一顿批评。当然，这类人确有怀才不遇之人，由于客观环境无法与之适应，于是显得如"虎落平阳，龙困浅滩"。但为了生活，他们不得不屈就自己，所以他们生活得十分痛苦，慢慢就养成了只知动口不去动手的坏习惯。但更多的人是只说不干、无能力又无门道而只会发牢骚的平庸人。

现实中有才的人都是如此吗？不，尽管有时出现千里马无缘遇伯乐的现象，但如果你真是一匹千里马，一次错过伯乐，应该还有第二次、第三次……很多人之所以出现一种不好的结局，主要是由于自己造成的。有些人确实有才，但他们常自视清高，看不起那些能力和学历比自己低的人，可如今的社会关系复杂，并不是你有才气，就能成就大业。别人看不惯你的傲气，就会修理你。至于你的上司，因为你的才干本来就会威胁到他的生存，你又不适度收敛自己，生怕别人不知道你的才干，那你的上司怎么会不打压你，而让你脱颖而出呢？最后的结局就是，你也只能变成一位"怀才不遇"者了。

还有一种"怀才不遇者"，他们就是一类自我膨胀的庸才。因为他们本身无能，别人当然无法重用。但他们并没有认识到自己没用，反倒认为自己怀才不遇，无人识才，于是到处发牢骚、吐苦水。

不管是有才还是无才，怀才不遇者真是人见人怕。一听他们谈话，就会骂人，开口就是批评同事、主管、老板，然后吹嘘自己多厉害、多么能干，听者也只好点头称是，要不然，他也许就会骂到你的头上来。

所以，最后的结果就是："怀才不遇"之感越多的人，就会把自己孤立在一个圈子里，甚至无法与其他人相交往。人都怕惹麻烦，不敢跟这种人打交道，会敬而远之！

一个人不管才干如何，都会碰上无法施展自己才干的时候，这时候千万要记住：即使你觉得自己“怀才不遇”，也不能明显地表现出来，你越是沉不住气，别人就越看轻你。

你要做的是，先客观地评估一下自己的能力，看是否高估了自己——人应该有一个自我评价的能力，如果你怕自己评估不客观，可以找个朋友和较熟的同事帮助你一起分析，如果别人的评估比你自我评估的结果要低，那你就要虚心接受。有些情况下，旁人可能对我们了解得更加准确深刻。那为什么不接受他人的评价？其次，你应该检查一下自己的能力为何无法施展——是一时找不到合适的机会，还是大环境的限制，还是人为的阻碍？如果是机会的原因，那继续等待和创造机会不就行了吗？如果是大环境的缘故，那就离开这一环境好了，如果是人为因素，你可与人诚恳沟通，并想想是否有得罪他人的地方，如果是，就要想办法有针对性地与人疏通，直到把问题解决。

有时候，怀才不遇者是因为用错了专长。他们确实有才，但用得不对，或者不是时候。如果你有第二专长，可以要求他人给个机会试试，说不定会为你开辟一条生路。

你应该去营造一种更加和谐的人际关系——不要成为别人躲避的对象，反而应该以你的才干协助其他同事。但要记住，帮助别人时不要居功，否则会吓跑你的同事。此外，谦虚好客，广结人缘，这将给你带来意想不到的助力。

你要继续强化你的才干——也许你是在某一方面有才，但可能由于才气不够，所以没让人看出来。这种情况下，你就应该更加强化自己这方面的能力，当时机成熟时，你自然会闪烁出耀眼的光芒！别人当然会另眼相待你。

不管怎样，你最好不要成为一位怀才不遇者，这样会成为你的一种心理负担。勤恳地做好自己的事，即使是大材小用，那也比没用要好。慢慢从小用开始，你也许有一天能得到大用！

发自内心地喜欢自己的工作

歌德说："如果工作是一种乐趣，人生就是天堂！"如果你对工作、对事业高度热爱，就不仅能喜爱自己有兴趣的事，而且能喜爱自己不得不做的事，等于一辈子都生活在幸福的天堂中。一家报纸曾举办一次有奖征答，题目是："在这个世界上谁最快乐？"获奖的答案是：正从事着自己喜爱的工作的人，是最快乐的。求乐与事业非但不矛盾，而且是和谐统一的。对工作有乐趣，可以得到快乐，事业成功了，可以得到更大的快乐。正如埃及著名作家艾尼斯·曼苏尔所说："事业成功本身，便是一种最大的快乐，最大的幸福，最大的力量。"因此，你追求事业成功，就是追求最大的快乐。

日本本身没有什么资源，在第二次世界大战后却能够迅速崛起。经过五六十年的发展，日本的汽车制造业已经严重威胁到美国；光学仪器和照相机产品威胁到德国；制表业威胁到瑞士；动画和游戏机更是席卷世界市场。这主要归功于日本人对工作认真，而且多数人会在工作中自寻乐趣，对工作抱积极的态度，因此生产出来的东西得到世界消费者广泛的认可。

日本人因何能对工作抱积极的态度呢？中谷彰宏说："工作的有趣与否，不在于工作本身是否有趣，而在于你有没有热诚勤奋地去做你的工作。再枯燥无味的工作，努力去做，也会变得有趣；再有趣的工作，慢吞吞、兴味索然地做，都会变得无趣。不信你把自己装成慢吞吞、没有兴趣的样子去玩游戏机看看。"如此说来，日本人其实非常懂得工作哲学，你为什么不能在这方面向他们学习呢？

卡耐基指出：正确的思想，会使任何工作都不再那么讨厌。老板要你对工作感兴趣，他才好赚更多的钱。但是你何不忘掉老板想要什么，而只是想着：对工作感兴趣，对自己有好处。提醒自己，这样可能使自己从生活中获得加倍的快乐，因为你醒着的时候，约有一半时间要花在工作上，要是在工作中找不到快乐，就绝不可能再在其他地方找到它。不断提醒自己，对自己的工作感兴趣，可以将你的思想从忧虑上移开，而最后，还可能带来晋升和加薪。即使不这样，也可以把疲乏减至最少，并帮助你享受自己的闲暇时光。

生活成功的主要道理之一是，每天保持对工作的兴趣，能够有持久的热忱，并能将每一天看得同样重要。

好好爱工作吧！工作也会眷顾你。

做时间的主人

没有哪个管理人员不喜欢高效利用时间的员工，这样的员工能够做时间的主人。要做时间的主人，不仅需要勇气，还需要理智，以及最最重要的一条——坚持不懈。

“我做的每一件事都经过精心计划，否则我不可能完成任何事。”这是在密歇根州拥有将近20家家具店的坎贝尔家具公司董事长兼总执行长坎贝尔所说的话。它的整体规模、设备和销售量已使它跻身美国最大家具公司之林。坎贝尔雇用上百名员工，他们也和他一样致力于追求客户的满意，满足人们对于家具的需求。坎贝尔成功地运用了许多重要的技巧和方法而攀上顶峰。其中很重要的一门技巧就是，充分利用时间。当坎贝尔说到“精心计划每件事”，在他的观念里，“计划”就包括将他的活动排定优先次序，懂得分层负责，同时最重要的是，以一种最有效率的态度聪明地管理时间。事实上，坎贝尔把时间视为最重要的日用品之一。他发现了一个事实，那就是有如此多的人不珍视它。以今日的用语来说，时间是不可回收的。光是注意现在几点几分，是不会有任何经济效用的。

在现今社会里，很少有人把时间视为一项投资，而你对于每种投资，都会要求满意的报酬。“是时候了”这句话对坎贝尔而言，具有实质的意义。当他12岁将近13岁的时候，父亲拉着他的手说：“过来，孩子，现在是我带你到外头找个兼差工作的时候了。”坎贝尔是很愿意的，当时家庭经济状况很拮据，而坎贝尔也真的希望出去工作。他想学习如何卖东西，于是他父亲就带他到附近熟识的杂货店，告诉店主说：“我希望你给坎贝尔一个工作。”那位店主表现得很犹豫，他说：“店里生意并不忙，你的孩子又还小，而我也不打算雇人。”他父亲说：“他会努力工作的，他可以做任何事，像是扫地、清洁，什么事都行。”接着他又说，他和孩子想要的是借此学习如何销售东西。他终于得到这份工作，而且从那天起，坎贝尔说他这一生就一头栽进销售事业里去了。“我卖报纸，卖服饰，卖家具。我有充沛的动力，而我愿意投注我的时间去获取成功。”而他所贩售的就是被善加利用的时间。

他回忆道：“我在一间家具店得到一份工作，负责店内销售的工作，正好可以把我过去在杂货店里学到的销售技巧派上用场。”他和太太组织了家庭，而当生了一个又一个孩子后（他是10个小孩的父亲），他更加倍努力以追求成功。他说：“后来我成为一家商店的经理，但我非常渴望给家人一个舒适的生活，所以我知道我必须赚更多的钱。”

当他为未来制定目标时，他父亲很久以前说的那句话——儿子，是时候了——或许在潜意识里影响了他。他知道，时间是珍贵的赏赐，他应该善加利用。事实上，早在他在杂货店工作的那段期间，他很快就明白了时间的重要。“当你在一个零售的环境里工作，你面对你的客户，你必须好好运用每一分钟。你必须跟着客户，满足客户的需求，最后达成交易。你不能浪费一分一秒。”

在坎贝尔攀登顶峰的过程中，他让时间为他工作。他管理时间的原则非常值得大家学习。

工作智慧之一：懂得时间的价值

时间是上天最珍贵的赏赐，一颗价值不菲的珍珠。坎贝尔建议：“定期安排会议，同时限定会议时间的长度，务必不浪费每一分钟。同时我凡事都事先预约，而且我认为每个人都会准时。”

工作智慧之二：控制时间

以一种精打细算、有效率的方式，利用你所拥有的时间。坎贝尔提醒大家：“谨记好好掌握每一件事，意思就是好好掌握时间。”

工作智慧之三：时间先后要排对顺序

逐一检查你的工作，列出什么该在本星期之初就去做，什么可以留待稍后再做，列出什么应该一大早就做，什么可以晚点再处理。坎贝尔说：“排定优先次序可以帮助你确定你已将最重要的事放在最优先的位置上。”

工作智慧之四：授权要慎重

让自己专心去做主要负责的事务，把其他工作交给助手去做。坎贝尔说：“你想插手的事情愈多，你浪费的时间就愈多。授权是对的，但还要确定你跟我一样，把工作分派给最佳人选。这么做就等于多了好几倍的你。”

工作智慧之五：不可拖拖拉拉

没错，拖延是偷时间的贼，所以今天该做的事，绝不要拖延到明天才做。

西方有一句谚语：“省下一分钱就等于赚到一分钱。”你也可以这么说：“省下一分钟就等于赚到一分钟。”所以，你省下的每分每秒就是你所赚到的，而你赚得的，就是能否升职的衡量仪。

想做事圆满，需了解上司的想法

当你接到一项任务，你用心去做了，也能为上司着想，但有时仍不能满足上司的要求，其原因大多是你对自己的上司缺乏必要的了解。

作为一个员工，要经常面对老板。做工作要得到老板的赏识，配合他的思想和原则，必须了解老板的所思所想。这其中，察言观色是很需要的一招。

有些深得老板宠爱的下属往往在老板提出问题之前，已经把答案奉上，自然会春风得意。因为一般说来，向下属交代事情，总是需要耗时费力，生怕下属不理解或理解得不透彻。如果你能准确地把握老板的要求，就可大大减轻老板的精神负担，让他可以腾出脑袋空间，去思考别的事情。

老板是不可能在职员面前经常和颜悦色的，一是做老板的几乎每分钟都在思考工作，集中精神在生意上，许多时候会视而不见、听而不闻；二是人要每一分钟保持微笑也是很累的，在下属面前的确不必强打精神，装作客气，所以当下属的千万不要太敏感。

要熟悉老板的性格，应该主动与他多接触，多谈话，要克服因老板威仪而造成的心理屏障和自己无可避免的自卑感。

只有与老板熟悉了，从老板的举手投足、回眸顾盼中都可知晓其心理，达到内在的沟通，你才能成为老板的宠儿。

但有时候，你必须首先解决好与老板的沟通障碍问题。

27岁的朝晖是一家公司的秘书，她的经理是军人出身，他对人讲话总是不自觉地有一种咄咄逼人的味道。每次开例会的时候，他都会大声对朝晖说她有什么事情应该做而没有做！这导致朝晖工作的时候很紧张，特别是当经理一站在她的身边问话，朝晖就感到脑子里一片空白。“这样，在他的面前我就像一个白痴！”朝晖感到很委屈。“我不能和他讨论任何问题，我不知道他为什么这样对我！真想换一个工作。”

一般情况下，人们会遇见许多类似朝晖这样的情况，但换一个工作是否能够真正地解决问题呢？不用专家建议，你都知道这是不可能的。在这类事情中，你首先应该让自己远离一种“受害人”的角色。所谓“受害人”，指你总认为别人是在针对自己，特别是顶头上司。“他总是大声指责我”，“我几乎不敢和他交流”，等等。

你首先应该弄清楚老板真正的用意。因为一旦你认为老板是在针对你个人，那么以后你自己就很难和他进行有效的交流。这样只会加剧问题的矛盾。在你最终决定采取行动的时候，你应该回头看看作为一个老板他这种表达方式的用意是什么。

后来朝晖明白，她的经理作为一名出色的行政人员，只是认为这种咄咄逼人的谈话方式令他的工作更加有效率。朝晖解释说，尽管我依然不喜欢，但我自己感觉舒服多了。甚至有一次我很坦率地告诉他“我想你可能没有意识到这一点，但是每当你提高声音对我说话，反而让我没办法很好答复你的问题”。结果，虽然朝晖的老板依然用那种方式讲话，但是他们之间的关系融洽了很多。

话不说不清，礼不弄不明。沟通有时能起到预想不到的效果，尤其是上下级之间有了误解甚至隔阂的时候。而这时沟通的艺术性就显得非常重要。

面对上司的冷淡态度，你千万不可意气用事，横眉冷对或无动于衷。积极的态度应当是心平气和地找上司进行沟通。注意，一定要找个适合谈心的场所，并选择好时机，在整个谈话过程中营造出随意自然的气氛。如果大老板找你谈的话可以公开的话，你可以对你的直接上司讲明谈话内容。自己的工作业绩得到公司领导肯定和表扬时，得真心感谢上司的帮助和栽培，这不是奉承。让上司明白：你是真心真意感谢他，你不是一个忘恩负义的人，你的每一点进步，都与他的培养密不可分。

然后，你要诚恳地指出自己的缺点和不足，希望上司能继续对你严格要求，帮助你改掉缺点，使上司处于一个帮助人的位置上，他就会尽其所能，为你创造机会，为此他很容易看到你的进步与他是分不开的，找到一份属于自己的成就感和满足感。这样，你就会成为上司“照顾”的对象，自然你的进步和升迁就是自然而然的事了。

凯丽为一家销售公司做文案工作，在快到春节的时候按照公司习惯，经理交给她一大堆名片，并亲自挑选了很多精美的明信片要她按照名片逐一地打印寄出。在接过名片时，凯丽曾提醒经理将已经变换地址或没有往来的客户挑出来。但是，她的经理非常不耐烦地说：“名片上所有的人都要寄到！”两天后，当凯丽把已经扫印好的明信片交给他过目，他却大声指责她将一些已经没有业务的客户错误地打印在了“最精美”的是明片上。当时凯丽觉得非常委屈，但是不知道应该说些什么。

这虽然只是一个小例子，但是区分“什么是自己的问题、什么是他人的问题”对于职业人是一件非常重要的事情。面对这样的情况，抱怨是没有效果的，而且通常你也不会有更多的解释机会。但是，如果可能，你不妨和自己的经理进行沟通。

在别人的建议下，凯丽利用休息的时间和经理谈了自己的想法。凯丽尝试着让她的经理了解，只有拥有融洽的沟通，她才能将经理的意图与自己的创意很好地结合起来，也才会使他们双方的工作更加有成效。其实，她的经理很明白她的意思，也了解到凯丽是责任很分明的人。在此之后，他们之间的合作愉快多了。在现实生活中，并不是每一个上司都爱推卸责任，只是他有一种自我保护的潜意识，不愿意在自己的下属面前承认某些失误是出于他的因素。所以，没有必要对此耿耿于怀，但是在尽可能的情况下最好能将问题婉转提出，以利于今后工作。

总之，与上司经常进行富有艺术性的沟通，可以帮你建立一个融洽和谐的工作环境，使你对上司的工作习惯、个人脾气有一个清楚的认识，自己哪些事该做、哪些事不该做，以什么方式去做也就心中有数了，自然便于你看脸色行事。这也是事业取得成功的必要条件。

做事要为单位着想，为上司着想

工作为了谁？不用扭扭捏捏，当然为了自己。但是你不能狭义地理解这里的“为自己”，只是为了工资而工作。这里的“为自己”是指“为集体、为公司、为单位”，只有这样，你才不会被孤立。

要知道，你只有变换考虑问题的角度，多为公司、为老板着想，你的职业前途才更光明，才能真正达到“为自己”的最佳效果。

估计你会有这样一种感受，当你正为一件事焦虑的时候，如果你的朋友或家人也在为你的事情着急，那么你的焦虑可能会有所缓和，这是人类的一种共同心理。小时候，你不小心摔倒在地上了，如果周围没有人注意你，你会小哭一会儿或直接就爬起来，但要是有人密切注意你的一举一动时，你会号啕大哭，以博取同情，这种心理与上面所讲的心理在本质上是一样的，或许，是有多人焦虑，表示会有人替你承担一些责任或痛苦吧！

如果你是老板，你一定希望你的员工能和你一样，将工作视为自己的事业加倍努力、勤奋和积极主动。因此，当你的老板向你提出这样的要求时，请你不要拒绝。

以老板的心态对待公司，你就会成为一个值得信赖的人，一个老板乐于聘用的人，一个可能成为老板得力助手的人。更重要的是，你就能完全清楚自己的目标并全力以赴。

一个将企业视为己有并尽职尽责完成工作的人，终将会拥有自己的事业。许多管理健全的公司，正在创造一些使员工成为公司股东的机会。因为人们发现，当员工成为企业所有者时，他们表现得更加忠诚，更具创造力，他们也会更努力工作。有一条永远不变的真理：当你像老板一样思考时，你就成了一名老板。

当你以老板的心态对待公司时，公司也将会按比例付给你报酬的。奖励时间可能不是今天，但明天或明年一定会兑现，只不过兑现的方式不同而已。然而在今天这种狂热和竞争环境下，你一定在感慨自己的付出与受到的肯定和获得报酬并不成比例。下一次，当你感到工作过度却得不到理想工资、未能获得上司赏识时，你得提醒自己：你是在自己的公司里为自己做事，你的产品就是你自己。

假设你是老板，试想一想你现在是那种你喜欢雇用的员工吗？当你正考虑一项困难的决策或者正思考如何避免一份讨厌的差事时请反问自己：如果这是我自己的公司，我会如何处理？当你所采取的行动与你身为一名员工时所做的完全相同的话，你已经具有处理更重要事物的能力了，那么你的晋升自然水到渠成。

宁当傻子，不做“精明人”

人们看到这样一个现象，企业中工作出色、升迁快的人与具有所谓“傻子”行为方式的人成正比，而与“精明人”成反比。到底谁傻谁精也就一目了然了。

现代社会是市场经济社会，什么事情都要算计：算计成本，算计关系，算计友情……当然，算计无可厚非，重要的是有些事情能计算出成本、利息、收益，但有些事情根本就没有办法计算，如果硬要算计的话，那么到最后是赔了夫人又折兵，非常不划算。本来事情就很多，如果抓不住主要的事情，大小事情一块儿算，那就会得不偿失。人生苦短，这里有一句郑板桥的名言叫难得糊涂，真正的大智慧是大事不糊涂，小事不在乎。混迹职场，人们看到还有很多人没有搞清楚这种关系，难免出现形形色色的“精明人”。

以下这些类型的人是人们常见的所谓“精明人”：

——甜嘴巴：这种人开口便是大哥大姐，叫得又自然又亲热，也不管他和你认识多久；除此之外，还善于恭维你，拍你的马屁，把你“哄”得舒舒服服的。并不是说这种人就是必须防备的“坏人”，而是这种人因为嘴巴伶俐，容易使人心不设防，如果他对你有不轨之图，你的陶醉不就上了他的当吗。

——笑面虎：这种人好像没有脾气，你骂他、打他、羞辱他，他都笑眯眯的，有再大的不高兴，也摆在心里，让你看不出来。这种人也不见得是坏人，因为他的个性就是如此，成天笑眯眯，不得罪人。可是你就搞不清楚这种人心里在想些什么，也搞不清楚他的好恶及情绪波动，碰到这种人，真的让人无从应对，也因此，如果他对你有不轨之图，你是无从防备的。对这种人，你要避免流露出内心的秘密，更不可和他谈论私人的事情。不如保持礼貌性的交往，他打哈哈，你也打哈哈。

——藏镜人：这种人把自己隐藏起来，不让你知道他的过去、家庭、同学，也不让你知道他对某些事情的看法，换句话说，是个深沉、莫测的人。这种人有的是因环境的影响所造成，不见得是个“坏人”，但和这种人交往是很恐怖的，最好的办法还是保持距离。

——墙头草：这种人最大的特色便是“见利思迁”，见风使舵，哪边好往哪边靠，所以他的待人处世会以“利”作取向，也会为“利”而背叛良心，伤亲害友。他可以今天和你好，也可明天将你害。所以和这种人，打哈哈就可以了，不必有利益、人情上的往来，甚至宁可故意向他显示你“无利可图”的一面，以免他没事就来打扰你。

——揣手先生：单位里有什么苦差事、累事、关键事就揣起手缩到后边，有什么闲事、好事、轻松事则忙不迭跑到前面，捞着点便宜嘴里还要不停卖乖。

这样的“精明人”什么时候、什么单位都能见到，他们以“精明人”自居，嗤笑所有干实事的“傻子”。他们永远也不会觉察到，大家都在敷衍他并厌而远之。

简单的行动比复杂的思想更有用

从前，在一个遥远的迷宫里住着四个小精灵——两个小矮人和两只小老鼠，为了填饱肚子和享受乐趣，他们每天都在神奇的迷宫中跑来跑去，寻找一种叫“奶酪”的黄澄澄、香喷喷的食物。历经千辛万苦，他们终于找到了一个奶酪站。从此以后，四个小精灵建立了熟悉的路线并形成了各自的生活习惯，过起了自由自在、无拘无束的安逸生活。

突然有一天，两只小老鼠发现赖以生存的奶酪不见了，它们想也没想，就匆匆奔向迷宫深处寻找新的奶酪，它们经过努力，最终找到了新的奶酪。而两个小矮人陷入了迷茫之中。起先，他们以为是谁和他们开玩笑，就在奶酪站的周围四处寻找，但是没有找到。他们犹豫不决，用尽一切恶毒的语言来诅咒搬走奶酪的黑心贼，然后开始消沉起来。过了一段时间，其中的一个小矮人认为，与其这样盲目地等下去，还不如到迷宫深处去寻找新的奶酪呢，但另一个小矮人马上就劝阻他的同伴说：“你不要再耗费力气了，如果深入迷宫我们还是找不到奶酪，还不如原地不动，省省力气呢！”结果，这两个小矮人都饿死了。

这是一个有关“奶酪”的故事。每个人的内心都有自己想要得到的“奶酪”。你想得到它，是因为你相信，它会给你带来幸福和欢乐，而一旦你得到了自己梦寐以求的“奶酪”时，又常常会对它产生一种依赖的心理，甚至成为它的附庸。因此，如果失去了它，就会无所适从，不知所措。

故事中的“奶酪”是你对现实工作中所追求目标的一种比喻。在人的工作当中，它可以是一个稳定的工作、高额的工资、丰厚的资金、晋升的机会、良好的人际关系、老板的赏识、成功的喜悦等，这些都是人们梦寐以求的东西，但是并不是每个人能如愿以偿地得到这块诱人的“奶酪”。从故事中人们可以得到印证，小老鼠寻找到了自己新的奶酪，小矮人却没有。因为当面对同样的变化时，小老鼠总是把事情简单化，对周围发生的一切早有心理准备，而且直觉告诉它们该怎么办，对待问题和答案都是一样的简单。奶酪站的情况发生了变化，所以它们也决定随之变化，于是匆匆奔向迷宫深处。而小矮人却未能如此，他们所具有复杂脑筋和人类的情感，却总把事情复杂化：不知所措，怨天尤人，等待别人补偿给他们，始终不敢相信眼前的事实，仍然对失去的东西抱有复得的幻想……这并不是说老鼠比人更聪明，而是说，人类的一些惯性思维更容易使向前的目标虚化，从而使前进道路的阻碍更多。其实，老鼠和小矮人代表人们自身的不同方面——简单的一面和复杂的一面。

当事物发生变化时，简单行事有时候会给你带来许多便利和益处。在你的工作中，同样面临着这样的问题，你没有注意到周围环境的变化，抱着坚守工作岗位的态度，一切因循守旧，故步自封，缺少改变。我们总是认为改变只是老板的事，与自己无关，自己只要把分内的工作完成即可，除此无他。于是你忘记了一个真理：谁也不比谁强，谁也不比谁差。你所拥有的，别人同样拥有，如何能够突围而出，高人一筹？如果随形式的变化而变化，发挥创新作用，不仅对公司有利，也对你个人的形象、声誉和前途有利，那样，才会增加拥有更大、更好“奶酪”的可能性。

纵观事业取得成功的人，没有一个属于那种因循守旧的人，而是能够站在适时改变创新的立场上，考虑各种问题的人。

有这样一个故事：

两个欧洲的推销员去非洲推销皮鞋，由于天气炎热，非洲人向来都赤着脚。第一个推销员看到此景立刻失望起来，立即打道回府。而另一个推销员却惊喜万分：“这些人没有鞋穿，一定大有市场啊!”于是，他想方设法，引导非洲人购买皮鞋，结果发大财而回。

同样是非洲市场，同样是卖皮鞋，同样是面对赤着脚的非洲人，由于观念之差，一个因循守旧、不战而败；另一个却满怀信心，敢于创新，大获全胜，这就是创新与改变的天壤之别。所以人们要摒弃保守的思想。

有时，摆脱守旧的思想，尝试用不同的视角来看待工作或事物，就会得到独到的见解和方法。

第六章　必备工作智慧囊

勤奋——永不过时的工作精神

在许多人的眼里，勤奋是一种过时的工作。他们认为现代社会需要的是头脑和机遇，只要两者兼备就可以轻松获取成功。这种错误的认识让许多人尝到了苦果。要知道在工作中，勤奋是必不可少的。

年轻的约翰·沃纳梅克算不上命运的宠儿。由于出身贫寒，他接受教育和获取知识的机会都很有限。然而，他是一个肯刻苦钻研、勤奋工作的人。

起初，他在费城找了一份书店售货员的工作，每天都要徒步4英里到书店去上班，尽管报酬很低，每周仅有20美分。但他却能兢兢业业地对待自己的工作，每天把柜台擦得干干净净，把书籍整理得整整齐齐，并且时刻带着微笑面对每一位顾客。同时，他也利用业余的时间，从书中不断地汲取知识的浆液来充实自己。他这种勤奋刻苦的精神感动了许多人。

后来，他又进入一家制衣店工作，每周多加了20美分的工资。他更加刻苦努力地工作，到了40多岁的时候，他成为了一个颇有成就的商人。

在工作中，许多人都会有很好的想法，但只有那些在艰苦探索的过程中付出辛勤劳动的人，才有可能取得令人瞩目的成果。

因为再好的想法，如果不能付诸实践，也只是个空想。

在这个世界上到处都有一些看来很有希望成功的人，他们的身上有着非凡的品质，眼光之中也洋溢着聪明。但是，他们最终并没有成功，原因就在于缺乏勤奋的工作精神。而那些资质一般，又没有什么特别能力的人，因为能够通过勤奋弥补自身的不足，并且坚持不懈，成就了自己的事业。

懒汉们经常抱怨自己竟然没有能力让自己和家人衣食无忧；勤奋的人则说："我也许没有什么特别的才能，但我能够拼命干活以挣取面包。"

> 古罗马人有两座圣殿：一座是勤奋的圣殿，另一座是荣誉的圣殿。他们在安排座位时有一个秩序，就是必须经过前者，才能达到后者。那些试图绕过勤奋、寻找荣誉的人，总是被排斥在荣誉的殿堂之外，因为勤奋是通向荣誉的必经之路。

在生活中，人们仔细观察，往往会发现那些在各行各业里出人头地的社会精英们，也都具备了勤奋的工作精神。

台湾美发业的领头羊——曼都公司董事长赖孝义在一次对青年们的演讲时说："要成功，勤奋、认真是最基本的功夫。而且一定要在工作上花比别人更多的时间，尤其是在给别人打工时。只有这样做，你才能为自己争取到更多的成功机会。"

在一次聚会上，有一位卓越的实业家阐述自己的成功之道时，特别提到他的座右铭："勤奋地工作，刻苦努力地钻研，比黄金还要宝贵。"他告诉大家："我之所以有今天的成就，全在于这几十年中，在工作上遵从'勤奋'二字所致。不急躁，持之以恒地勤奋下去，所以我成功了。"

要想在这个人才辈出的时代里走出一条完美的职业轨迹，唯有依靠勤奋工作的精神去激励自己不断地进取，才能够实现人生的梦想。

工作智慧之一：战胜懒惰的诱惑

有一位靠慈善机构救助的失业青年写信告诉成功学家卡耐基先生，他说自己曾经多次求职，均遭失败，他希望卡耐基先生告诉他解决的办法。

于是，卡耐基先生来到了贫民区，找到了这位青年。他发现这位青年对事业有着强烈的欲望，却难以战胜多年来养成的懒惰习惯，不能够勤奋地工作，才陷于困境之中。

卡耐基先生对他说："你总是想做一番事业，但是当你真的面对一份工作的时候，又不肯勤奋努力。其实，一个人如果不能抵挡懒惰的诱惑，便不会有一个勤奋的开始。失去了勤奋，一个人也只有在困境之中自甘堕落，挥霍自己的青春。"

这位青年说："我很想改变自己的这个毛病，但我没有想出战胜它的办法。"

卡耐基说："给自己制定一个短期目标，找一份工作，每天咬紧牙关要求自己从一点一滴的小事做起，认认真真地干好每一天的工作。并且，养成每天把自己的私人房间都收拾得干干净净、清清爽爽的习惯，勤奋的意识便会慢慢渗入你的脑海之中。"

这位青年听从了卡耐基的忠告，不再接受慈善机构的资助，开始寻找工作，自己养活自己。他走到大街上，发现许多公司的牌匾上面落了很厚的灰尘，却无人擦拭。便抱着试试看的心理，找到一家公司的主管，对他们说："牌匾脏了会影响公司的形象，我可以将贵公司门前的牌匾擦拭干净，而且工钱很便宜。"公司的主管欣然接受了他的建议。他便花了几个小时将公司门前的那块牌匾擦拭得焕然一新。公司的主管很高兴，给了他工钱之后，还对他说，希望他今后能继续提供这种服务。

受这件事的启发，这位青年用这次擦拭牌匾赚来的钱印了传单，买来了需要的清洁用品，为所有需要清洁牌匾的公司提供服务。他的这项服务推出后，立刻受到社会各界的欢迎，一时间，订单像雪片一样飞来，他立刻全身心地投入到自己的工作之中。

后来，这位青年在此基础上成立了一家专门清洁牌匾和粉刷楼房外墙的公司。每天，他都要求自己和工人们在一起干活。结果，由于服务周到、信誉良好，他的财源滚滚。

战胜懒惰的诱惑，开始勤奋地工作，这需要经历一个艰难的过程。因为刚刚养成的好习惯往往就像一个新生的婴儿一样柔弱无力，但它一旦养成，就会像一个力大无比的巨人，让自己的生命焕发出激情的光彩。所以，你应该从现在开始，付诸行动，克服懒惰的毛病，开始向勤奋工作的目标一步步地靠拢。

工作智慧之二：依靠勤奋才能获得机会

很多人习惯用薪水来衡量自己所做的工作是否值得。其实，相对于勤奋工作所带给自己的机会而言，薪水是微不足道的，至少可以说是有限的。

加伦现在是一家建筑公司的副总经理。五六年前，他是作为一名送水工被建筑公司招聘进来的。在送水的过程中，他并不像其他的送水工一样，刚把水桶搬进来后，就一面抱怨工资太少，一面躲在墙角抽烟。每一次，他都给每一个工人的水壶倒满水，并利用他们休息的时间，缠着让他们讲解有关建筑的各项知识。很快，这个勤奋好学的人引起了建筑队长的注意。两周后，他被提拔为计时员。

当上计时员的加伦依然勤勤恳恳地工作，他总是早上第一个来，晚上最后一个离开。由于他对所有的建筑工作比如对地基、垒砖、刷泥浆等非常熟悉，当建筑队的负责人不在时，工人们总爱问他。

有一次，建筑队的负责人看到加伦把旧的红色法兰绒撕开包在日光灯上，以解决施工时没有足够的红灯来照明的困难。这位负责人便决定让这个勤恳又能干的年轻人做自己的助理。就这样，他通过勤奋地工作抓住了一次次的机会，用了短短的五六年时间，便升迁为这家建筑公司的副总经理。

虽然成了公司的副总，加伦依然坚持自己勤奋工作的作风。他常常在工作中鼓励大家学习和运用新知识，还常常自拟计划，自己画草图，向大家提出各种好的建议。只要给他时间，他便可以把客户希望他做的所有事做好。

在这个充满机遇和挑战的社会里，要想让自己抓住机遇脱颖而出，就必须要求自己付出比其他人更多的勤奋和努力，积极进取，奋发向上，才能够实现愿望。所以，不管你现在从事什么样的职业，都应该在自己的岗位上勤勤恳恳地工作。

工作智慧之三：要掌握勤奋工作的方法

勤奋工作，并不是机械地工作，而是在工作之中，不断地学习、摸索、总结经验，想方设法提高自己的工作效率。这样，才会有效地利用自己工作中的时间，做好更多事情。所以，当你投入自己的工作中时，要从以下几个方面入手，来掌握勤奋工作的方法，节省自己的时间，提高自己的工作效率。

第一，要学会用心工作。

很多老资格的公司职员习惯于用手工作。因为这些工作他们已经很熟悉了，闭着眼睛都能做好。然而只用手工作，会使人们把10年当做1天来过，10年过后，他们只掌握了一种工作方法。也就是说，10年来他们在自己的工作上没有任何进步。这对于人才竞争日益激烈的现代人来说，无疑是一件十分糟糕的消息。勤奋工作，就是用自己的心去工作，这样才能睁大眼睛去发现问题，用自己的耳朵去倾听建议，用自己的大脑去思考、学习。那么，在这10年之中，自己所掌握的工作技巧便会帮助自己实现成功的愿望。

第二，在工作中善于思考。

有一个14岁的男孩在报上看到招聘启事，正好是适合他的工作。第二天早上，当他准备前去应聘时，发现应聘队伍已经排了20个男孩，而招聘者仅招两个人。如果是一般的男孩，一看这种情况，肯定会打退堂鼓了。但是，这个男孩思考了一下后，拿出一张纸，写了几行字，很有礼貌地说："小姐，请你把这张便条交给老板，这件事很重要，谢谢!"

这位秘书因此对他有了深刻的印象。她将纸条交给了老板，老板打开纸条，看后微笑着交还给秘书，她也把上面的字看了一遍，笑了起来，上面是这样写的："先生，我是排在第21号的男孩，请不要在见到我之前作出任何决定。"

结果，这个男孩最终得到了这份工作，这就是思考所得到的结果。

在工作中要想克服困难就必须善于思考，总结经验，找出方法和规律。这样才能顺利解决难题，提高自己的工作效率。

第三，勤学好问，遇事留心。

只有在工作中勤学好问，才能够不断地提高自己的知识储备，帮助自己不断地拓展视野。这样，才能够利用今天这个资讯时代中的各种信息，帮助自己提高工作效率。而遇事留心才能够在工作中发现问题，弥补失误，把工作干得更完美。

第四，要学会不断地奖励自己，激励自己。

勤奋总与“苦”和“累”联系在一起，如果长期处于苦和累的环境中，你可能会厌倦，甚至放弃。所以，适时地奖励自己，激励自己一番，才能够剔除自己心中的厌倦情绪。当自己掌握了一种好的工作方法，或提高了自己的工作效率时，不妨去看一场向往已久的演出，或者只是为自己准备一顿丰盛的晚餐。这样的方式，往往会刺激自己更加努力地工作。

第五，在成功之后，还应该继续努力。

勤奋通向成功，而成功很可能会成为勤奋的坟墓。很多人凭借着勤奋努力终于被上司提拔和重用之后，就觉得应该放松一下，为自己前段时间辛苦的工作补偿一下，结果又回到原来的好逸恶劳、不求上进的生活中去了。

萧伯纳有一句名言："人生有两出悲剧，一个是万念俱灰，另外一个则是踌躇满志。"这两种悲剧，都会导致一个人终止自己的勤奋和努力。所以，在工作上取得一个小目标的成功之后，你要时刻对自己重申工作中的大目标，告诉自己还有更加美好的前程等着自己，使自己重新振作起来，永不满足地继续勤奋努力下去。

诚信能赢得别人的信赖

米诺是一个平凡的家具业务员，干了七八年的推销工作后，他对长期以来欺骗客户招徕生意的做法感到厌倦。所以，他决定改变自己，诚实守信地对待客户。

一天早上，有一个顾客想买一种可以自由折叠、能调节高度的桌子。于是，米诺搬来桌子，如实地对顾客说："这桌子用的木料并非上乘，贴面胶合得也一般，坦白地说，这种桌子不怎么好。但是，如果你购买后，在一周内发现质量问题，我们可以负责帮您更换。"

"可以更换，挺好的。我看到很多人在用这种桌子，挺实用的。"那位顾客说。

"也许是吧，不过在我看来，这种桌子虽然款式新，但结构有毛病，它过于复杂，用起来反倒不够简便。"

顾客看了一会儿，说："那我再到其他家具店看看吧。"米诺说："对，买东西就应该精挑细选，否则会吃亏的。"

那名顾客疑惑地离开了。这时，主管走了进来，严厉地训斥了他一顿，并告诉他，下次再发生类似情况，将会辞退他。

下午，那位顾客在其他店里逛了一圈后，又回到了米诺面前说："在其他的家具店里，也有同样的桌子，他们却几乎把它说成是世界上最完美的桌子，看来，还是你们公司的桌子让人放心。"

谁知，过了不到一个星期，这位顾客又嫌桌子样式难看，并且出现了一些小毛病，便要求米诺帮他重新换一张桌子。米诺满脸微笑着帮他换了一张桌子。当这位顾客走后，主管大发雷霆，辞退了他。米诺神情黯然地离开了公司。

但是，那名顾客第二天又带了一群人来，他们点名找米诺买这种桌子。

这件事惊动了老板。结果，米诺又回到了自己的工作岗位上，帮公司成交了一笔大买卖，还被提升为主管，实现了他多年以来都没有实现的愿望。

伊丽莎白是一家大型跨国集团公司的人事主管，她在谈到员工录用与晋升方面的尺度时说："在我们公司，录用一名员工时，很注重他在工作和生活中的诚信程度。假如一个人在这方面有不良记录，我们公司就不会录用他的。其实，很多公司也跟我们一样，也很注重一个人在这方面的表现，并以此作为晋升和任用的标准。假如他在这一方面出现了污点，即使他工作经验丰富、条件优越，大部分公司也不会聘用他的。通常情况下，我们之所以这样做，有以下几个理由：首先，一个人在工作和生活上失去了诚信，毁约背信，说明他人格上有缺陷，是一个品质不健全的人，不值得录用；其次，一个人一旦不守诺言，毁约背信，会让公司遭受重大的名誉损失；另外，一个人失去了诚信，不能信守诺言，就会打乱工作中的秩序，为公司的管理带来隐患；最后一点，也是很重要的，就是一个人一旦失去了诚信，就会在工作岗位上玩忽职守，而影响公司的健康发展。”

伊丽莎白所说的用人标准，也说明了这样一个问题：诚信不仅仅是一个人品行的证明，也是衡量一个员工责任感的尺子。所以说，在工作和生活上，你一定要诚实、守信，这样才会赢得别人的信赖，为自己创造更多的机会。

诚信是做人的准则，所以，你不要忘了把它落实到自己的日常行为之中。

有一次，一位著名的美国企业家到英国一所有名的高等学府参加演讲。一位普通的商人通过演讲会的主办者约他见面谈一谈。这位企业家答应演讲完了与他见面，时间大约是两点半，那位小商人在这所大学礼堂外面等候。

演讲的时间到了，这位企业家兴致勃勃地走上讲台，为大学生们演讲，讲他的创业史，讲商业成功必须遵循的原则。不知不觉，时间已超过了与那位小商人约定的见面时间。显然，他已经忘记了与别人的约定。

正当他情绪高昂地演讲时，他的秘书悄悄走上了讲台，递给他一张纸条，上面写着：“先生，您下午两点半有约。”

企业家一下子想起了与小商人的约会，但他又立即陷入矛盾之中，一边是需要他启发并且向他们表达自己企业思想的大学生们，他们是企业发展的目标甚至是动力；而另一边，则是一位名不见经传向他请教的小商人，但是他们事先已经约好。这位企业家没有犹豫，他对大学生们说：“谢谢大家来听我的演讲，本来我还想和大家继续探讨一些问题。但是，我还有一个约会，现在已经迟到了。迟到已经是对别人的不礼貌，我不能失约，所以请大家原谅，并祝大家好运。”

在雷鸣般的掌声中，这位企业家走出了礼堂，在外面找到了那位小商人，向他表示了歉意。他们之间的谈话非常成功。本来约定谈半个小时，他们竟然一直谈了两个多小时。后来，这位小商人也成为一名大商人，经过他的牵线，促成了许多企业主与那位企业家的合作。

人们都喜欢和诚信的人来往。一个人具备了诚信的品质后，就为自己奠定了强大的亲和力基础，在工作和事业上会吸引一大批朋友和支持者。纵然在某些时刻会遭遇一些困境，也会有人为他消除障碍，帮他走出困境，踏上坦途。所以，在工作和生活中，你要把“诚信”二字落实到自己的行动中。

阿瑟·吉姆现在是德国一家大企业的副总。他16岁的时候，因为家境窘困而离开校门，跟着一辆密封式运货小卡车，每天向100家商店送特制食品。在那么炎热的天气里，干12个小时的报酬只是一块腊肉三明治、一瓶饮料和50美分现金。有一天，他到一家商店送货，看见门口有一个钱夹子，他没有打开看，便捡起来，交给了店主。店主拍拍他的肩膀说，是他有意扔在门口的，试试他是不是一个诚实的人。后来，在这位商店老板的介绍下，阿瑟·吉姆进入现在这家大企业里做最基层的业务员，由于他的品行优秀，吸引了一大批客户。

有一次，他和一位客户外出用餐时，在不经意间提到自己家乡所酿的土产酒还不错，正巧客户又爱好饮酒，对此很感兴趣，便顺口说了一句：“有机会回家，你带一瓶让我尝尝。”

后来，客户就把这件事忘记了。在三个月后的一天下午，他真的给客户送来了酒，让这位客户大为感动，觉得他这个人说话算数，连一件小事都记在心里，值得信赖。这次以后，他们合作得一直很愉快。

由于阿瑟·吉姆在工作中保持着诚信的作风，很多客户都一直与他长期合作，所以他的业绩十分突出，职位也不断升迁。刚刚步入而立之年，他便成了这家公司的副总经理。

勇气是成功的催化剂

勇气是你成功的催化剂，勇气是你生活的风帆，勇气是你战胜困难的法宝。如果你是弱者，你是自己最大的敌人；如果你是强者，你是自己最好的朋友。

有时候人就像动物一样，受到了外在或内在的太多的磨难或者惊吓，他们怕了。拿马戏团的故事来说吧。马戏团的狮子和老虎很小的时候，驯兽师就开始训练它们。当小狮子和小老虎偷懒不听话的时候，驯兽师就会用皮鞭抽打它们。

这种皮鞭抽打的痛楚在狮子和老虎幼小的心灵里，留下了永远不可磨灭的印象。

等到狮子、老虎长大了，根本不需驯兽师用皮鞭抽打它们，只要看到驯兽师手中拿着皮鞭，它们就会乖乖就范，听命行事。因为当皮鞭抽打在地上发出噼噼啪啪的声响时，就吓得狮子、老虎夹着尾巴，更别说皮鞭抽在身上的痛楚滋味了。

其实以老虎与狮子这么庞大的身躯，小小一条皮鞭的抽打，应该不会造成多大的伤害。可是由于老虎与狮子从小对皮鞭的恐惧印象，深深烙印在它们的心上，它们一直认为凭它们的能耐，绝对无法忍受住皮鞭的抽打。从小留下恐惧的习性，让它们一辈子也无法释怀。

当你对某些事情产生特别的抗拒心理，认为你“绝不能”做好这件事时，想想狮子与老虎的故事，或许你会觉悟：是否应该勇敢冲破这些恐惧感，也许你会发现自己潜在的能力。

在你需要它时，你可以理直气壮地宣告：我有勇气！在你非常心慌之际，这么说仿佛荒谬，其实不然，你一字一字地宣告，即表示“心志坚决”，尤其是在你意志动摇，对自己没有把握之时，它帮你站稳脚步、绝不后退，即使那时恐惧已占据了你大半的心思。当你说“我有勇气”时，你是在表示一种意图，确定你的心中思想，勇气会带领你走你的路，并在你偏离正道之际，随时把你导正回来。

虽然勇敢地宣告不是件容易的事，但非常值得。你敢说出你的弱点，愿意敞开心胸接纳意见，接下去勇气便开始取代恐惧的地位，在有意识地作抉择时，心中伴随而起的是快乐与释然。

如果你有信心而且怀着勇气行动，你就是以创造天赋在做赌注！那些拒绝创造性地生活、拒绝勇敢地行动而受挫的人，是不会有什么大的成就的。

假如你念念不忘失败，而且不断地把失败的景象灌输给你的脑中枢，使它益发深刻及生动，以至于你的潜意识也确认其为真，则你就会有失败的感受。

相反，若你脑子里一直有个积极目标，又一再生动地把这个目标向自己灌输，使它更加深刻清晰，并且把它看做一个已经实现的事实，则你就会产生一种“稳操胜算的心理”：自信、勇往直前而且深信结果一定满意。你要知道，你自己就是英雄！

莎士比亚曾经充满激情地说：“生存还是死去，这是一个问题。”似乎可以这样地推论，人一生除了生死之外，似乎并没什么大问题。因为对于任何人来说，死亡都难以拒绝。这是一个非常神秘的话题，令人关注也令人恐惧。

只要能够克服恐慌，奇迹无处不在。

一位身残志坚的类风湿患者，如今已经是一家省级医院的类风湿科主任了。他年轻的时候身体强壮，而且当时已经考上了空军某部的飞行员，可是，在全村男女老少为他祝贺的餐桌上，平时滴酒不沾的他多喝了几杯啤酒，然后倒在仓房的水泥地上，睡着了。等醒来的时候，全身已经不能动了。为此，他几次寻死，但都被家人和朋友及时发现抢救回来，直至最后一次，他母亲语重心长地说："孩子，连死都不怕的人，难道还怕活着吗？"此后，他一边攻读医书一边刻苦锻炼，最终不仅身体恢复了健康，还成为当地很有名气的医生。人生的转机就是这么大。

在你身边，许多相当成功的人，并不一定是他比你"会"做，更重要的是他比你"敢"做。如果你失去了金钱，失之甚少；如果你失去了朋友，失之甚多；如果您失去了勇气，失去一切。

J. 保罗·格蒂是石油界的亿万富翁，一位最走运的人，在早期他走的是一条曲折的路。他上学的时候认为自己应该当一位作家，后来又决定要从事外交部门的工作。可是，出了校门之后，他发现自己被俄克拉荷马州迅猛发展的石油业所吸引，那时他的父亲也是在这方面发财致富的。搞石油业偏离了他的主攻方向，但是他觉得，他不得不把自己的外交生涯延缓一年。作为一名盲目开发油井的人，他想试试自己的运气。

格蒂通过在其他开井人的钻塔周围工作筹集了钱，有时也偶然从父亲那里借些钱。他的父亲严守禁止溺爱儿子的原则，他可以借钱给儿子，但是送给他的则只是价值不大的现金礼物。年轻的格蒂是有勇气的，但不是鲁莽的。如果一次失败就足以造成难以弥补的经济损失的话，这种冒险事他从来没有干过。他头几次冒险都彻底失败了，但是在 1916 年，他碰上了第一口高产油井，这个油井为他打下了幸运的基础，那时他才 23 岁。

格蒂的走运是应当的，他做的每一件事都没有错。那么格蒂怎么会知道这口井会产油呢？他确实不知道，尽管他已经收集了他所能得到的所有事实。"总是存在着一种机会的成分的，"他说，"你必须乐意接受这种成分。如果你一定要求有肯定的答案，那你就会捆住自己的手脚。"

树的方向，由风决定；人的方向，自己决定。人只要多一点用心与坚持，那成功就在不远处。若自己没信心、没勇气，那么自己就会踌躇不前，离成功就更远了。当你叹息的时候，不妨抬起脚步，勇气会助你成功。不断地挑战自我，为实现自己的梦想锲而不舍吧。

谦虚使你进步更快

空房子能住人，空容器才能盛物，只有认为自己的知识还有空白的人才能坚持终生学习。不满于现在所得，永远追求新知，追求梦想与夙愿才是人生的真正价值。

有位年轻人想学禅，找到一位著名的禅师。禅师开导了他很长时间，年轻人还是找不到入门的路径。于是，禅师端起茶壶，朝年轻人面前的碗里倒茶。茶碗已经斟满，禅师还在不停地倒。年轻人终于忍不住，提醒说："师父，别倒了！茶杯已经装不下了。"

禅师这才停住手，慢悠悠地说："是啊，装不下了。你也是这样，要想学到禅的奥妙，就必须把头脑腾出空间来，把充塞其中的幻想和杂念清除出去。"

听了此言，年轻人当下大悟。

"三人行，必有我师"，你每天所遇见的每个人都可以使你的知识有所增益。假如你遇见的是一个渔夫，他能帮助你认识神秘的海洋；假如你遇见的是一个猎人，他能告诉你森林中的故事；即使是一个普通的农夫，也会告诉你四季的奥秘……

从每个可能的地方摄取知识，这是使你知识广博的唯一方法。广博的知识可以使人胸襟广阔，思维活跃，不至于流入狭隘、鄙陋。

学习应该是一个不断进取、孜孜不倦的过程。初学之时，只得皮毛，总觉得简单易行；待更深一步，探得精髓，才知博大精深。

高尔基著名的《人生三部曲》分别是：《童年》、《在人间》、《我的大学》。高尔基的“大学”并不是任何一所名校，而是实实在在的生活。高尔基正是在生活的“大学”中不断学习，从而成了一位伟大的作家。

不曾受过大学教育的人，往往有过于看重大学教育的倾向。因家境困难或身体不健康而无缘入大学学习的人，通常认为他们遭受了一种不可补救的损失。他们以为即使日后再怎样自修自习，也还是没有用处，无补于事。但就事实而论，世间最有学问、最有知识、最有效率的人中，有不少是从未受过大学教育的，有的甚至早年连学校的大门都没有跨进过。

人的一生都是受教育的时期，社会就是你的大学校。你所遇见的人，所接触的事物，所得到的经验，都是人生大学中的教师。

文坛大家梁实秋说过：“最高之幸福，非快乐，非名誉，非财富，而是心灵之活动。”这种心灵的活动，这种无法言表的幸福只有在不断的学习中，在反复的思考中才能真正体会。书本的知识也许会有穷尽的一天，但生活中的真知却永远不会枯竭。

亚里士多德曾说过：“我所知道的就是我什么也不知道。”做学问犹如驾着一叶轻舟在知识的海洋中漂浮，你看不到停靠的彼岸，但可以欣赏海天一色的美景。

谦虚历来是一种美德，但是有人却提出质疑的观点。其实凡事谦虚一点，别人看着舒服，自己也感觉到惬意，何乐而不为呢？只要不谦虚过头就好。

谦虚是一种美德。“一种美德的幼芽、蓓蕾，这是最宝贵的美德，是一切道德之母，这就是谦虚；有了这种美德我们会其乐无穷”。“谦受益，满招损”、“虚己者进德之基”这些都说明谦虚的美德是源远流长的。

但是生活中真有那么一些很是不谦虚的人，他们到哪里都是“昂首挺胸”。他们就是谷子地里那些高高站立的谷穗，如果走近你会发现，原来它们是干瘪的。同样，那些极不谦虚的人，往往腹中也是空空。

不谦虚还有一个重要表现就是止于学习，裹步不前。特别是在当他取得了一定的业绩后，鲜花掌声接踵而至，赞誉名利随之而来，于是，飘飘乎不知所以然，看不清自己前进的方向，忘记了自己真正的分量。看什么人都不如自己，躺在功劳簿上睡大觉，待在原地想当年，自以为老子天下第一了。不谦虚的极致就是傲慢，时时标榜自己是上帝的宠儿，处处要显示自己高人一等。这种傲慢表现出来的就是言语粗鲁，行为怪异，对他人嗤之以鼻，尤其是对那些他认为不如自己的人更是不屑一顾。《圣经》上说：恭敬人，彼此推让。也就是要尊敬他人，谦虚做人。不谦虚的人好出风头、自吹自擂、喜听恭维、哗众取宠、沽名钓誉、欺上瞒下，等等。虚荣者虚掉了坦诚的人格，失去自我道德评价的能力。

一个从心底里谦虚的人必定能时刻保持清醒的头脑，品行不会落入恶俗，而这一切又会为他创造更好的生存和成长的环境。《将相和》中廉颇“肉袒负荆，自于蔺氏之门请罪”，不能不让我们更加佩服蔺相如谦虚的心态，而“将相和”使强秦多年不敢“加兵于赵”，则使我们领略到了谦虚的力量。

只有谦虚的人才能成为智者。因为只有谦虚，才会承认自己的错误，也才会有务实的精神，也才能真正地成为一个有用的人。

谦虚能使人从心底生出信心与热情。“以史为镜，可知兴替；以人为镜，可明得失”。做一个谦虚的人，于个人可提高修养，于公司则是减少损失，提高效益的良方。谦虚是获得幸福生活的一节必修课。

一个幸福的人，要有许多美德，谦虚就是其中的一个方面。愈是没有个性的人，愈刻意制造自己的与众不同的感觉，而真正出类拔萃的人会谦虚地说：“其实没有什么。”

专注——才会挖掘出自身的能量

歌德说："无论从事什么样的工作，只要你具备了专注的精神，一定会有所成就。"

吕思是一家广告公司的创意文案。一次，一个著名的洗衣粉制造商委托吕思所在的公司做广告宣传，负责这个广告创意的好几位文案创意人员拿出的东西都不能令制造商满意。没办法，经理让吕思把手中的事先搁置几天，专心把这个创意文案完成。

连着几天，吕思在办公室里抚弄着一整袋洗衣粉在想："这个产品在市场上已经非常畅销了，人家以前的许多广告词也非常富有创意。那么，我该怎么下手才能重新找到一个点，做出一个与众不同、又令人满意的广告词创意呢?"

有一天，他在苦思之余，把手中的洗衣粉袋放在办公桌上，又翻来覆去地看了几遍，突然间灵光闪现，想把这袋洗衣粉打开看一看。于是找了一张报纸铺在桌面上，然后，撕开洗衣粉袋，倒出了一些洗衣粉，一边用手揉搓着这些粉末，一边轻轻嗅着它的味道，寻找感觉。

突然，在射进办公室的阳光照耀下，他发现洗衣粉的粉末间遍布着一些特别微小的蓝色晶体。审视了一番后，证实的确不是自己的眼睛看花了。他便立刻起身，亲自跑到制造商那儿问这到底是什么东西。得知这些蓝色晶体是一些"活力去污因子"。因为有了它们，这一次新推出的洗衣粉才具有了超强洁白的效果。

明白了这些情况后，吕思回去便从这一点下手，绞尽脑汁，寻找最好的文字创意，因此推出了非常成功的广告方案。广告播出后，这种产品的销量急速攀升。

专注于某个目标，并全身心投入的人，往往会创造出工作的奇迹。

当麦肯利还是一名从俄亥俄州来的国会议员时，胡佛总统便对他说："为了取得成功，获得名誉，你必须专注于某一个特定方向的发展。你千万不可以一有某种情绪或者方案，就立即发表演说，把它表达出来。你固然可以选择立法的某一个分支作为你学习的对象，但是，你为什么不选择关税作为你的学习对象呢？这个题目在接下来的几年中都不会被解决。所以，它将为你提供一个广阔的学习天地。"

这些话语一直萦绕在麦肯利的耳边。从此，他开始研究关税，不久以后，他就成为这个课题上最顶尖的权威之一。当他的关税方案被参议院通过时，他达到了自己事业上的顶峰。

一个人，假如想实现自己的人生价值，却把精力分散到许多事情上，这样的人是不会成功的。要知道，没有任何一个获得成功的人不是把他所有的精力都集中于一个特定的事情上的。

如果你走过一家生产航海指南针的工厂便会发现，还未被磁化过的针会指向各种方向。一旦它们靠近磁铁而获得特殊的力量之后，便会指向北方，而且从此后，一直都坚定不移地指向北极。所以说，一个人先要确定自己的人生航向和工作目标，这样，他才会专注于某一个方向。

目标是专注的前提，凭借自己对人生的憧憬和事业的坚持，每个人都应该为自己树立一个坚定不移的目标。当你专注于这个目标，并锲而不舍地为之奋斗时，肯定会取得一些成绩。

当然，在确定自己专注的目标之前，我们也应该审视自己一番，从自己的兴趣和专长下手，寻找突破口，然后，再据此确定工作和人生的目标。这样，在目标的引导下，专心致志，锲而不舍地为之奋斗，肯定会有所成绩。因为，这样就能够利用自身的有利条件，极大地挖掘出自身的潜力。

成功者与失败者的最大区别并不在于他们各自做了多少工作，而是在于他是否专注于自己的工作和人生目标，并从中挖掘出多少自身的价值，来为这个目标服务。

永葆进取心

荷特利太太住在加拿大的沙卡契文市，是个快乐平凡的家庭主妇。她的生活一直很如意，直到有一天发生的一场可怕车祸，使她毫无防备地掉进了一个深渊里。开始，大家都以为她是脊椎骨断裂，后来经X光显示，虽然她的脊椎骨没有断裂，但骨骼表面长出了一块刺状物。医生叮嘱她，必须卧床休养三周，并且还带来了一个坏消息：由于她的脊椎骨有严重的僵硬现象，也许在五六年后，她会全身瘫痪。

荷特利太太知道这个结果时，一下子惊呆了。她一向活泼好动，又从未遇到过不顺心的事，但现在不幸终于发生了。她卧床静养的时间由三周延长到四周，而后又是五周、六周……

她此时全没有了勇气和乐观，心里只有无尽的恐惧。她只觉得自己一天比一天衰弱。

一天早上，她从噩梦中醒来，发现自己的思绪如水晶般清澈透明。她告诉自己，5年的岁月已不算短，她还可以做许多事情。只要自己继续治疗，并且有战胜病魔的决心，或许还能改善自己的状况。由于自己已经有了坚定的战胜病魔的决心，她觉得自己心中的恐惧和无力感立刻消失了。她挣扎着起床，想要立刻开始新的生活。

她找了两个字作为自己的座右铭，时刻不断地提醒自己：向前，向前！

这已经是5年前的事。如今她再度做身体检查，医生认为她的椎骨的状况良好，病情没有继续恶化。医生叮嘱她要保持愉快的心情，对生命感兴趣，并且继续前行。这正是她所渴望的东西。

在夏威夷也有一位像荷特利太太一样的人，他是个建筑承造商。

1931年，莫哈先生在建筑和工业界四处打听，想要找一份工作。那时他年轻，没有工作经验，所以处处碰壁，工作根本没有着落。由于当时不景气，没有公司需要增聘工程或制图人员，就连经验丰富的老手也往往被解聘。他当时很气馁，但后来他决定，如果再没有公司用他，他就自己来做。他从亲友那里借了500美元，成立了一家小小的建筑承造公司。当时公司很不景气，想盖房子的人都不愿找一名没有经验又没名气的人来做。但无论怎样，他都鼓起勇气，下定决心要干到底。凭着这份坚持和信念，他终于找到了几份小生意做。

他的第一笔生意是承造一栋2 500美元的房子。由于缺乏经验，估价不准，结果他赔了200美元。但是，有了这次失败的经验，接下去的几桩生意便弥补了过来。由于他坚信人不可轻言放弃，终于渡过了一生中最大的难关。所以，在争取成功的过程中，绝不能低估了进取心的重要性。当你面对具有巨大威慑的山峰时，这种进取心就会让你充满巨大的力量，敢于挑战最大的危险，敢于做别人不敢做的事。攀登者不仅敢于向可能性挑战，而且敢于向不可能性挑战。而这种挑战就是成功的进取心所驱动的。

莫德克·布朗的成功经历，完美地诠释了进取心与成功之间的联系。莫德克是美国棒球界历史上最伟大的投手之一。他从小就决心要成为棒球联盟的投手。

可是上帝并没有因为他的决心就将幸福降临到他的头上。他小时候在农场做工时，不小心手被机器夹住，失去了右手食指的大部分，中指也受了重伤。

要知道，对于一个投手，失去手指意味着什么。成为全棒球联盟最好的投手，在这个事件之前是完全可能的。可现在，手变成这样，这个梦想好像永远只能是梦想了。

可是这位少年不这样想：他完全接受了这个不幸的事实，尽自己最大的努力，学会用剩余的手指投球，终于成为地方球队的三垒手。有一天，莫德克从三垒传球到一垒，教练刚好站在一垒的正后方，看到旋转的快速球划着美妙的曲线进入一垒手的手套里，惊叹道："莫德克，你是天才投手。球控制得太出色了，球速也快。那种会旋转的球，任何击球手都会挥棒落空的。"

莫德克投的球速度快，又有角度，上下飘浮，然后进入捕手手套的中央。击打者都束手无策。莫德克将击球手一个个三振出局。他的三振纪录和成功投球的次数都很了不起，不久便成为美国棒球界最佳投手之一。

正是受伤的手指，也就是变短的食指和扭曲的中指，使球产生了如此与众不同的角度和旋转。

少年莫德克之所以能成功地实现自己的梦想，正是靠着一股永远进取的精神。

对于一个有进取心的人来说，即使屡遭失败也仍然十分努力。"成功的大小不是由这个人达到的人生高度衡量的，而是由他在成功路上克服的障碍的数目来衡量的。"

一些人缺乏努力进取的精神，是因为他们以为那样做会超出自己的能力。结果，他们就不再督促自己了。努力进取就是要求你付出百分之百的精力——无须更多，当然也不能少。如果你尽到了全力，你就可能抓住每一个成功的机会。

进取心是成功人士的一种美德，它能驱使一个人在不被吩咐应该做什么之前，就能积极主动地去做应该做的事。

如果你有足够的决心并付之于坚韧的努力，你就一定会成功。要好好利用每一次机会向上努力，不要抱怨运气不佳。

坚持不懈的人不会仅靠运气来取得成功。处境不利时，他们坚持工作，他们明白即使在最艰难的时刻也不能放弃努力。这是成功的关键所在。成千上万的人会选择放弃，但也有一些人会像托马斯·爱迪生那样坚持不懈。

爱迪生说："我是在别人都停下来的地方开始的。"

要学会在工作中独立思考

20 世纪 80 年代时，企业中大学生的拥有率不足 30%；而今天，大多数企业的大学生拥有率都在 50% 以上。一个从事人力资源招聘工作的朋友曾感叹说："以前不敢想招清华、北大的毕业生，现在不难招到。"但是他又强调说："不可否认的是，随着 80 后一代职场新人在人才市场上的涌现，知识型的员工占据了企业员工的主流。虽然说这大大改变了员工的工作模式和对工作的认可及追求，但是相比较而言，我们发现这一代人在工作中独立思考的能力还是不够强。"

接下来，他举了一个例子说："从去年到今年，我们单位前后招进了 20 多位毕业生，他们基本上都是 20 世纪 80 年代出生的一帮年轻人，但是，他们这一群人在对企业缺乏归属感的同时，也缺乏独立思考的能力，经常在工作中会发生一些面对自己手头工作而不知所措的现象，当你指点给他们后，他们就按照指令把工作完成，没有想过利用自己丰富的想象能力把工作做得更精致，更让人满意。"这就是独立思考能力差的一种表现。

职场新人必须要克服养成习惯的依赖性，因此在工作期间，特别要注意独立思考。只有通过独立思考，才能获得锻炼；也只有在独立思考的过程中，自己的思维能力才能迅速地发展起来。

怎样独立思考？首先表现在能够独立地发现问题、分析问题和解决问题，独立地检查结论或结果的正确性。如果一个职场新人能独立地解决人家已经解决了的问题，虽然对社会没有什么直接意义，但这本身却孕育着创造性思维的本领。创造性思维的特点是新颖性和独创性。这种创造思维能力的发展，有可能导致真正发明创造的到来。

独立思考还表现在不盲从、不依赖、不轻信，凡事都要问个为什么，经过自己头脑思考明白之后，再接受。

当然，独立思考开始要费气力、费时间，但在这过程中所发展起来的能力，将会给以后的工作带来极大的好处。

一位老板说："我认为接到指令后就去执行的员工是不会有出息的，他需要我具体而细致地说明每一个项目，完全不去思考任务本身的意义，以及可以发展到什么程度，因为他们不知道思考能力对于人的发展是多么重要。"

公司需要那些可以独立思考、独立解决问题的人。成功的职场人士都喜欢问自己："怎样才能做得更好？"具有这样的问题意识，自然能够了解自己周围所欠缺的、不足的还有很多，这些可能正是公司今后的策略和发展方向。

毕业后走入职场，就意味着这一代人要开始在现实的残酷竞争中走上磨炼自己的道路了，因此，我在这里真诚地希望80后一代职场新人一定要学会在工作中独立思考。

当然，有一些人不愿意培养自己独立思考的能力，也可能基于以下几点原因：一是丧失了对工作的兴趣；二是因为懒惰；三是对老板心怀不满；四是把工作当成苦役；五是抱着得过且过的心态。

这些情况也有共通的地方，比如说，有的人是一直懒惰，有的人则是因为对工作不感兴趣而懒惰。

不管基于何种原因，这种行为都将会导致自己在职场上被淘汰。这一点，希望年轻的朋友们一定要认识清楚。

工作中要学会“制怒”

愤怒情绪是人生的一大误区，是一种心理病毒。每个人都免不了动怒，在工作中人们经常看见很多人为了一点很小的事情而怒气冲天，甚至与人大打出手，这是想要得到成功结果的员工的大忌。

其实，几乎每一个员工都知道自己不该发怒，但主要原因是情绪容易被激化，控制不住自己。情绪一旦被激化就会愤怒不堪，即使只是一点小事，他们也会认为天理不容。心理学家说：“浮躁的情绪容易使人冲动，常常作出与自己意愿相反的决定。”的确，浮躁易怒的情绪给人们带来的危害是比较严重的。因此，如果你是一个想成就一番事业的员工，就应该时刻注意学会制怒，不能让浮躁愤怒左右自己的情绪。

著名的成功学家拿破仑·希尔曾经这样说过：“我发现，凡是一个情绪比较浮躁的人，都不能作出正确的决定。在成功人士之中，基本上都比较理智，所以，我认为一个人要获得成功，首先就要控制自己浮躁的情绪。”

无数成功人士的经验表明，一个缺乏自制、不顾结果的人，一定会与结果无缘，因此，无论何种原因，在同事面前发怒，都是愚蠢至极的事情。

一天，卡耐基和办公室大楼的管理员发生了误会。管理员为了表示他对卡耐基办公室中工作的不满，就在卡耐基到书房里准备一篇第二天发表的演讲稿时，把大楼的电灯全部关掉了。卡耐基立即跳起来，奔向大楼地下室，冲正在干活的管理员破口大骂，一直持续了10分钟之久。最后，他实在想不出什么骂人的词句了，才缓下劲来。

管理员这时才直起身体，转过头来，以一种充满镇静与自制的柔和声调说道："你今天有点激动，不是吗？"

卡耐基立即怔住了。站在他面前的是一个文盲，但自己却在这场战斗中被打败了，他感受到了耻辱，他知道自己必须向管理员道歉，内心才能平静。最后，他下定决心，向管理员道歉。

卡耐基说："我为我的冲动向你道歉——如果你愿意接受的话。"

管理员微笑着说："凭着上帝的爱心，你用不着向我道歉。除了这四堵墙，以及你和我之外，并没有人听见你刚才所说的话。我不会把它说出去的。因此，我们不如把此事就忘了吧。"

卡耐基感到自己简直无地自容，因为管理员不仅表示愿意原谅他，实际上更愿意协助他隐瞒此事。他抓住管理员的手，使劲地握着，在走回办公室的途中，卡耐基感到心情十分愉快，因此，他终于鼓起勇气，化解了自己做错的事。

这件事对卡耐基的触动很大，使他决定绝不再失去自制，并为此诞生了一句名言："上帝要毁灭一个人，必先使他疯狂。"

在工作中，可能由于各种各样的原因，你一时控制不住情绪，像一头愤怒的狮子一样把不满发泄出来，似乎情有可原，但你这样做的结果是什么呢？心情烦闷，精神恍惚，无法集中精力工作，或者让上司及同事另眼相看，将你孤立起来，使你成为孤家寡人，独自忍受冷清与寂寞，甚至上司将你视为公司的不稳定因素，请你走人……这对于你完成工作有百害而无一利。

所以，在你遇到刺激情绪不稳定的时候，你一定要克制，控制住情绪，多去想一想解决问题的办法，这才是正确的处理方法。

一家著名的贸易公司在招聘时就特别注意考察应聘者的自制能力。在面试时，公司总裁找出一篇文章对应聘者劳伦斯说："请你把这篇文章一字不漏读一遍，最好能一刻不停地读完。"说完，总裁就走出了办公室。

劳伦斯想，不就是一篇文章吗！这简直太简单了。于是他深吸一口气，开始认真地读起来。过了一会儿，一位漂亮的金发女郎款款地走过来，说："先生，休息一会儿吧，请用茶。"然后把茶杯放在茶几上，冲着劳伦斯微笑着。当时，他还真想喝几口，又想与这位漂亮的金发女郎聊几句，但他知道，他必须全神贯注地把文章读完，所以没理会金发女郎。

过了一会儿，一只可爱的小猫不知从哪里跑出来，伏在他的脚边，用舌头舔他的脚踝，甚至咬了他一口。他忍不住怒火中烧，想一脚把小猫踢开，在他刚要发作的时候，他想起这是在应聘，强忍住了。接着，那位漂亮的金发女郎又翩然而至，要他帮她抱起小猫。但劳伦斯一心只想着要一刻不停地把文章读完，所以自始至终，他都答搭理那位金发女郎。终于读完了，劳伦斯才出了一口气。这时，总裁走进来问："你没注意到那位美丽的小姐和她的猫吗?"

"我注意到了，先生。"

"那你为什么不理她，对她的请求也无动于衷？知道吗？她是我的秘书。"

"因为如果我不自制，我就无法按您的要求把文章读完。"

总裁先生一怔，然后哈哈大笑："小伙子，你被录用了！在你之前，已经有至少50人参加考试，可没有一个人及格。"他停顿了一下，接着说道，"在纽约，像你这样有专业技能的人很多，但像你如此自制的人太少了！你会很有前途的！"

果然，劳伦斯进入公司后，靠着自己的业务能力和良好的自制能力，很快就被提拔为部门经理。

可见，一个具有良好自制能力的人，总是比那些自制能力差的人更容易获得工作的结果。而在工作中，机会总是悄悄地潜藏在你的身边，但是因为你的不自制，导致结果与你擦肩而过，而你却不觉得，甚至埋怨机会总是照顾不到自己。如果你像劳伦斯一样学会自制，不管发生什么事都能保持冷静，那你一定能够抓住身边的机会，从而得到好的结果。

一天早上，牙刷制造公司的小职员道格拉斯起床后，正在匆匆忙忙地洗脸、刷牙。一不小心，他把牙龈刷出血来，而且用的是自己公司生产的牙刷！

道格拉斯怀着一肚子不满和牢骚冲出家门，怒气冲冲地向公司走去。他准备直接奔向技术部门，质问他们平时都在干什么，连这样的技术问题都一直得不到解决。

走进公司大门后，道格拉斯的脚步渐渐慢下来，因为他突然想起了一句话："当你遇有不满情绪时，你需要忍耐。"他想："发怒能够解决问题吗？既然不能解决问题，那你发怒干什么？"

道格拉斯迅速改变了去技术部门大发牢骚的初衷，他开始琢磨解决牙龈出血的办法。他和同事一起，提出了改变刷毛的质地、改造牙刷的造型、重新设计毛的排列等各种方案，经过论证后，逐一进行试验。试验中，道格拉斯发现了一个为常人忽略的细节：他在放大镜下看到，牙刷毛的顶端由于机器切割，都呈锐利的棱角。"如果通过一道工序，把棱角改变成球形，那么问题就完全解决了！"他的建议立即得到了同事的赞同。经过多次试验后，道格拉斯和同事们成功地解决了这个问题，并把试验结果向公司提了上去。公司很乐意改进自己的产品，迅速投入资金加大生产，把牙刷毛的顶端改成了球形。

产品改进后，很快受到了市场的欢迎。道格拉斯也因为对公司作出了巨大的贡献，而被从普通职员提升为主管，十几年后他成为公司的总经理。

理智是控制浮躁情绪的基本保障。也许你是一个能力超群的员工，但是，拥有理智就会如虎添翼。

总而言之，每一个员工都应当提高自己控制浮躁情绪的能力，时时提醒自己，有意识地控制自己情绪的波动。当你在工作中遇到什么不顺心的事忍不住想发怒的时候，你一定要设法先让自己冷静下来，把蠢蠢欲动的发怒转化为去思考解决问题的方法，也许这是一次机会，就像道格拉斯那样获得成功。然而，如果你不顾后果地把怒气发泄出来，只会使结果更糟，既无助于解决问题，甚至会使矛盾激化，破坏团结，影响人气，甚至耽误前程。

严格遵守时间限定

如果你有一整天的时间可以做某项工作，你就会应一天的时间去做它。而如果你只有一小时的时间可以做这项工作，你就应更迅速、有效地在一小时内做完它。拖延是人性的弱点里很突出的一种表现，每个人都会有不同程度拖延的表现。要克服拖延的习惯，最简单也最有效的方法就是为每件事设定一个最后期限。定了期限后，要强迫自己即使不吃饭、不睡觉也要在期限内完成任务。开始的时候，你可以从一些小事做起，比如看一本书、洗衣服、收拾房间等。把每天要完成的任务坚持当天完成。一段时间之后，你就可以定一个长期的目标了，比如三天写完一篇报告、一个月内减 2 千克体重等。慢慢地，你就养成了任何事都有期限并按时完成的习惯。这个习惯将是你一生的财富。

工作智慧之一：没有完成期限，就会导致拖延

很有才气的希森教授想写一本传记，专门研究“几十年以前一个让人议论纷纷的人物逸事”。

这个写作主题既有趣又独特，很有诱惑力，而且希森教授对此造诣颇深，文笔又很生动，知道的人都认为，这个写作计划肯定会为希森教授赢得很大的成就。

有人问希森教授："你打算让这本书多长时间面世？"

"尽快吧。"希森教授答道。

5年后，一位朋友碰到希森教授，闲聊时，这位朋友无意间提到那本书："希森，你的那本书是不是快要大功告成了？"

不料，希森教授竟满脸愧色地说："老天爷，我根本就没动笔！"

这个回答几乎让这位朋友难以置信。

见朋友一脸的狐疑，希森教授忙解释说："我实在太忙了，总是有许多更重要的任务要完成，自然没有时间了。"

真的没时间吗？当然不是。

后来，希森教授的这位朋友决定写这本书。仅仅一年之后，这本书就面世了。希森教授的朋友因为这本书一鸣惊人，成为文学界的大红人。

有人问他是如何做的，他答道："很简单。在动手之前，我给自己制定了一个不可更改的完成期限——两年。每天，我都要看着这个完成期限，对自己说：记着，你还有份工作未完成。然后强迫自己静下心来，不停地写，直到把它完成。"

如果你不主动给自己限定完成任务的时间，一件十分简单的工作，也会让你无限期地拖延下去。结果，日积月累，简单的工作就会变得沉重起来，最终成为你行动的累赘。因为，被拖延的工作很可能是过去某项工作的延续，或者是未来某项工作的基础。这样，必将影响下一个乃至以后所有工作的正常开展，让你无法按期完成任务。

工作智慧之二：把时间设在规定的完成期限前

也许你会说："我在接受工作任务的同时，上司也给予了我明确的完成任务的时间。所以，‘自我限定完成工作的时间’对我来说是多此一举。我只需在任务完成的最后一刻提交任务成果就可以了。”

然而事实表明，将任务完成的时间定在提交任务成果的最后一刻是非常不明智的。因为，事情不会按你个人的主观设定前进。被限时提交的任务在执行过程中，常常会与一些临时的事项发生冲突。一旦这样，你就陷入了鱼和熊掌不可兼得的被动状态，有限的精力就会被过度分散，进而使工作进度受阻，难以按期完成工作任务。

年轻的广告策划人杜尼颇富才气，他的策划不但新颖独特，而且颇富感染力，很受上司的欣赏。所以刚刚加入公司不久就被纳入重点策划小组。一天，上司交给杜尼一项新的策划任务，并交代他在下个星期一一定要拿出高质量的策划创意，因为上司已经和客户约好那一天签合同。这是一项沐浴液的广告，对于擅长日用品策划的杜尼来说，做这样的策划简直驾轻就熟。

“还有4天时间，用4天时间完成这个小策划太轻松了。”杜尼想。所以，等上司一走，杜尼就把那些材料扔进办公桌里，继续玩电脑游戏。

前两天杜尼根本没在那个策划上花一丁点时间，整日不是上网闲逛，就是与同事闲聊。他想，用后两天时间把它完成很容易。可是第三天早晨他刚到公司，上司就让他去参加一个广告策划人学习研讨会。这将占用他一整天的时间，但杜尼认为这没什么大不了的，不会影响那个策划的制作。

但第四天早上，正当他把那些材料从办公桌里拿出的时候，上司突然走过来问他：“杜尼，赶快把那个策划准备好，和客户的约会已改在今天上午9点，到时你和我一块参加，由你来讲解这个方案。”

天哪！杜尼呆在那里，他不但拿不出一个完整的策划案，甚至连一个思路还没形成呢！

作为一名独立的员工，任何时候都不要把工作拖到最后完成期限才去完成。优秀的员工不仅会谨记工作期限，而且更明白，在所有老板的心目中，最理想的任务完成日期是：昨天。

这一看似苛刻的自我要求，是保持恒久行动力不可或缺的因素，也是唯一不会过时的东西。所有令人惊诧的高绩效都产生于“把工作完成在昨天”的速度之中，正如未来的橡树包含在橡树的果实里一样。一个总能在“昨天”完成工作的员工，必然有高度的负责精神、崇高的敬业意识和超强的时间观念，他们毫无疑问是高绩效的创造者，当之无愧的企业中最优秀的员工。

假如你的老板在交付工作时，向你提出了一个明确的工作期限，假如你渴望每一件事都能在最短时间内有效地完成，那么，就以老板规定的工作期限为基础，主动给自己再制定一个更短的工作期限吧。

记住，不管老板提出的工作期限有多么苛刻，你制定的新工作期限，一定要比老板提出的更短、更苛刻。高压之下才能出高效率。这样，你的工作才能以令人炫目的速度快速运转。总之，“自我限定完成任务的时间”是成就卓越的永恒学问。每个人只有有效地管理好自己的工作时间，才能有效地提高自己的绩效。

主动创新，主动改变

没有一个公司需要墨守成规、不思进取、不敢改变的员工。改进自己的工作方法、创新自己的工作思路是每个员工必须努力去做的事。要想成为最能为公司创造效益的员工，首先你必须具有主动改变、主动创新、主动进取、主动改善的意识和能力。唯有改变和创新才能实现工作效率和工作质量的质的飞跃。

工作智慧之一：主动创新是提升业绩的不二法门

创新和变革是解决工作困境、破除前进困难的最为有力的武器，再强大的困难在创新面前也会变得不值一提。所以，要想摆脱工作困境，实现个人及整个组织的顺利发展，就必须积极主动地转变思维方式，从一个全新的角度，用一种全新的办法来面对困难，这样才能取得最好的效果。

白瑞德是一家大型家电公司的高级主管，他面临一个两难的困境。一方面，他非常喜欢自己的工作，也很满意目前的薪水。但另一方面，白瑞德又非常讨厌他的上司，最近已经发展到忍无可忍的地步。经过慎重思考之后，白瑞德决定去猎头公司，让猎头公司帮自己找一份类似的职位。

想好了之后，白瑞德把这一想法告诉了妻子苏珊，苏珊听后觉得不妥，但没直接阻止白瑞德，而是提醒他：一个人应学会重新界定问题，从新的角度出发以超乎常理的方法处理问题。

一语惊醒梦中人，妻子的话让白瑞德深受启发，一个大胆的创意在他脑中浮现。

第二天，他来到猎头公司，请公司替他的上司找工作。不久，他的老板就接到了猎头公司打来的电话，请他去别的公司高就。尽管上司不知道这是白瑞德和猎头公司共同努力的结果，但恰好上司早已厌倦了现在的工作，所以没过多久，上司就辞职离去。更妙的是，后来，白瑞德申请了上司的空缺，并被上级批准了。于是，他就坐到了前任上司的位置上。

创新的思维使得白瑞德很快找到了一个更出色的解决问题的方法，使自己从容地脱离了两难的境地。同样，如果你在工作中能发挥自己的创造力，多从不同的角度审视问题，运用不同的方法去完成任务，你完成任务的能力就会大增，工作效率也会成倍增加。

工作智慧之二：每天都有所改变

改变和创新可以帮助所有的人成就辉煌、创造卓越。只要保持对创新的热衷，很快就能成为最受老板青睐的人，好的机会也就会随之而来。值得注意的是，创新应该随时随地进行。很多人认为创新是一种“极端”的手段，只有在“极端”的情况出现时才有必要使用。事实上，正是这种对创新的误解，才使他们被贴上了因循守旧的标签，并注定了平庸的命运。创新不是什么“极端”的手段，也不用非要等到情况不可收拾时再进行。创新就是寻找新的方法，改进现有工作方式的不足和缺陷，所以应该是随时随地进行的。

每天早晨，你下定决心，力求自己把工作做得更好些，较昨天有所进步。当你晚上离开办公室、离开工厂或其他工作场所时，一切都应安排得比昨天更好。这样做的人，在业务上一定会有惊人的成就。

“今天我们应该在哪里改进我们的工作?”

如果你能在工作中把这句话当做自己的格言，它就会产生巨大的作用，当你随时随地地要求自己不断改变，不断进步，你的工作能力就会达到一般人难以企及的高度。

人的身体之所以保持健康活泼，是因为人体的血液时刻在更新。同样，作为公司的一名职员，只有不断地从学习中吸收新思想，不断地提升自己的思考能力，才能够在工作中获得不断改进的方法。

不断改进如果成为一种习惯，你将会受益无穷。一名不断改进的职员，他的魄力、能力、工作态度、负责精神都将会为他带来巨大的收益。

一桶新鲜的水，如果放着不用，不久就会变臭；一个经营良好的公司，如果不能持续改进就会逐渐地衰退。每个员工在每天的工作之中都要有所改变。这种自我超越式的创新精神，是每个人成就卓越的必要修炼。

只有善于自我改变、自我超越的人，才会警觉到自己的无知及能力的不足，才能不断地发展完善自我，向成功的目标迈进。

工作智慧之三：学习是创新和改变的前提

布留索夫说过这样一句名言：“如果可能，那就走在时代的前面，如果不可能，那就绝不要落在时代的后面。”这是一个知识经济的时代，一个人要想改变自己的思考方法，就要善于在工作中捕捉知识，掌握更新的工作技巧，构建更加科学的知识结构。这样，才能够不断地充实自己，完善自己，适应工作和时代的要求。

米勒·佩利生活在一个工薪阶层的家庭中，因为兄弟姐妹比较多，他刚刚高中毕业，就不得不放弃上大学的机会，到一家百货公司去打工，每周只能赚3美元。但是，他不甘心就这样工作下去，每天都在工作中不断学习，想办法充实自己，努力改变工作的境况。

经过几个星期的观察后，他注意到主管每次总要认真检查那些进口商品的账单。由于那些账单用的都是法文和德文，他便开始在每天上班的过程中仔细研究那些账单，并努力学习法文和德文。

有一天，他看到主管十分疲惫和厌倦，就主动要求帮助主管检查。由于他干得非常出色，以后的账单就由他接手了。

过了两个月，他被叫到一间办公室里接受一个部门经理的面试。他感到困惑，因为自己目前的职业是部门中最低的，而且加入公司的时间也不长，于是他便问经理为何选自己当接班人，经理说："我在这个行业里干了40年，根据我的观察，你是唯一一个每天都在要求自己进步，不断在工作中改变自己，以适应工作要求的人。从这个公司成立开始，我一直在从事外贸这项工作，也一直想物色一个像你这样的助手。因为这项工作所涉及的面太广，工作比较繁杂，需要的知识很庞杂，对工作的适应能力的要求也特别高。我们选择了你，认为你是一个十分合适的人选，我们相信这一选择没有错。"尽管米勒·佩利对这项业务一窍不通，但是，凭着对工作不断钻研、学习的精神，他的能力不断地提高。半年后，他已经完全胜任这项工作了。一年后，他接替了经理的工作，成了这个部门的经理。

有一句美国谚语说："通往失败的路上，处处都是错失的机会，坐待幸运从前门进来的人，往往忽略了从后门进入的机会。"只有对工作勇于负责，每天都有所改变、有所进步的人，才能够成为一个卓越的职员，才能抓住机遇，顺势而上。

在知识经济时代，学习已不再被认为是上学时的事。学习的内涵已经发生了很大的变化，学习已经没有时间的分隔、人员的界定和学习场所的限制。学习已变成了终生的事情。人们必须随时随地学习知识，不断地改进思考问题的方法，才能不断创新，不断进步。

变"要我做"为"我要做"

在《圣经》中记载有这样一则故事：

从前，有一个严厉的主人要到外国去，临行前他将仆人们叫到跟前，按着各人的才干给了他们一笔银子，一个给了5 000塔拉（古犹太银币单位），一个给了2 000塔拉，一个给了1 000塔拉，随后主人便出国去了。

那个领5 000塔拉的仆人，把这笔钱拿去做买卖，另外赚了5 000塔拉；那个领2 000塔拉的也照样赚了2 000塔拉。但那个领了1 000塔拉的仆人却挖了个洞，把钱藏了起来。

过了许久，主人回来了，那个领5 000塔拉的仆人带着赚来的5 000塔拉，说："主人，您交给我5 000塔拉，请看，我又赚了5 000塔拉。"主人很高兴，让他一同坐下享乐。

那个拿2 000塔拉的仆人也同样献上赚来的钱，获得了主人的嘉许。

最后那个仆人上前说："主人啊，我知道您是很严厉的人，我就害怕把钱弄丢，于是把您交给我的1 000塔拉埋藏起来。请看，您原来的银子还在这里，分毫不少。”

主人道：“你这又笨又懒的仆人，既然知道我是严厉的人，至少应当把我的银币放到银行里，等到我回来时，可以连本带利收回来，怎可将银币埋藏起来？”

主人大怒之余，吩咐左右夺过他手中的1 000塔拉，交给那个有1万塔拉的仆人，同时道：“凡有的，还要加给他，叫他有余；没有的，连他所有的也要夺过来。”

优秀员工就是那“有余”的人。从表面上看，他们比平庸者拥有“有余”的智慧、能力和机遇。但实际情况是，他们之所以拥有这种“有余”，是因为他们能在没有“主人”命令的情况下，主动把5 000塔拉变成1万塔拉，主动挖掘自身潜能，从而慢慢拉开了与平庸者的距离。

由此可见，主动就是不用别人告诉你，你都可以出色地完成工作。这也是优秀员工之所以优秀、之所以绩效高的最根本原因。

所以，永远不要把“要我做”当做工作的前提，高绩效最喜爱“我要做”的那类人，并乐意为其效劳。鉴于此，你必须像优秀员工那样，发扬主动率先的精神，变“要我做”为“我要做”。无论面对的工作多么枯燥乏味，“我要做”的主动精神都会让你取得非凡的业绩。

但“积极主动”不是某些人所理解的强出头、富有侵略性或无视他人的反应。积极主动的人反应更敏锐，更为理智，更能切合实际并掌握问题的症结所在。因为只有抓住了问题的症结所在，并积极主动，才能取得好的结果。

为了使几亿印度人民脱离殖民统治，许多印度议员纷纷谴责大英帝国奴役印度人民。但印度圣雄甘地却未加入到奔走呼吁的队伍。他认为暴力反抗对于拯救人民是无益的，最好的解决问题的办法是“非暴力不抵抗”，抵制英货，最终取得了胜利。从表面上看，那些奔走呼吁的议员似乎更积极，但实际上未抓住问题的症结，只是在做表面文章。只有像甘地那样掌握问题的症结并积极地采取措施，才能取得理想的效果。

"积极主动"要落实到行动上！

优秀员工的"积极主动"，均贯注于工作的点滴之中。也正因为如此，他们的工作能力才日强一日，工作业绩才得以不断提高。总的来说，思想上的积极主动要落实到现实工作中。

工作智慧之一：主动熟悉公司的一切

熟悉公司的一切是做好工作的基础。它主要包括公司目标、使命、组织结构、销售方式、经营方针、工作作风……主动使自己像老板一样了解所在的公司，可让你在今后的工作过程中采取的行动更准确，效果更出色。

工作智慧之二：不等待命令

如果你习惯于"等待命令"，首先，就会从思想上缺乏工作积极性而降低工作效率；其次，你还会养成"有所为而为"的工作态度，或者只做你喜欢的工作。一个人一旦被这些不良思想左右，任何时候他都艰难要求自己主动去做事。即使是被交代甚至是一再交代的工作，他也会想方设法去拖延、敷衍。事实表明，"等待命令"是对自己潜能的"画地为牢"，从一开始就注定了平庸的结局。

工作智慧之三：工作时不要闲下来

工作中不让自己闲下来，主动找点事做，你就能更加完善自己，在工作中提高自己的工作能力。优秀的员工每当完成一项工作时，总去翻工作日记，问自己是否所有的目标都已达到？有什么项目需要加上去？还需要向别人学习什么，以使自己的工作能力得到扩大和充实？总之在任何闲暇的时候主动处之，你就能争取到更多的机会，不断提高自己的经验和能力。

工作智慧之四：主动做分外的事

许多著名的大公司认为，一个优秀的工作者所表现出来的主动性，不仅仅是能坚持自己的想法或项目，并主动完成它，还应该主动承担自己工作以外的责任。

比尔在一家商店工作时，一直自我感觉很好。因为他总能很快做完老板布置的任务。一天，老板让比尔把顾客的购物款记录下来，比尔很快就做完了，然后便与别的同事闲聊。这时老板走了过来，扫视了一下周围，然后看了一眼比尔。接下来老板一语不发地开始整理那批已经订出的货物，然后又把柜台和购物车清理干净。

这件事深深震动了比尔，他瞬间发现自己一直以来是多么的愚蠢，他明白了一个人不仅要做好本职工作，还应该主动地再多做一些，哪怕老板没要求你这么做。这一观念的改变，使比尔更加努力地工作，他由此学到了更多的东西，工作能力突飞猛进，最终比尔成了公司的副总。

工作智慧之五：主动提建议

也许你的老板或同事的某种处理事务的方式的效率不高，而他本人并未察觉或不知如何改进。这时，如果你有好的主意，就应该主动地提出来。主动提出合理化的建议，不但可以为你赢得好人缘，更有利于你与同事的合作，提高工作效率，进而推动整个组织绩效的提高。要做到这一点，你必须主动了解和学习公司业务运作的经济原理，为什么公司业务会这样运作？公司的业务模式是什么？如何才能赢利？……主动关注整个市场动态，分析竞争对手的错误症结，可以避免思维的固化，从而提高你的工作能力。

要想成为一名优秀的员工，就必须具有积极主动的品质，这种积极主动不能仅仅局限于一时一事，你必须把它变成一种思维方式和行为习惯。只有时时处处表现出你的主动性，才能获得机会的眷顾，并最终成就卓越。

“多一盎司定律”

卡洛·道尼斯是世界知名的投资顾问专家，他最初为杜兰特工作时，职务很低，现在已成为杜兰特先生的左膀右臂，担任其下属一家公司的总裁。他之所以能如此快速升迁，秘密就在于“每天多干一点”。

“在为杜兰特先生工作之初，我就注意到，每天下班后，所有的人都回家了，杜兰特先生仍然会留在办公室里继续工作到很晚。因此，我决定下班后也留在办公室里。是的，的确没有人要求我这样做，但我认为自己应该留下来，在需要时为杜兰特先生提供一些帮助。工作时，杜兰特先生经常找文件、打印材料，最初这些工作都是他自己亲自来做。很快，他就发现我随时在等待他的召唤，并且逐渐养成了招呼我的习惯……”

杜兰特先生为什么会养成召唤道尼斯先生的习惯呢？因为道尼斯主动留在办公室，使杜兰特先生随时可以看到他，并且诚心诚意为他服务。这样做获得额外的报酬了吗？没有。但是，他获得了更多的机会，使自己赢得老板的关注，最终获得了提升。

当公司要求你加班时，你还是尽量别以“这不是我分内的工作”为由来逃避了。当额外的工作分配到你头上时，你不妨视之为一种机遇。当你主动加班时，别以为没有人会注意到，其实老板正在睁大眼睛瞧着呢！

现在道尼斯已经成为杜兰特先生不可缺少的得力助手，而道尼斯始终遵循的则是“多一盎司定律”的工作原则。

盎司是英美制重量单位，一盎司相当于1/16磅。著名的投资专家约翰·坦普尔顿通过大量的观察研究，得出了很重要的原理，即“多一盎司定律”。他指出，取得突出成就的人与取得中等成就的人几乎做了同样的工作，他们所做出的努力差别也很少，只是仅仅“多一盎司”。但是，就是这微不足道的一点区别，会让他们的工作有所不同，其最终结果与所取得的成就及成就的实质内容方面，也经常有着巨大的差别。

在商业领域，坦普尔顿把多一盎司定律进一步引申，他逐渐认识到只多那么一点点，就会得到更好的结果。常常那些在原来的基础上多加一盎司的人，得到的份额远大于一盎司应得的份额。也就是说，那些更加努力的人将会取得更好的成绩，获得更好的收益。

工作不仅仅是人们为了谋生才做的事，而是为了实现每个人的生命价值而去做的事。一个人要想让自己的价值达到最大化，就应该在完成自己的本职工作之外，多做一点。

虽然，你没有义务去做自己职责范围以外的事，但你可以选择主动驱策自己去自愿多做一点，这对实现人生目标会有莫大的帮助。每天，当你尽职尽责地把自己的本职工作完成后，都应该问一下自己：现在，我还能做什么呢？通过这种自我督促的办法，可以驱使自己比别人多做一点点，日积月累，你会发现自己的价值会有所提升。

成功并不是一蹴而就的事情，它是一种不断积累的结果。一个人，不论从事何种职业，要想登上顶峰，他就要不断鞭策自己在工作中比别人多做一些事情。

无论上班时下班后，都没有分外的工作。当你能用这样的态度去工作，就必定能很快地脱颖而出。

莱尔家里很穷，因此，中学毕业后他就跟随哥哥到港口码头打工。兄弟俩在码头的一个露天仓库帮别人缝补篷布。莱尔不仅工作非常积极，而且有责任心。他经常主动加班干活，却并没有要求什么回报，因为他把工作中的所有事情都看成了自己的分内事。

有一天深夜，外面刮起了狂风暴雨。莱尔马上从床上爬了起来，拿起手电筒就冲到大雨中去。哥哥怎么劝他都没劝住，只好在他背后大骂他是个傻瓜："这根本不是你要干的工作！这只是分外的工作，你去干了，老板也不会给你加工资！即使老板愿意给你钱，但你现在去干了，老板也看不见啊！"

莱尔却认为："只要力所能及，工作哪有什么分外分内的？"

在仓库里，莱尔查看了一个又一个货堆，并加固了那些被掀起来的篷布。

正在这时候，老板开车来到仓库，恰好看到了莱尔正在检查仓库，全身上下早已被雨水浇透了。当老板看到货物完好无损而莱尔却成了"水人"时，他非常感动，当场表示要给莱尔加薪。莱尔拒绝了："不用了，我只是出来看看缝补的篷布结不结实。再说了，我就住在仓库旁边，来看一看货物也只是举手之劳。"

老板看到他如此诚实和有责任心，便决定让他到自己新开的一家公司去当负责人。

那家公司刚刚开张，需要招聘新人。于是哥哥跑来对莱尔说："你给我安排一个好差事吧。"深知哥哥性格的莱尔说："你不行。"哥哥说："看大门也不行吗？"莱尔说："不行，因为你不会把公司的事当成是自己家的事来干。"哥哥说："这又不是你自己的公司，你这么较真、这么无情干吗？真没良心！"莱尔却认真地说道："只有把老板的公司当成是自己开的公司，才能把事情干好，才算是真正有良心。只有无论是上班下班，都把公司的工作当成是自己分内工作的人，我才会招聘进来。"

无论上班时下班后，都没有分外的工作。正是保持着这样的工作态度，在三年之后，莱尔成为了一家大型企业的总裁。而他哥哥呢，还在码头上替人缝补篷布。

当你成为一家企业的一分子时，就永远没有分外的工作。因为，公司就是你的家。只有你拥有了一种把自己当做公司主人的心态，你才会备受重用。事实上，你不是在为别人工作，而是在为自己工作。当你无论是上班时还是下班后，都把公司的事当成自己的事后，你将会越来越出色，越来越受到企业的关注、重视和重用。

只要你遵从“多一盎司定律”去工作，以积极主动的态度，驱策自己快速前进，就会使自己从激烈的竞争中脱颖而出。

忠诚胜于智慧

如果说，智慧和勤奋像金子一样珍贵的话，那么还有一种东西更为珍贵，那就是忠诚。忠诚公司，从某种意义上讲，就是忠诚自己的事业，就是以不同的方式为一种事业作出贡献。忠诚体现在工作主动、责任心强、细致周到地体察老板和上司的意图。忠诚还有一个最重要的特征，就是不以此作为寻求回报的筹码。

下级对上级的忠诚可以增强老板的成就感和自信心，可以增强集体的竞争力，使公司更兴旺发达。因此，许多老板在用人时，既要考察其能力，更看重个人品质，而品质最关键的就是忠诚度。一个忠诚的人十分难得，一个既忠诚又有能力的人更是难求。忠诚的人无论能力大小，老板都会给予重用，这样的人走到哪里都有条条大路向他们敞开。相反，能力再强，如果缺乏忠诚，也往往被人拒之门外。毕竟在人生事业中，需要用智慧来作出决策的大事很少，需要用行动来落实的小事甚多。少数人需要智慧加勤奋，而多数人却要靠忠诚和勤奋。

当今社会忠诚已经变得越来越稀缺了。许多公司花费了大量资源对员工进行培训，然而当他们积累了一定的工作经验后，往往一走了之，有些甚至不辞而别。那些留在公司的员工则整天抱怨公司和老板无法提供良好的工作环境，将所有责任全部归咎于老板。但是，人们却发现，在管理机制良好的公司，跳槽现象也频繁发生，员工同样也不安分。因此，不得不使人们将视线转移到员工本身的心态上来。结果发现，大多数情况下，跳槽并非公司和老板的责任，更多在于员工对于自身目标以及现状缺乏正确的认识。他们过高估计了自身的实力，以及对那些向他们频频挥手的公司抱有过高的期望。

当这种风气蔓延到整个商业领域时，许多具有一定忠诚度的员工也受到传染而投入跳槽大军中，使整个职业环境继续恶化。

缺乏忠诚度，频繁地跳槽直接受到损害的是企业，但从更深层次的角度，对员工的伤害更深，无论是个人资源的积累，还是所养成的“这山望着那山高”的习惯，都使员工价值有所降低。这些人对自己的内心需求没有认真地反思，对自己奋斗的目标没有清晰地认识，自然无法选择自己的发展方向。

人一生恐怕要走几条路，才能达到自己想要达到的地方。从职业的角度，难免要掉换几种工作。但是这种转换必须依托于整体的人生规划。盲目跳槽，虽然在新公司收入能有所增加，但是，一旦养成了这种习惯，跳槽不再是目的，而成为一种惯性。

著名银行家克拉斯年轻时也不断在变动工作，但是他始终抱有一种理想——想管理一家大银行。他曾经做过交易所的职员、木料公司的统计员、簿记员、收账员、折扣计算员、簿记主任、出纳员、收银员等，试了一样又一样，最后才接近自己的目标。

他说：“一个人可以有几条不同路径达到自己的目的地。如果能在一个机构里学到自己所需的一切学识和经验当然很好，但大多数情况下需要经常变化自己的工作环境。面对这种情况，我认为他必须懂得自己想做什么，为什么要这样做。”

“如果我换工作仅仅是为了每周多赚几块钱，恐怕我的将来早为现在而牺牲了……我之所以换工作，完全是因为现在的公司和老板无法再给我带来更多的教益了。”

“此处不留爷，自有留爷处。”人们在跳槽时如此潇洒，但是真正面对工作时又是如此无奈。一个频繁转换工作的人，在经历了多次跳槽后，发现自己不知不觉中形成了一种习惯：工作中遇到困难想跳槽；人际关系紧张也想跳槽；看见好工作（无非是多挣几个钱）想跳槽；有时甚至莫名其妙就是想跳槽，总觉得下一个工作才是最好的，似乎一切问题都可以用转移阵地来解决。这种感觉使人常常产生跳槽的冲动，甚至完全不负责任地一走了之。

久而久之，自己不再勇于面对现实，积极主动克服困难了，而是在一些冠冕堂皇的理由下回避、退缩。这些理由无非是不符合自己的兴趣爱好了，老板不重视了，命运不济了，怀才不遇了，别人不理解了等，幻想着跳一个新的单位后所有问题都迎刃而解了。

现在的年轻人丧失了成就事业最宝贵的忠诚和敬业精神，变得心浮气躁，凡事浅尝辄止，遇难而退，这山望着那山高，空有远大理想，无心执著追求。此可谓个人之悲，国家之悲，社会之悲！

改变态度，努力培养自己勇于负责的精神，那么你将会产生出无穷的力量，为自己的梦想和事业努力奋斗吧！

立即就做

从0到1的距离，常常大于从1到1 000的距离。许多人之所以不成功，往往是由于他们在门外徘徊太久。

说一千道一万，不如一次勇于“跳下去”的行动！做任何事，勇于开始最为重要。

“做正确的事情，把事情做好，立即做。”

有这样两位青年，小李与小刘，他们都是有梦想并富有创造力的人。他们同时进入一家集团公司，公司的董事长，总是在各种场合强调“员工的创造性是公司的最大财富”。两位年轻人能进入这样的公司，真的是如鱼得水，应该能大展宏图，创造非凡业绩了。

然而一年后，进行工作总结时，两人却受到了不同的待遇，小刘因为成绩突出受到了高度表扬和奖励，小李却因为业绩平平，受到了批评。

其实，刚进公司时，小李给大家留下的印象更好一些。因为他脑子比小刘更活，思维更敏捷，学识更广博，但为什么到头来却做得不如小刘好呢？

人事部的领导，对两位员工进行了研究分析后发现：

一年来，两人都想把自己的创造性贡献给公司，也都很努力。两人唯一的区别是：小刘有了一个好的想法，便立即行动起来，即使要实现这一想法的条件不具备、会遇到困难，他也会毫不犹豫地去做；而小李恰相反，尽管脑子里有很多好的想法，但总是停留在原来的阶段，或者一与现实结合，遇到条件不具备、不成熟等情况时，他就立刻放弃或退缩，改换另一个想法。这样一来，尽管好想法不少，却没有一个付诸实施。

分析这点之后，人事部的领导与小李好好谈了一回心，说："小李，一旦有好的想法，就应该立即付诸实施，现在不做，等于永远不做呀！"

许多人不成功，只因为他们总在起点上耽搁，在门外徘徊太久。到底该怎么去立即行动呢？

首先，你要知道，早起的鸟儿有虫吃。人生是短暂的，要做就得立即做。早一点动手，就早一点起步，早一点往成功迈进。

晋代大书法家王羲之，12岁时，在父亲的枕头下发现有前人写的《笔论》，便偷偷地拿来读，父亲说："不要性急，等你长大了，我会教你的。"

可是王羲之却回答说："学习是不能等待的，像走路一样，不停地走，才能前进。等我长大了，再教就太晚了。"在这种精神的支配下，王羲之长期坚持勤学苦练，其书法艺术终于达到了炉火纯青的境界，被后人尊为“书圣”。

其实是差不多就去做，不在起点耽搁，做任何事，勇于开始最为重要。

YKK董事长吉田忠雄的人生观是“70分主义”。他认为：“100分主义无法再发挥潜能，若以70分为起点则成就当不止100分。”

对此，他在一篇演讲中阐述：“只要能成功，失败无所谓。谨慎行事可能没有失误，但充其量最多也只能有50%的效果。若对每件事只有70%的把握就去做，则集合各件事的效果，成就就不止50%了。”

爱默生说得好：“要去某一地点，可以有二十条道路，其中有一条是捷径，不过还是立刻踏上其中的一条吧。”

最后，你要相信“立即就做会产生奇迹”。许多事情的难度，都由于人们的犹豫和摇摆加大了。事情并没有人们想象的那么艰难，只要你们马上去做，就可能产生出乎意料的奇迹。

史东是美国保险公司的创始人之一，他觉得对自己一生影响最大的一句话，就是妈妈逼他遵守一个行为习惯——立即就做！

从卖报纸的时候起，他就一直遵守“立即就做”的准则。后来，他通过保险推销，训练了一批非常优秀的保险队伍，并成了一个百万富翁。

一天，史东听到一个信息：因为经济大萧条，曾经生意兴隆的宾夕法尼亚伤亡保险公司发生了危机，已经停业。该公司属于巴尔的摩商业信用公司所有，该公司决定以160万美元将这家保险公司出售。

史东冥思苦想，终于想出一个不花自己一分钱就得到这家保险公司的主意。这个想法实在太美妙了，美妙得让他不敢相信，美妙得使他甚至准备放弃。但是，放弃的念头一出现，他就马上对自己说：“立即就做！”

于是他马上带领自己的律师，与巴尔的摩商业信用公司进行谈判：

“我想购买你们的保险公司。”

“可以，160万元，请问你准备好钱了吗?”

“没有，但是我可以向你们借。”

“什么?”对方几乎不相信自己的耳朵。

史东说：“你们商业信用公司不是向外贷款吗？我有把握将保险公司经营好，但是我得向你们贷款来经营。而购买者分工负责的唯一理由，就是自己拥有一帮出色的保险推销员，一定能经营好这家保险公司。”

经过调查后，商业信用公司对史东的经营才能很有信心。于是史东没有花一分钱，就拥有了一家自己的保险公司。之后，他将公司经营得十分出色，成为美国很有名的保险公司之一。

只要有好的想法，哪怕它看起来很荒谬，都应该立即付诸实施。说不定奇迹就在你的前面。

让我们记住《福布斯》杂志创立者福布斯的名言吧：做正确的事情，把事情做好，立即就做!

第七章 做事做到位，从优秀到卓越

勇于向高难度的工作挑战

在1888年的大选中，美国银行家莫尔当选副总统，在他执政期间，声誉卓著。当时，《纽约时报》有一位记者偶然得知这位副总统曾经是一名小布匹商人，感到十分奇怪：从一个小布匹商人到副总统，为什么会发展得这么快？带着这些疑问，他访问了莫尔。

莫尔说："我做布匹生意时也很成功。可是，有一天我读了一本书，书中有句话深深打动了我。这句话是这样写的：'我们在人生的道路上，如果敢于向高难度的工作挑战，便能够突破自己的人生局面。'这句话使我怦然心动，让我不由自主地想起前不久有位朋友邀请我共同接手一家濒临破产的银行的事情。因为金融业秩序混乱，自己又是一个外行人，再加上家人的极力反对，我当时便断然拒绝了朋友的邀请。但是，在读到这一句话后，我的心里有种燃烧的感觉，犹豫了一下，便决定给朋友打一个电话，就这样，我走入了金融业。经过一番学习和了解，我和朋友一起从艰难中开始，渐渐干得有声有色，度过了经济萧条时期，让银行走上了坦途，并不断壮大。之后，我又向政坛挑战，成为一名副总统，到达了人生辉煌的顶峰。"

生命是自己的，想活得积极而有意义，就要勇敢地挑起生命中的重大责任。向高难度的工作挑战，这是对自己生命的提升，也是让人生价值最大化的一个快捷途径。

1857年，摩根从德国哥廷根大学毕业，进入邓肯商行工作。一天，他从古巴采购海鲜归来，途经新奥尔良码头，碰到一位陌生人问他："先生，想买咖啡吗？我可以半价。"

"半价？什么咖啡？"摩根疑惑地盯着陌生人问道。

陌生人说："我是一艘巴西货船的船长，为一位美国商人运来一船咖啡，货到后，那位商人却破产了。假如您能买下这批货，等于帮了我一个大忙，我情愿半价出售。但是，必须现金交易。"

摩根看了咖啡后，心想：成色也不错，价钱又如此便宜。但是自己身无分文，这该怎么办？

经过一番考虑之后，他决定冒险以邓肯商行的名义买下这船咖啡。但是，电报发回去之后，邓肯商行回电："不准擅用公司名义！立即撤销交易。"这可怎么办呢？

尽管难度很大，摩根决定继续努力尝试。又经过了一番思考后，他决定向自己的父亲和一帮朋友请求帮助。

结果，他的父亲吉诺斯回电同意用自己伦敦公司的户头偿还挪用邓肯商行的欠款。摩根至此十分兴奋，索性大干一番，在巴西船长的引荐下，他又买下了其他船上的咖啡。

初出茅庐的摩根果断地做下如此一桩大买卖，尽管有一些冒险，却显示了他干事业的魄力。

就在他买下这批咖啡不久，巴西便出现了严寒天气，咖啡大面积减产，咖啡价格大涨。他因此大赚了一笔。

因为咖啡交易，摩根被自己的朋友和父亲刮目相看，大家支持他办起了摩根商行，供他施展自己的才华。这为他以后叱咤华尔街奠定了良好的基础。

在向高难度工作挑战时，我们也要注意以下几个方面：

首先，要有明确的目标。如果没有明确的目标，仅仅是盲目地采取行动，最终也是徒劳无功。

其次，不打无准备之仗。如果没有准备，便仓促上阵，很可能因为缺少支持而失败。

另外，要有自信心。自信心可以帮助一个人树立一种正确的思维习惯，也只有自信心才能激励一个人在艰难中不断攀登的勇气和精神。

发掘自己内心的精神力量

美国著名的心理学家德西经过长期的实验发现，当一个人从事有内在兴趣的工作时，可以在自己的身上发掘出一种自觉的、发自内心的精神力量。

每天，有许多人在茫然中上班、下班，到了固定的日子领回自己的薪水。高兴一番或者抱怨一番之后，仍然茫然地去工作。他们在上班、下班之中，从不思索关于自己的工作的问题。可以想象，活在这样一种精神状态中的他们，只是被动地应付工作，为了工作而工作。

他们没有发掘出自己的精神力量，所以在工作之中“得过且过”地混日子，而不能在工作中自动自发地投入自己的热情和智慧，仅是机械地完成任务。

其实，一个人的工作成就，往往包含了他的智慧、激情、信仰、想象力和创造力等诸多因素。假如他能够在工作的过程中激发出自己内心的精神力量，便会在工作中拥有双倍，甚至更多的智慧和激情，积极主动而又卓有成效地完成自己的工作。

人们常常喜欢从外部环境中为自己寻找理由开脱，不是抱怨职位、待遇、工作中的环境，就是抱怨同事、上司或老板。而很少有人从自己下手分析一下情况，挖掘自己内心的精神力量，让自己集中精神投入到自己的工作之中。

露茜小姐是一家报社的记者，十多年过去了，也一直没有发展的机会，职位和薪水也不是很理想。有一段时间，她甚至想辞职。但是，又害怕辞职后一旦找不到合适的工作，就得面临失业的问题，犹豫一番后，最终还是安慰自己算了吧！就这样混下去吧，到了别的公司也一样。

有一天，她和一个朋友去聚会，又在餐桌上抱怨自己的工作环境。这位朋友一脸严肃地说："造成现在这种情况，你思考过原因吗？你尝试过了解你的工作，让自己从内心深处对这份工作真正产生兴趣，并喜爱它吗？你是否真正地在工作中，把它当成一项伟大的事业而认认真真努力过？如果你仅仅是因为对现在的工作职位、薪水感到不满而辞去工作，你也就不会有更好的选择。稍微忍耐一下，转变你的态度，试着从现在的工作中找到价值和乐趣，你会有意外的发现和收获。假如你真正这样努力尝试过之后，依然没有变化，再辞职也不迟。"

这位朋友的话对露茜很有触动，她尝试着让自己重新开始，以积极的态度去处理自己的工作。结果，感觉和效果完全不同，不满情绪也渐渐消失了，在工作中渐渐有了一种让她留恋的感觉。因此，她的工作才华得到了极大的展示，很快受到上司的提拔和重用。

美国心理学家德西在他原先的研究基础上，进一步研究实验，向人们揭示出以下几个至关重要的结果。

第一，人并不是天生就厌恶工作，只会因工作而成熟，变得更独立自主，而有意识地开发自己的精神力量、提升自己的能力，这样做是为了满足身心的需要。

第二，人为了自己心目中想要实现的目标，而按照自己的价值标准去工作，也通过这种意识支配自己，主动地把自己的目标与组织的目标统一起来，做到两全其美。

第三，通过引导，人能够学会接受责任，直至寻求责任。大多数人都具有相当程度的想象力、智力和创造力，但在实际工作中，许多人的潜力往往没有得到充分的发挥。

第四，为人们创造和提供机会，诱导和调动人们的成就感、自豪感，往往在满足他们内心需要的同时，使他们能更好地完成自己所负责的工作。假如不注意发挥人们的自觉因素，单纯靠增加报酬、发放奖金等物质条件刺激他们积极地工作，往往会事与愿违。

因此，对于职场中的人而言，倘若能正确地认识自己的价值和能力及其社会责任，便会对自己的工作渐渐产生出兴趣。而产生出一种肯定自己工作的情感和巨大的精神动力之后，就算是在各种条件都比较差的情况下，也不会放松对自己工作的要求。相反，要努力克制、调整自己的心态和情绪，积极主动地发挥自己的各种能力，创造性地投入到自己的工作之中，扭转工作的不利状况，为公司和个人带来效益。

寻找自己的最佳位置

现实中，许多人的能力不可谓不高，时间不可谓不多，然而，他们的工作进度却依然迟缓，完成任务的效率依然不高。为什么会出现这种现象呢？

究其原因，就在于个人定位出现偏差。个人定位不准确，是导致一个人才华横溢但效率极低的直接原因。

有这样一则故事：

某工厂的一台机器因丢失了一个螺母无法运转，影响了整个生产进程。

老板心急如焚，便对维修工说："你必须在两分钟内让机器恢复运转。"

维修工拍着胸脯打保证："放心吧，老板，两分钟换一个螺母，这还不是小事一桩。其实连一分钟都用不了。"说完，拿着扳手、钳子等工具和一大铁盒型号各异的螺母来到那台机器前。

没想到，一盒子的螺母，竟没有一个能与螺钉的尺寸、型号相吻合的。

维修工陷入了尴尬的沉默之中。

老板见状又急又气，说道："对于这台机器而言，只有那个与螺钉吻合得天衣无缝的，才能叫做螺母，其他的只能叫做废铁。现在你盒子里全是一块一块的废铁，没有一个'螺母'。"

这个老板虽然说的是气话，但其中蕴涵着的道理却发人深思。只有合适的螺母才可以让机器运转起来。由物及人，在工作中，只有合适的位置才可以让一个人充分发挥能力。因此，某管理大师说："如果你在一个位子上努力工作，却仍然无法按期完成任务，那么，你就要自我反省一下：是否是'错误的定位'让你成为了'不合格的螺母'。"

工作智慧之一：认清自己是准确定位的前提

衡量一个人的定位是否准确，不在于他做了多少工作，而在于对于这个位置上的各项任务，他是否能够高质量地按期完成。

罗勇是广东某大型家电公司的技术人员。他技术过硬且经验丰富，再棘手的技术难题到了他那儿也会被迅速解决。公司的人都称他为"技术神圣"。但罗勇心里却不这么想，他总觉得自己更适合做管理工作。

一天，罗勇得知人力资源部门的主管另谋高就了，兴奋异常。为了争得这个职位，他用尽心机，最后他如愿以偿，被上级任命为新的部门主管。上任后罗勇才发现，自己根本不是这块料。每天，他坐在办公室里，望着桌上的一大堆文件发呆，不知从何处下手。而他的下属却正等着他的号令，人力资源部的工作几乎陷入了停滞状态。

如果你不想让自己重蹈罗勇的覆辙，那么，你一定要找准自己的位置。而要做到定位准确，一个重要的前提，就是认清自己。

"认清自己"在个人定位中起着举足轻重的作用。

到希腊中部帕尔纳索斯山的阿波罗神庙朝觐和膜拜的人们，并不是对古老的"德尔斐神谕"有什么奢望，真正令求知者心仪、让旅行者仰慕的，是传说中阿波罗神庙门楣上的那句话——"人啊，认识你自己吧。"数千年来，这句话如黄钟大吕，穿越时空，一直在给人类以理性的昭示和警醒，包括现代那些正忙于给自己定位的人们。

然而知人难，知己更难。哲学家亚里士多德说过："对自己的了解不仅仅是困难的事情，而且也是最残酷的事情。"

由于"认清现实"的残酷性，很多人选择了逃避。这是正确定位坚决不允许的。事实表明，定位的准确度是高还是低，很大程度上取决于你对自身的认识程度。你对自己认识越清楚，了解得越透彻，定位就会越准确。定位越准确，工作时才能越发得心应手。

"认清自己"，其实就是弄清自己的特长和优点。

尺有所短，寸有所长。每个人都有缺陷，都有不足，同样也都有优点，都有特长。要想进一步加快工作进度，了解自己的主要特长和优势是必需的。在知道自己的特长是什么的同时，你还要了解发挥这些特长需要什么样的条件。这是你找准自己位置的根本依据。

一个人只有去从事与自己的特长相符合的工作时，才能实现资源的最佳配置。如果你不知道自己的特长在哪儿，不从自己的长处着眼定位，而是反其道而行之，从自己的短处出发，久而久之，你就难以摆脱“高智商低绩效”的命运。

工作智慧之二：确立正确的定位标准

在现实中，你给自己定位时，是以社会地位、威望、体面、金钱等元素作为定位标准，还是根据自身实际，以最能充分发挥自身特长为标准？

如果答案是前者，那么很抱歉，你正在犯一个愚蠢的错误。这个定位标准只会蒙蔽你的心智，阻碍你的特长的发挥。到头来，你只能被动地应付工作，根本无法高质量地完成任务。如果是后者，在工作中，你就能调动起自身的全部才能，出色地履行自己的职责，把工作做得更加完美。

打个比方说，让你手中拿着一本自己很感兴趣的书站在墙根，一只脚踏地，一只脚向后蹬在墙上，你很可能可以持续几个小时保持这种姿态，丝毫不会感觉累。相反，你还会其乐融融。但假设你的手中没有了那本令你着迷的书，再让你以相同的姿态站在墙根下，相信用不了几分钟，你就会心烦意乱，感到腰酸腿痛，坚持不下去了。对待工作的态度与其道理相同。

如果你很幸运，已经为自己找到了准确的位置，这的确可喜可贺。但需要提醒的是，即使现在你已为自己做出正确的定位，你也要时刻防止再度成为“不合适的螺母”。

因为一个人的特长不是固定不变的，会随着时间的推移、环境的变化而不断变化。这种变化轨迹多呈曲线，一般是开始向上增长，当增长到最高值的时候，特长便不再增长，经过一段时间的平台期后，就会向下衰退。所以，一定要根据自身特长的变化曲线，及时调整自己的职业位置，这样你才会在工作的各个阶段均能成就卓越。

独立思考，做对的事情

有一位著名的作家经常到一所偏远的山区学校，向学生和老师讲授自己的写作心得。由于他渊博的知识与和蔼可亲的处世方式，受到老师和学生的热烈欢迎。有一天，当他告辞时，许多学生都依依不舍，他十分感动，答应学生，下次再来时，只要他们中有谁能将自己的课桌椅收拾得干净整洁，他将送给该名学生一件珍贵的礼物。

这位作家离去后，每逢星期一的早晨，所有的学生都会将自己的桌面收拾得干干净净，因为星期一是作家前来拜访的日子。只是，他们不能确定作家会在哪一个星期一的早晨到来。

其中有一名女学生一心想得到这位作家的珍贵礼物，生怕作家会临时在星期一以外的日子，突然带着自己的礼物到来。于是，每天早上，她都会将自己的桌椅收拾得干净整洁。

但往往上午收拾妥当的桌面，到了下午又是一片凌乱，而这位女学生又担心作家会在下午到来，于是，每天下午再收拾一次。但是，她想想又觉得不安，如果这位尊敬的作家在一个小时后突然出现在教室，也许会看见自己的桌面凌乱不堪，便决定利用每次课间休息时，把自己的课桌整理一番。最终，她如愿以偿地获得了这位著名作家赠送的一套珍贵的礼物——一套精美的世界名著。

很多人认为，让自己静下心来进行独立的思考是一件很麻烦的事情。所以，在处理问题的时候，养成了盲目“随大流”的习惯。结果，在工作和生活中，失去了敏锐的判断力。

工作智慧之一：任何时候都要保持清醒的头脑

一个人在任何时候都必须保持清醒的头脑，对自己的工作进行深入思考，这样才能够赢得别人的尊重。

小泽征尔是世界三大交响乐指挥家之一。他年轻的时候，在参加一次欧洲的交响乐指挥大赛的决赛中，按照评委给他的乐谱指挥乐队演奏。指挥中，他发现有不和谐的地方，最初他还以为是乐队演奏错了，就停下来重新指挥演奏，但还是不行。“是不是乐谱错了？”小泽征尔问评委们，但是，在场的评委们都口气坚定地说乐谱没有问题，“不和谐”是他的错觉。

小泽征尔稍稍思考了一会儿，突然大吼一声：“不，一定是乐谱错了！”话音刚落，评委们立刻报以热烈的掌声。

原来，这是评委们为参赛者专门设计的一个“圈套”。虽然前几位参赛者也发现有些不对，但遭到权威们的否定后便以为这仅是自己头脑中的一个错觉。而小泽征尔却坚定自己的判断，不盲从权威，最终夺取了这次大赛的冠军。

在任何时候都保持清醒的头脑，才能够对事情进行深入的分析，并按照自己独立思考后所确定的标准，指挥自己的行动。

例如，一个人在提出一项工作方案时，常常会听到许多人的反对意见，他们各自从自己的角度出发考虑问题，不赞成提案人的做法。面对这种情况，如果不能保持清醒的头脑，盲从别人的看法和议论，不敢坚持自己的想法，就会犹豫不决，错失良机。

工作智慧之二：正确的判断源于独立思考

一个缺乏独立思考的头脑，往往根据别人的看法来辨别是非，按照别人的想法来为人处世，结果丧失了独立的个性，影响了自己的工作和事业。

有这样一个故事：

很多年前，有一对住在偏僻乡村的父子，赶着一头驴子到集市上去。半路上有人批评他们太傻，放着驴不骑，却赶着走。父亲觉得有理，就让儿子骑驴，自己步行。没走多远，又有人批评他们："怎么儿子骑驴，却让老父亲走路呢?"父亲听了，赶忙让儿子下来，自己骑到了驴身上。又走不多远，有人批评说："瞧，这当父亲的，也不知心疼自己的儿子，只顾自己舒服。"父亲想，这可怎么办是好呢？干脆两个人都骑到驴子背上。结果又有人为驴子打抱不平了："天下还有这样狠心的人，看驴子都快被压死了!"父子俩脸上都挂不住了，索性把驴子绑上，两人抬着走……

生活中有许多人经常犯这样的错误：在做事或处理问题时没有自己的思想，常常屈从于他人的看法，人云亦云，结果，自己把自己给毁了。

有一名将军，他对元帅的命令从未提出过质疑，即使元帅的命令不符合实际。有一天，元帅把这位将军叫到他的营帐，告诉他："你已经被罢免了，可以回乡种田去了。"

"为什么？你的命令我都服从了。"

"但是，我不需要一个只会传达命令而没有自己见解的将军。因为，这样的将军在战争中无法作出正确的判断，会导致军队的败亡。"

完全服从上司就必须以放弃独立思考的权力为代价，而一个无法对工作作出正确判断的人，即使对上司再谦恭服从，也难逃被辞退的命运。因为没有一个企业需要一个毫无主见的"应声虫"。所以，在工作中，你要保持自己独立思考的习惯，这将对确定自己的事业航向有着极大的帮助。

格伦·琼斯是琼斯闭路电视网有限公司的主管。早年，当他提出要创立一所以闭路电视为主的空中大学时，没有人支持他的这种想法。许多银行家和投资人也都对他这种想法持反对态度。但是，在经过许多个日夜的斟酌后，他确信自己的这一想法是个好主意，便按照自己的想法行事，而后来的发展恰恰证明他这种想法的正确性。

做人要有独立思考的精神，这样才能对自己的人生作出正确的判断，而不是在关键时刻丧失自己的主见，随波逐流，屈从于他人的意见。

索菲娅·罗兰是意大利著名影星，因为精湛的演技，曾获得1961年度奥斯卡最佳女演员奖。

在她年轻的时候，当她来到罗马，要圆演员梦时，却听到了许多不利的意见。有许多演艺圈的人说她个子太高，臀部太宽，鼻子太长，嘴太大，下巴太小，根本不像电影演员，更不像一个意大利式的演员。制片商卡洛看中了她，带她去试了许多次镜头，但摄影师们都抱怨无法把她拍得美丽动人，因为她的鼻子太长，臀部太“发达”。最后，卡洛对她说：“如果你想干这一行，就得把鼻子和臀部动一动手术。”

但是，索菲娅·罗兰断然拒绝了：“我为什么非要长得和别人一样呢？我知道，鼻子是脸庞的中心，它赋予脸庞以性格。我就喜欢我的鼻子和脸保持它的原状。至于我的臀部，那是我的一部分，我只想保持我现在的这个样子。”

索菲娅·罗兰决心不靠外貌，而是靠自己内在的气质和精湛的演技来取胜。她没有因为别人的议论而停下自己奋斗的脚步，反而因为坚持自己的想法，获得了成功。当她成功之后，那些关于她“鼻子长，嘴巴大，臀部宽”的议论不但自动停止了，而且还被评为“20世纪最美丽的女性”之一。她在自传中写道：“自我开始从影起，我就按照自己的想法行事，我谁也不模仿，也从不去奴隶似的跟着时尚走。我有自己的想法，也有自己的判断，我只要求我就像我自己。”

中国有句话叫做“三思而后行”，意思是说思考是工作和事业的指南。懒于思考、不会独立思考的人，往往随波逐流，一生也不会有多大的成就。

做全公司最赚钱的职员

老板在自己的公司内，处理事情时往往是一言堂。他的阅历比其他人丰富，自信心很强，总是认定自己的想法是最好的。因此，多数职员认为唯命是从、毕恭毕敬，就能讨得老板的欢心，有些能力平庸的员工甚至以曲意逢迎来换取老板的赏识。

其实，乖乖听话、俯首听命的伙计，不一定是好伙计，因为在市场竞争如此激烈的今天，老板首先要考虑的是企业的生存与发展，高帽戴得再舒服也比不上企业利润的增长，因此，老板心中最高分数的职员，一定是那些能让公司最赚钱的职员。

所以那些业绩好、利润高的员工一定是表彰大会的主角。鲜花、美酒，当然丰厚的奖金也是少不了的。很多世界级企业，每到年终就会进行以业绩为主的员工排位。排在前列的员工不用说一定会趾高气扬，而排在后面的不但脸面无光，还随时会有被老板解雇的可能。这当然怪不得老板，面对严峻的生存形势，老板只能如此。时下许多企业都在实行员工末位淘汰制，以此来激励员工。

所以如果仔细观察，你就会发现，做老板的不大会迁就人，但他必定会为业绩做出各种妥协，因为老板不会跟自己公司的钱包斗气。

故而开展工作也好，服务于老板也好，必须把努力的目标放在如何帮助企业赚到钱和节省钱上，单做一个听话的职员，在老板心中的印象一定无法达到最佳。

“利润至上”是每个公司的原始推动力，至今仍然是，虽然这让许多人产生了误解，可这确是公司存在、发展乃至服务社会的根本。因此，老板们都希望员工头脑中有一个简单却至关重要的概念，那就是每一个公司的成员都有责任尽力帮助公司赚钱。一旦员工的头脑中输入这个概念，并习惯基于这个概念行事，一定会见到效果。

在一家业绩卓著的金融机构，有一天老板让秘书公告全公司，所有的纸都要两面用完才能扔掉。表面看来老板极其吝啬，一张纸上都要做文章，其实他解释道：“让文员和秘书知道这样做可以使公司减少支出，相对地利润增加，极其重要。”有了替公司赚钱的责任感，自然会付诸行动。

一个企业，不要以为只有生产人员和营销人员才能争取客户、增加产出为公司赚钱，其实企业内所有的员工和部门都需要积极行动起来，为公司赚钱。

因为任何机构要有盈余，必须依仗开源和节流。不直接与客户打交道的人最低限度也应成为节流高手，否则浪费会使公司到手的利润大打折扣。

如果你十分明确自己对公司盈亏有义不容辞的责任，就会很自然地留意到身边的各种机会，而且只要积极行动就会有收获。

一个从事鸡蛋销售的员工，进入公司不久，就取得了不错的销售业绩，得到了老板的褒奖。他是这样做的：

在售奶柜台或冷饮柜台前，顾客走过来要一杯麦乳混合饮料。

他微笑着对顾客说：“先生，你愿意在饮料中加入1个还是2个鸡蛋呢?”

顾客说：“哦，一个就够了。”

这样就多卖出1个鸡蛋。在麦乳饮料中加1个鸡蛋通常是要额外收钱的。

让我们比较一下，上面那句话的作用有多大。

员工：“先生，你愿意在你的饮料中加1个鸡蛋吗?”

顾客：“哦，不，谢谢。”

可见，积极的行动和赚钱的责任感结合起来是多么重要。

如果你想在竞争激烈的职场中有所发展，成为老板器重的人物，就必须牢记，为公司赚到钱才是最重要的。请立即以此为目标动手改善你的工作。

主动做事

在商店工作的史密斯一直认为自己是一个非常优秀的员工，完成了自己应该做的事——记录顾客的购物款。于是，史密斯向经理提出了升职的要求，没想到经理竟拒绝了他。理由是他做得还不够好。史密斯非常生气。一天，史密斯像往常一样，做完了工作和同事站在一边闲聊。正在这时，经理走了过来，他环顾了一下周围，示意史密斯跟着他。史密斯很纳闷，不知道经理“葫芦里卖的什么药”。只见经理一句话也没有说，就开始动手整理那些订出去的商品。然后，他又走到食品区，清理柜台，将购物车清空。

史密斯惊讶地看着老板的举动，过了很久才明白老板的用意：如果你想获得加薪和升迁的机会，你就得永远保持主动做事的精神，哪怕你面对的是多么无聊或毫无挑战性的工作，“主动做事”的精神也会让你获得最高的成就。如果你对工作只是尽本分，或者唯唯诺诺，对工作毫无怀疑与抗拒，对公司的发展前景和生存危机漠不关心，你就无法争取到最大的进步与利益，你充其量只能得到属于你应得的那一部分。当然，这份所得常不如你想象的多。

主动积极的程度决定着成功的指数。那些成就大事的人和业绩平庸的人之间最大的区别就在于，成功的人总是能够主动做事，并愿意为自己的一切行为负责。积极主动地做事吧！要想变得更优秀，获得更大的成功，你必须做到这一点。没有人会给你成功的动力，同样也没有人可以阻挠你实现成功的愿望，除了你自己。

工作智慧之一：一切以主动为导向

在《致加西亚的信》一文中如此写道：我钦佩的是那些不论老板是否在办公室都会努力工作的人，这种人永远不会被解雇，也永远不必为了加薪而罢工。如果只有老板在身边时或别人注意时才有好的表现，卖力工作，这样的员工永远无法达到成功的顶峰。

至此，很多人不禁发问："主动"究竟是什么？

所谓主动，就是指随时准备把握机会，展现超乎他人要求的工作表现，以及拥有"为了完成任务，必要时不惜打破成规的"智慧的判断力。通俗点讲，主动就是没有人要求你、强迫你，你就可以自觉而且出色地完成工作任务。若用一句话来总结，主动就是永远不让自己成为工作的旁观者。

要通过主动做事获得老板的青睐，把认真负责的态度演绎得淋漓尽致，你必须在以下5个方面获得老板的认同。

第一，主动改进。每个老板都希望自己的员工能主动工作，带着思考工作。对于发个指令才会动一动、只知机械地完成工作的"应声虫"，没有老板会欣赏，更不会把他提拔到更高的位置。对于员工而言，你只有能准确掌握老板的指令，并主动运用自身的智慧和才干，把指令内容做得比老板预想的还要好，那么升迁晋级也将指日可待。因此，在接到一项明确的任务后，如果你在老板的指令之外，有另外一条更好的途径可走，最好能主动请示老板，积极改进。

第二，主动请愿。每个老板都有被公司事务缠得焦头烂额的时候，这时，作为员工的你应该怎么办呢？

在老板的工作日程表上，常会出现一些毫无新意和挑战性的工作，由于这些工作无表现可言，所有人都不想做。但是工作总是要有人来做的。这时，如果你能摒弃“避之犹恐不及”的消极心态，主动请愿，甘愿做“最傻”的工作，结果会怎样呢？琐事中孕育伟大的种子。你的不斤斤计较、主动做事的态度，常常让老板感受到你积极热情的心，让他觉得你是一个可以依赖的人。特别是在老板工作触礁，迫切需要帮助的时候，如果你能挺身而出，施以援手，你在他心目中的地位将会更加与众不同。

第三，主动创新。“工作过分完美反而不美”，这句话乍听起来荒诞之极，其实大有文章。许多员工由于害怕承担责任，在工作中一味地墨守成规，惧怕改变，不愿意尝试用新的方法做事。他的做事准则是：不求有功但求无过。还有的人认为创新是老板的事，与自己无关，自己只要做好分内的工作，对得起那份薪水就可以了。如果你这样想，那么你充其量只能作为“垫底”的，让老板放心，但绝不会令老板欣赏。因为在这个以新求胜、以新求发展的世界，员工创新力的高低，很大程度上决定着公司创新力和竞争力的高低。作为企业的员工，你务必要打破旧有的思维的条条框框，突出自身创造力，学会“绕圈子”走路。当你主动尝试从不同的角度看事物时，创新的智慧会让你得出独到的见解，这将有助于你征服老板的心。

第四，主动负责。在现代企业里，老板越来越需要那些敢作敢为、勇于承担责任的员工。责任感意味着忠诚和专注。如果你想得到提升，必须把每一件事都看做是自己的责任。如果你想使老板相信你是个可造之才，最好、最快的方法，莫过于积极主动地寻找并抓牢促进公司利益的机会，哪怕不关你的责任，你也要这么做。当你主动对自己的行为负责、对公司和老板负责、对客户负责时，老板就会真心欣赏你、认同你、接纳你。

第五，主动进取。微软招聘时，颇为青睐一种“聪明人”。这种“聪明人”并非在招聘时就已是某一方面的专家，而是一个积极进取的“学习快手”，一个会在短时间内，主动学习更多的有关工作范围内知识的人，一个不单纯依赖公司培训、主动提高自身技能的人。事实表明，一个人只有通过主动进取，才能使“主动做事”的效率最大化，让自己变得更加出类拔萃。

主动地去做好每一项工作吧！千万不要等到老板督促和提醒你时再行动。也不要墨守成规，害怕犯错。勇敢一点吧！主动做事不仅会让你超越别人，更为重要的是，它还会让你百倍地发挥自身潜力，超越自我。当你做到了积极主动，超越了自我，就会发现，加薪和升迁原来很简单。

如果你只是一粒种子，那么就不要把自己当做是棵松树，你需要的是土壤和水源，需要的是努力成长。如果你只是一名被动应对工作的员工，就不要把自己当做天才，你需要积极努力、主动进步，只有这样，你才有机会去争取，有资历与他人一比高低。

成功的机会总是偏爱那些能够主动做事的人。就算这个人的智商不如别人，主动做事、自发向上的内驱力也能让他争取到较好的成绩。每一个老板也都在寻找能主动做事的人，并以他们的表现来犒赏他们。可是很多人根本就没有意识到这一点，他们自恃聪明，工作能力强，不想接受老板的命令，认为这是老板要利用他的聪明才智赚钱而已。即使勉强接下工作，也总是拖延、应付，从不想着“我如何做才能把工作做得更好?”因此，这些人虽然精明能干，可由于欠缺主动做事的精神，总是得不到老板的赏识，错过了一个又一个提升的机会。

工作智慧之二：比老板更积极主动

“比老板更积极主动”是主动做事的最高标准。当你为自己设定下这个最严格、最高的责任标准后，当你对自己的期望比老板对你的期望更高时，那么，你就不会为自己的前途操心。世界上到处是散漫粗心、被动做事的人，那些能比老板还积极主动的人始终是供不应求的。

同样，如果你能达到这一主动做事的最高标准，那么你就会以惊人的速度攀上事业的巅峰。

一位成功学家曾聘用两名年轻女孩子当助手，替他拆阅、分类信件，薪水与相关工作人员相同。两个女孩子均忠心耿耿。但其中一个虽然忠心，却粗心、懒惰、从不愿主动做事，哪怕工作就放在眼皮底下，后来成功学家实在忍无可忍了，便将她辞退。

说到另外一个女孩子，成功学家的赞赏之情溢于言表："她实在太优秀，我简直不知该怎样赞美她。她的工作是替我拆阅、分类信件，可她所做的绝不仅于此。她看着我经常为给读者回信花费了太多时间，便主动认真研究我的语言风格，替我给读者回信。她的那些回信和我自己写的一样好，有时甚至更好。她一直坚持这样做，并不在意我是否注意到自己的努力。前段时间，我的秘书因故辞职，这个女孩子自然就成了我最满意的人选。"

美国文学家及哲学家梭罗说过："最令人鼓舞的事实，莫过于人类确实能够主动努力以及提升生命价值。"

当然，要做到比老板更积极主动工作，并不容易，如果你想做到这一点，你必须全力以赴。

不要认为老板整天只是打打电话，喝喝咖啡而已。实际上，他们只要清醒着，头脑中就会思考着公司的行动方向。一天十几个小时的工作时间并不少见，所以不要吝惜自己的私人时间，一到下班时间就率先冲出去的员工是难以有大的作为的。因此，要想比老板更积极主动地工作，首先要比老板工作的时间更长。比如，下班之后还继续在工作岗位上努力，主动寻找机会为公司做出更多的贡献，增加自己的价值。

另外，任何工作都存在改进的可能。如果你在接手某项工作之后，主动思考、主动提出问题、主动解决问题，抢先在老板提出问题之前把解决答案奉上，必然会深得老板的心。因为主动抢先思考能减轻老板的精神负担，使他不必再为此大费脑筋，可以有更多的时间考虑其他事情了。

值得一提的是，让你有能力把"主动做事"提升到"比老板更积极主动"这一境界后，你必须懂得与老板"竞赛"的规则，即你既不能每一次都比老板反应得快，也不能有一半以上的次数被他比下去。前者容易让老板产生被威胁的感觉，后者让他对你的能力产生质疑。事实表明，你若能把赢得的数值维持在2/3这个水平上，老板就会确定你不是他的对手而是帮手，“主动做事”就会产生正面效果，让老板产生“识英雄重英雄”的感觉，愿意并敢信任你。

无论你从事何种工作，只要你能在每一阶段全心投入，主动做事，你就会获得工作的掌控权，让自己的人生变得更加美好。

退一步是为向前

禅院里有一群僧学生，正在寺前的围墙边练习绘画。他们临摹一幅龙争虎斗的画，龙在云端盘旋，虎踞山头怒吼，但大家都觉得这幅画动态不足。

正在这时候，老师父过来了，大家急忙上前请教，如何把龙头仰高、虎头伸前，表现更为凌厉。老师父看过后说：“不对，龙在攻击前颈要向后退缩，虎要上扑时要向下压低!”

僧众们还是不明白，问道：“师父，龙头后屈，虎头贴地，实在不够威武雄壮啊!”

老师父微微一笑，缓缓地说：“手把青秧插满田，低头便见水中天，身心清净方为道，退步原来是向前。”

老师父的意思是说：当一个人准备有所作为的时候，他一定是先积蓄力量。力量积蓄的过程，并不是要你昂首挺胸，而是屈膝弯腰。这正如“龙在攻击前颈要向后退缩，虎要上扑时要向下压低”一样，这就告诉这些在职场上行走的人们，气不要太盛，心不要太满，才不要太露。因为退步不但是前进的资本，更是为人处世的第一要义。

老师父所说的这首诗还告诉人们：从近处可以看到远处，退步也可以当做进步。常人有一种倾向，看高不看低，求远不求近。譬如：某人学问比我渊博，就尊重他；某人钱财比我富足，就巴结他。如果此人条件比我差，就不予理会。殊不知，“登高必自卑，行远必自迩”的道理。禅师们观看这个世界与常人就有显著的不同，譬如诗中说“低头便见水中天”，就是要人们虚怀若谷低下头来，才能真正地认识自己、认识世界。

日本有一位禅师曾经譬喻说：“宇宙有多大多高？宇宙只不过五尺高而已！而我们这具昂昂六尺之躯，想生存于宇宙之间，那么只有低下头来！”人们看成熟的稻子，就要谦虚谨慎把头低下来。

几年前，小沈有个破格提拔升职的机会，单位当时够条件的只有两人，可名额只有一个，小沈的竞争对手是一个工龄差不多有他年龄长的女性前辈。若比资力，小沈欠缺，但若比业绩、比人气，小沈相信自己不会输掉。因此小沈写好了煽情的演讲稿，踌躇满志地准备放手一搏。但一件再平凡不过的小事儿，却使小沈改变了想法。

有一天，刚到单位，小沈就看到自己的竞争对手正默默地用拖布擦着办公室门前走廊的地砖。友好地打声招呼，小沈回到自己的办公室，靠在椅子上发呆。在单位里，这位女前辈是很平凡，没有突出的业绩，没有各种高层次的奖励，甚至在单位年末考核的时候，因为业绩平庸，她也总是排在后面。可是她就那样默默地奉献着，一干就是20多年。此时，这份职业于她，已经升华为事业了。跟她比起来，小沈还是个初出茅庐的孩子，即使自己再能干，一天能顶过别人三天吗？今年自己若不晋升职称，明年一样有机会，因为自己还年轻。而近50岁的她若还晋升不上去，机会就会越来越少，竞争就会越来越激烈，门槛也会越来越高。想到这儿，小沈做出了一个决定：退出评选。

晚上回来，小沈家里的电话成了热线，都是同事打来的，有的说“你真傻，放弃了这么好的机会”，有的说“没想到，年纪轻轻，却如此识大体”，有的说“你的自信哪里去了，这可不像你的行为啊，百折不挠才是你，是不是有苦衷”，还有的说“做得对，我们支持你”……

这件事，虽然使小沈在个人利益上受到点损失，可能每个月少得200元钱，但是，却使他在群众中树立了威信。在以后的工作中，他们更加支持小沈、相信小沈、理解小沈了。

第二年6月，小沈被评为优秀共产党员，对他来说，这是种莫大的鞭策和鼓励，并以此为动力，迈向一个个新的台阶。

“退步原来是为了向前”，这话说得多透彻、多经典啊！

有时候，低头与退步，并非消极，也并非懦弱；那是一种态度，明朗且健康；那是一种姿势，看似弯曲，实则蓄积；那是一种心法，锻造勇气，锤炼品性；那是一种通透，闪现着智慧的光芒。

“忍一时风平浪静，退一步海阔天空。”

一般人总以为人生向前走，才是进步风光的，而这“退步是为向前”的真理告诉人们，退步也是向前的，退步的人更是向前，更是风光的。古人说“以退为进”，又说“万事无如退步好”，在功名富贵之前退让一步，是何等的安稳自在！在人我是非之前忍耐三分，是何等的悠然自得！这种谦恭中的忍让老实才是真正的进步，这种时时照顾脚下，脚踏实地地向前才至真至贵。人生不能只是往前直冲，有的时候，若能退一步思量，所谓“回头是岸”，往往能有海阔天空的乐观场面。从事事业，把稳正确的方向，不能一味蛮干下去，也要有勇于回头的气魄。

把复杂工作简单化

明代冯梦龙曾说：“世本无事，庸人自扰。唯则通简，冰消日皎。”

许多科学家，比如爱因斯坦，就一直把追求形式的简单性，作为科学研究工作最重要的条件之一。爱因斯坦曾说“科学家必须在庞杂的经验事实中，抓住某些可以用精密公式表示的普通特性，由此探索自然界的普遍真理”。这一形式可能是一个概念，也可能是一公式，也可能是图表和符号。

科学界的天才人物总是善于借助这些简洁但充满生命力的表述方式，将问题很好地表现出来。

爱因斯坦有一个最著名的能量、质量守恒公式：E = MC2（C 为光速）。就是根据这个简单得不能再简单的公式，人类发现了核能，制造出了原子弹。

在工作中，人们往往认为，想得越多就越深刻，做得越多就越有收获。然而，事实并非如此。

多贝克决定开一家帽子专卖店，他亲自出马设计了一块招牌，在上面写着：“多贝克帽子店，制作和现金出售各种礼帽。”然后请朋友提意见。

第一位朋友说：“‘帽店’与‘出售各种礼帽’意思重复，可以删去。”

第二位朋友和第三位朋友说：“‘制作’和‘现金’可以省去。”

第四位朋友则建议将多贝克之外的字都划掉。

多贝克听取了朋友的意见，只留下“多贝克”三个字，并在字的下面画了一顶新颖的礼帽。店开张后，路过的人都觉得招牌别致新颖，帽子店的生意自然异常红火。

在工作中，许多人的思维方法仿佛是与复杂结缘的：他们不仅把问题看得复杂，更把解决问题的方式变得复杂，甚至钻到自己设定的“牛角尖”里无法出来。学会把问题简单化，是员工顶级智慧的体现。

在很长一段时间内，美国华盛顿的杰斐逊纪念堂前的石头腐蚀得很严重，纪念堂的清洁维护部门为此大伤脑筋，而且许多游客也纷纷抱怨。按照一般的思路，最直接的做法就是更换石头。但这样不仅需要大量的经费，更重要的是会大大地改变纪念堂的设计原貌。对这个左右为难的问题，所有相关部门的领导都一筹莫展。

一天，一个年轻的清洁工走进了主管经理的办公室，他平静地向经理问道："为什么石头会腐蚀？"

"这还用说，当然是因为维护人员过于频繁地清洁石头。"经理爱理不理地回答。

"那为什么需要这样频繁地清洁石头？"

"废话！你没看见那些经常光临的鸽子们留下了太多的粪便嘛！"经理激动地回答。

"那为什么有这么多的鸽子来这里？"

"当然，大家都知道，这里有足够的蜘蛛供它们觅食。"

"蜘蛛为什么都往这里跑，而不往其他地方去呢？"

"每天黄昏时，这里有许多飞蛾。"

"很好。"这个清洁工笑一笑继续问道，"那么，这里为什么会有这么多的飞蛾？"

"哦，是黄昏时纪念堂的灯光把它们吸引过来了。"

清洁工通过这一连串的发问，找到了真正的原因。于是，经理立即命令推迟纪念堂的开灯时间。这样一来，没有了灯光，飞蛾就不会来；没了飞蛾，就没有了蜘蛛；没有了蜘蛛，就没有了鸽子；没有了鸽子，就没了粪便；没有了粪便，自然不会有腐蚀的石头……

微不足道的一个简单举措，不但解决了老大难问题，还节省了一大笔开支。在工作中，有时候，最好的解决问题的方法往往非常简单。

在一家国有大型企业的研究室里，研究人员迫切需要弄懂一台进口机器的内部结构。这台机器里有一个由80根弯管组成的密封部分。要弄清内部结构，就必须弄清其中每一根变管各自的入口与出口。但是当时没有任何有关的图纸资料可以查阅。显然这是一件非常困难和麻烦的事情。所有的技工都想尽了办法，甚至动用某些仪器探测机器的结构，但效果都不理想。后来一位很普通的小电工，提出一个简单的方法，很快就解决了问题。

原来，小电工找来两支粉笔和几支香烟。他点燃香烟，大大地吸了一口，然后对着一根管子往里喷。喷的时候，在这根管子的入口处写上“1”。这时，让另一个人站在管子的另一头，见烟从哪一根管子冒出来，便立即写上“1”，其他的管子也都照此办理。

不到半个小时，80根弯管的入口和出口就全都弄清楚了。

在这个事件中，为何众多高学历的学者没办法解决的问题，却被一个没什么文化的小电工轻而易举地解决了？并非这位小电工的智力高于那一帮学者，而是学者习惯性地把问题越想越复杂，而小电工只求更简单地解决问题！

无独有偶，“世界发明大王”爱迪生曾经有位叫亚波恩的助手，出身名门，是大学的高才生。在那个门第观念很重的年代，亚波恩对小时候以卖报为生、自学成才的爱迪生很有些不以为然。

一天，爱迪生安排他做这样一个计算梨形灯泡容积的工作，他一会儿拿标尺测量，一会儿计算，几个小时过去了，他忙得满头大汗，但就是算不出来。

这时，爱迪生进来了，他看看面前堆了一沓稿纸的亚波恩，明白了是怎么回事。于是拿起玻璃泡，倒满水，递给亚波恩说：

“你去把玻璃泡里的水倒入量杯，就会得出我们所需要的答案。”

亚波恩这才恍然大悟：哎呀，原来这样简单！从此，他对爱迪生产生了深深的敬意。

把复杂的工作简单化，这是一门艺术。你必须开动脑筋，努力寻找达到结果的更简单的方法。这样你才能快刀斩乱麻，而不至于淹没于“剪不断，理还乱”的复杂表象之中无法自拔。

在具体工作中，面对繁冗艰巨的工作任务，你必须学会分清工作的主次；首先把这些无关紧要的工作放到一边，接着再排除那些虽然有价值，但由别人干更合适的工作，最后再剔除那些你认为以后再干也不要紧的工作。

为了使工作条理化，不仅要明确你的工作是什么，还要明确每年、每季、每月、每周、每日的工作及工作进度，并通过有条理的连续工作，来保证按正常速度执行任务。

著名作家巴尔扎克说过：“有些人每天早上预定好一天的工作，然后照此实行。他们是有效利用时间的人。而那些平时毫无计划，遇事现打主意过日子的人，只有‘混乱’二字。”

许多人抱怨工作太多、太杂、太乱，实际上是由于许多人不善于制定日程表。他们不光不安排好日常的工作，连最没意义的事也抓住不放，人为地制造忙乱。这样不但谈不上工作条理化，而且连自己也被压得喘不过气来。

为日常工作排好时间，不但是一种切实可行的节约时间的措施，也提醒人们掌握高效的办事技巧。特别是制定一个好的工作日程表非常重要。计划与工作日程表的不同在于，计划是指对工作的长期打算，而日程表是指怎样处理眼前存在的问题。

因此，为了达到令人满意的工作结果，每一个员工必须在思维模式上努力寻求更简单的工作方法。与此同时，还要在日常工作中，学会合理规划，做到心中有数，尽量把繁冗复杂的工作条理化、简单化。

平凡岗位出人才

吉林娜出生的地方是个有名的“下只角”。吉林娜从小就从别人的眼光中看出了对那儿的看法。她也不喜欢那儿污浊的空气，不喜欢那儿满街的粗话，她想离开那儿。

想离开，有人想想就算了，但吉林娜却不像别人那样想想就算了，她一步一步地努力着。她从不会一窝蜂地和别的女孩子上街抢购大减价的“时尚精品”，她留意着“下只角”女孩儿的穿着打扮。然后自己买布请裁缝按照自己画的样子进行加工。业余时间，她也不会像别的女孩子那样逛街、聊天，她去了美术馆、博物馆，虽然刚开始不懂，但听过讲解员多讲几遍，也懂得了很多东西。就是什么也不学，从里面出来，那种感觉也不一样。她还是图书馆里的常客，一开始是报上说哪本书好就看哪本书，后来慢慢地品出点味道来，自己也会挑书看了。渐渐地，邻居们都有些敬重她，即使走出去也没人想到她是来自“下只角”的姑娘了。

技校毕业后，吉林娜并没有像别的女孩那样急于嫁人，而是直接去读了夜大，拿了个大专文凭。然后换了个单位，干得不错。从此，就离开了“下只角”。

俗话说，“龙生龙，凤生凤，老鼠的儿子会打洞”。这句话喻示着命运是天生的，但也有俗话说“龙生九子，各有不同”，“鸡窝里飞出金凤凰”，这说明命运不是一成不变的。这两句话看似矛盾，实则是人成长的真实写照。

外部环境对一个人的影响是极其深远的。因此，有的人就说，既然环境对人的影响如此重大，那我的努力奋斗还有什么意义？其实不然，外界对人的影响是存在的，但影响的程度是自己可以控制的，自己在自我的成长过程中可以起主导的作用。

所以，有的人就抱怨自己没有找到一个好的工作单位，总以为只有好的工作环境，才能出人才；平凡的工作岗位，是不可能造就人才的。

在各行各业的平凡岗位上，同样可以出人才。著名的厨师、出色的泥瓦匠、优秀的售货员……“泥人张”、“王麻子”、“谭木匠”等，谁能说他们不是人才呢？文凭不等于人才，三百六十行，行行出状元。

平凡与伟大是同一事物的两个侧面。从横向看，每天的工作都是很平凡的，但是把每一件平凡的工作做好，做得比人家好，好上加好，就创造了不平凡；从纵向看，千里之行，始于足下，一切要从平凡工作做起，努力在平凡的工作中做出不平凡的业绩。任何岗位都能出成果、出人才、出奇迹，关键看你怎么干。目标要远大，工作却是平凡的。不要抽象地追求“伟大”，而要把平凡工作做成伟大。

> 2002年诺贝尔化学奖获得者日本的田中耕一，既非教授，又非硕士、博士。他只是“日本企业社会最底层”的一名普通工程师，一个名不见经传的小人物，甚至连同行专家对他也一无所知。田中耕一很少发表论文，但他潜心钻研，于1987年发表第一篇论文，在高分子研究领域提出了质谱分析法和结构解析的原创思想，经过十几年实践，这个思想已发展成为世界感应度、精神度最高的生物高分子分析方法，受到欧美学术界高度评价，终于成为此次获奖的重要依据。诺贝尔化学奖评委主席称，田中耕一是开启生物大分子新研究领域大门的第一人。

田中耕一的获奖让日本人吃了一惊，也给人们很多启示：平凡孕育伟大，伟大是从平凡开始的。这个道理浅显易懂，生活中这样的事例也很多。平凡中的小事有时也体现了伟大之处。

成功的事业未必一定灿烂，平凡的岗位也有壮阔波澜，只要你信念执著，只要你激情常在，只要你懂得坚守，只要你乐于奉献，平凡就会因此而光华灼灼，就会因此而熠熠生辉。不要轻看那一滴水、一粒种子、一缕阳光、一颗小小的螺丝钉，正是这点点滴滴、丝丝缕缕、颗颗粒粒，汇集起来，灌溉的是良田万顷，照亮的是芸芸众生，哺育的是新的生命，而守护的正是锦绣中华、朗朗乾坤。

想，才会有办法

“真的是没办法！”

“一点办法也没有！”

……

听到这样的话，你是不是会感到很失望？当上级或同事向你提出某个要求时，如果你也这样回答，你是不是也同样体验到别人对你的失望？

一句“没办法”，你似乎为自己找到了不做的理由，但也正是这句“没办法”，浇灭了很多的创造之花，阻碍了你前进的步伐！

是的确没有办法吗？还是根本没有好好地动脑筋想办法？事实上，只要你用一种大的视野，一种纵观全局的胸怀，来看待职场和商场，用一种灵活多变的思考方式，一种随机应变的智慧，去分析判断问题，就没有解决不了的问题。

春节放假前夕，有一个老板想给每位员工的妈妈买一份礼物，于是就走进了公司附近的一家很有信誉的药店的分店。

老板看中了一种补血型保健药，但没想到这里只有两盒了。他很着急，就对售货员说：“两盒根本不够，你能不能到总部进点？”

售货员告诉这位老板，得等三天以后，因为第一天报上去销售数量，第二天订单才能够进仓库，第三天货才能送到。

可是，老板的员工下午就要回家探亲了。于是，老板又问：“能不能早一点呢？”

售货员们都摇了摇头。老板一看这情形，立刻就火了，他很气愤地说：“你们这家药店是一家有着多年历史的很有信誉的老店，现在，顾客急着要货，你们怎么就不能想想办法呢？”

售货员一看老板急了，都面面相觑，突然，一位姓胡的女售货员说：“我们可以给附近的其他分店打个电话问问看，如果他们有货，我们先向他们借，三天后再还。”电话打通后，问题解决了。

这虽然是一件小事，但也充分说明，只要想办法，就一定有办法。遇到问题，你是否始终坚定不移地相信会有更好的方法出现，在很大程度上，取决于你是否有一种良好的心态。想办法是想到办法的前提。如果让大脑放假，就算是天才，面对问题也会一筹莫展。所以，办法是在想的过程中产生的，它不会凭空出现。

2001 年，北京申办奥运会成功，全国上下一片沸腾。大家不仅为中国的国力得到承认而高兴，而且也为北京得到这样一个经济发展的机会而自豪。但是，在 1984 年以前，举办奥运会并不是每个国家都想争取的“香饽饽”的事情。敢于申办奥运会的国家也没有几个。因为在相当长的一段时间内，举办奥运会都是赔钱的，就像前苏联曾经举办的莫斯科奥运会一样，就亏损了很大一笔资金。

1984 年的美国洛杉矶奥运会是一个转折。这次奥运会，美国政府不但没有花一分一文，反而赢利 2 亿多美元，创下了一个奇迹。而创造这一奇迹的是一个商人，名叫尤伯罗斯。开始时，他并不愿意接受这项任务，但经不住再三相邀，他最终答应了。

尤伯罗斯将整个奥运活动与企业和社会的关系做了通盘的考

虑，终于想出了很多点子让奥运会赚钱。其中最绝的点子是将奥运会实况电视转播权进行拍卖，这在世界历史上可是从来没有过的。

刚开始的时候，工作人员提出的是高拍卖价是1.52亿美元，这在当时已是个天文数字了，但立即遭到了尤伯罗斯的否定。他说："这个数字太保守了！"

他敏感地觉察到了人们对运动会的兴趣正在不断高涨，奥运会已经成为全球关注的热点。电视台利用节目转播，已经赚了很多钱。如果采取直播权拍卖的方式，各大电视台之间势必会展开激烈的竞争，价钱会不断上扬。

果然不出所料，单电视转播权这一项就为他赚取了近2亿美元的资金。

以往的奥运火炬万里长跑接力，都是由有名的人士担任火炬手，但尤伯罗斯一改这种做法，表示只要身体够棒，谁都可以跑，但是必须出钱才行，每公里按3 000美元收费。

这真是一个新奇的想法，会有人花钱买罪受吗？没想到，消息一公布，报名的人竟蜂拥而至。1.5万公里的路，收费达到了4 500万美元！

这次奥运会给尤伯罗斯带来了空前的声誉。回首成功，他感到非常自豪：有想法就有突破点。假如害怕困难，怎么能够创造出这样辉煌的业绩来呢？

人的智力提高是一个逐步的过程。只要你能够战胜对艰难的畏惧，并下决心去努力，你就能越来越多地找到解决问题的方法，并越来越智力超群！

法国数学家、哲学家彭加勒就曾说过："出人意料的灵感，只是经过了一些日子，通过有意识的努力后产生的。没有它们，机器不会开动，也不会产生出任何东西来。"

人们平时喜欢讲一句话："眉头一皱，计上心来。"其实，这往往是指在特定时期、特定人物的状况。要有好的点子和想法，应当付出更多的努力。

开动你的脑筋想办法吧，别让你的智力机器生锈。

当你感到没有问题时，你就出问题了

《孙子兵法》上说："激水之疾，至于漂石者，势也。"速度决定了石头能漂起来。人们小时候在河边玩打水漂，一块石头在高速运行状态下，能在水面"漂浮"，它不会沉下去。只有当速度减慢时，石头才会沉下去。这里反映了一个很深刻的道理：一个人如果不保持一定的发展速度，他就会在滚滚向前的历史潮流中沉下去。一个人不发展，就会沉沦颓废，所以发展和成才是最大的前提。而发展就会遇到困难和问题，成才就会遇到挫折和考验。惧怕它们，你将一事无成。

在餐厅的角落里，有一个企业家独自一个人喝着闷酒。一位热心人走上前去，问道："您一定有什么难题，不妨说出来，我给您帮帮忙吧!"

企业家看了他一眼，冷冷地说："我的问题太多了，没有人能够帮我忙。"

这位热心人立刻掏出名片，要企业家明天到他的办公室去一趟。

第二天，企业家依约前往。这位热心人说："走，我带你去一个地方。"企业家不知道他葫芦里卖的是什么药。

热心人用车子把企业定带到荒郊野外，两人下了车，热心人指着前面的坟场对企业家说："你看看吧，只有这里的人才统统是没有问题的。"

企业家恍然大悟。

请记住这样一句话：只要有问题，就有存活的希望，只有敢于正视问题，解决问题，才能前进。

不要力图“没有问题”，因为，最大的问题，可能恰恰是“没有问题”。“人人都想真理站到自己这边来，就是不想自己站到真理那边去。”

世界上一切东西都是辩证的，困难和问题固然给人们带来很多烦恼和痛苦，但是，它也为人们提供了提高能力、解决问题与克服困难的机会。

有一位大学毕业生，在学校时的成绩很好，毕业后到一家大型企业去应聘。人事部对他的资料和面试表现十分满意，还当即打电话叫财务经理对他进行面试，他在财务经理面前的表现也十分出色，于是，很快被正式录用了。在财务部工作，由于部门里只有他一个名牌大学生，大家对他很尊敬，他却因此不知不觉产生了骄傲情绪，任何时候都是一副“我很能干，没有问题”的派头。开始时，财务经理好心地提醒过他，他却总是一笑而过。

不久，财务经理交给他一份工作，让他录入凭证原材料明细账。这个工作很简单，就是将数字转抄一下而已。他仅两天就将1 500张凭证抄完了。但他很不满意，认为账务经理是大材小用了，言辞之间颇有埋怨。但是第二天核对总账时，他竟惊奇地发现自己对不上账。他反复核查了多遍，就是对不上总账。这时候，他开始怀疑总账有问题。他自信地找到账务经理，用极其肯定的语气告诉经理，说他自己没错，一定是总账出了问题。账务经理要他再仔细检查一遍自己所抄的账目，但他却说：“这么简单的工作，我绝对没问题。”

于是，账务经理亲自来复核，结果不到10分钟就查出了他所抄账目的错误：他在一个数字后面多加了个“0”，这样一来，二者之间相差近10倍！账务经理没有给他机会，而是征求人事部同意，将他辞退了。临行时，财务经理与他谈了一次心：“小伙子，你是聪明反被聪明误。你是名牌大学毕业的大学生，有点傲气，这可以理解。希望你从此不要盲目地说‘没有问题’，凡事多想想自己有什么做得不好或不够的地方！”

因为一个小小的数字抄写错误，就将一份好好的工作丢失了。表面上看起来好像有点“冤”，但这怨不得别人。在这个越来越讲究职业操守的时候，以这种“没有问题”来敷衍工作的人，只会越来越不受欢迎。许多大的失败，往往是由于“没有问题”造成的，有时甚至会为此付出高昂的代价。

每个大的失败，前面总有一个几乎同样大小的成功。无数事实证明：成功很容易让人失去理智，从而造出巨大的危机。

日本八佰伴公司的负责人和田一夫在半个世纪里将一家乡下蔬菜店，建设成为在全世界拥有400家百货店和超市、年销售额突破5 000亿日元的国际流通集团，旗下多家公司的股票在日本、新加坡、香港、马来西亚上市，引起全世界的关注，被称为“世界的和田”。

1990年，和田一夫将八佰伴集团总部移到香港，后又移到上海。企业的高速发展，使他盲目地骄傲和自信，作出不谨慎的判断、盲目扩张。1997年，八佰伴集团的核心公司——日本八佰伴公司出现经营危机，负债1 600亿日元，公司不得不宣布破产。和田一夫一贫如洗，不得不租屋而居。

1998年，年过70的和田一夫设立了一家经营顾问公司，决心将自己的经营教训传授给年轻的经营者们。他谈得最深的一个教训就是：“我在经营最困难时，往往会做各种各样的努力去克服困难，但在事业成功时却会骄傲自满，造成判断失误。因此看来，事业取得最大成功时风险也最大；失败是人生的财富，成功是最大的危机。”

许多人都是过于盲目自信而栽了跟头，因为，他们总是被胜利冲昏了头脑；因此，此时他们的脑袋中，只有一句话——“没有问题”！

人们不能祈求在自己成功或辉煌之后就没有问题，更不能祈求生活中没有问题！人生就是一个不断遭遇问题、发现问题、正视问题和解决问题的过程。旧的问题解决了，新的问题又产生了，不能厌烦，不能躲避！人们唯一能够做的，就是提升自己洞悉问题和解决问题的水平。在这样的基础上，才有可能去打造自己的自信。

不在于时间的长短，而在于动作的快慢

在非洲大草原的一天早晨，曙光刚刚划破夜空，一只羚羊从睡梦中猛然惊醒。

“赶快跑！”它想，“如果慢了，就可能被狮子吃掉。”

于是，它起身就跑，向着太阳飞奔而去，就在羚羊醒来的同时，一只狮子也醒了。

“赶快跑！”狮子想，“如果慢了，就可能被饿死。”

于是起身就跑，也向着太阳的方向奔去。

谁快谁就赢，谁快谁生存。一个是自然界兽中之王，一个是草原上的食草羚羊，等级差异，实力悬殊，却面临同一个生存问题——如果羚羊快，狮子就饿死；如果狮子快，羚羊就被吃掉。

谁快谁赢得结果，谁快谁赢得生存。

赛场上搏击讲究以快打慢，军事上以先下手为强，商战也从“小鱼吃大鱼”变为“快鱼吃慢鱼”。跆拳道要求心快、眼快、手快。中华武学一言以蔽之：百法有百解，唯快无解！大而慢等于弱，小而快可变强。快就是机会，快就是效率。

世界上没有任何一个老板能够容忍办事效率低下的员工，他们恨不得

一天之内建立三座罗马城出来。因此，要得到老板的赏识，员工必须以最高的效率、最快的速度达到工作的结果。

工作中竞争的实质，就是在最快的时间内做出最好的结果。盛田昭夫说："如果你每天落后别人半步，一年后就是一百八十三步，十年后即十万八千里。"我们每天仍然慢条斯理地工作，那么早晚有一天我们会被"快鱼"吃掉。

然而，在企业中人们常见到这样一种员工，桌子摆满了文件，总是显得手忙脚乱，一副日理万机的样子。这种员工工作十分认真，对自己的本职也充满了热忱，从来不多休息。有时下了班，还要自动加班到很晚，他们以为这样就能给老板一个好印象，这样才能得到大家的好评和老板的重用。关心集体，关心工作，把工作看做是第一位的，这还不够吗？哪个老板会不喜欢下属天天加班呢？

在我们的身边，总不乏这样的一些人，他们不论星期天还是休假日，都不惜将自己全部的精力放在工作上，一旦工作中断，他们就像丢了魂一样，心神不定。

可不幸的是，这种人往往很难达到想要的效果。

许多精明的老板从下属的忙碌中能看出许多问题，他们中的相当一部分人是因为自己的能力有限，就希望通过忙碌来引起老板的注意。他们生怕自己的重要性被忽视，便加倍地忙碌，其目的在于把自己表现为一个能干的人。但精明的老板总能看透他们的工作效率，看到他们的工作结果，而无须探询他们忙得团团转的理由。因为，困难的工作，不一定会使人显得很忙。而终日忙得晕头转向的人不一定是个能干的员工。

英国有部心理学著作认为：有的员工总是企图表白自己的废寝忘食，其实他内心隐藏着本质上的怠惰。老板往往认为这是一个对工作缺乏关心和兴趣的人，他也许是害怕遭到别人的非难和惩罚，以致陷入战战兢兢的状态里，倘若受不了连续的紧张，为了消除内心的紧张和不安，迫使他只好采取一种期待赞赏的行动。这样一来，他便成了一个忙忙碌碌的员工了。

有的员工忙碌到近乎一种病态了。他们事事认真，每天脑子里的弦都绷得紧紧的。一旦上级对自己并不赏识，他们便会产生怨恨心理，抱怨上级有眼无珠，看不见他们付出的辛劳、付出的时间等，并往往因此露出怠惰的面目。殊不知，老板对这种假意忙忙碌碌的员工，是很反感的。

正常人的生活总要分为工作、家庭和余暇三部分。每个人都需要根据自己的情况，合理分配这三方面的时间，借此获得身心的平衡和稳定。一旦全力以赴地投入到某一方面而又没有得到满足时，这三方面的平衡便会立即崩溃。

虽然有时不能合理安排自己生活的人，常常能成为一个好的能干的职工，但这种人做主管是不太合适的。这种人不太适合做管理人的工作。他对自己的需要和愿望都不能很好地理解，就更不能及时满足大家的各种欲求，不能充分调动大家的积极性。因此，他们往往得不到正常的升迁。

道格拉斯参加工作两年，就成了公司里最出色的员工，因为他的办事效率是最快的。同样的工作，他总能提前完成，老板也喜欢把一些重要的额外工作交给他去做，他也不喊累，而且每次都能轻松完成。他的一位好友向他询问其中的诀窍，他的回答是："只要改变或利用10%，你也能做到。"他娓娓道来："一是让思考速度提高10%。思考也是一个不断进步的过程，它可以被传授、被学会，可被实践和发展。过程很简单：找出问题所在，汇总所有相关因素，寻求相互之间的关联，建立一个清单，收集反馈意见。与其他人合作，为新思想的产生提供机会。一旦你理解了这一过程并付诸实践，你的思考速度必将提高，使你更加从容地完成工作。二是将工作进度主动加快10%。并不用费多大力气，也无须借助什么高新技术，仅仅是你主动加快了做事的速度，就会取得显著的效果。三是每天最少拿出10%的工作时间做最重要的事。你要充分利用一天里精力最充沛、效率最高的一个小时做最重要的工作。在这个专项时间里，你要尽量避开外界的干扰，甚至告诉你身边的同事，如果没有重要而紧急的事，不要打扰你。你呢，在安排计划时，也不要与专项时间段冲突，比如，你的专项时间段是上午9~10点，你就不要打算在这段时间去见客户。四是充分利用闲暇时间的10%。如果按你每天工作7小时计算，除去休息的9小时，那你的闲暇时间就是8小时。你如果能利用一个小时的闲暇时间，你的办事效率将会有很大的提高。比如在你等车、买菜的时候，动脑思考一下，也许你的工作报告就完成了，或者很久解决不了的技术难题，忽然灵光一闪，茅塞顿开。再比如乘飞机的时候，在飞机上给你的客户写写邮件，这有助于你跟客户保持良好的关系。五是少浪费10%的时间，尽力避开浪费时间的活动，比如你参加的那些专业协会、社区联防队、志愿者团队等，你一定要肯定其确有价值而且自己感兴趣才行。千万不要仅仅为了承担义务，而随便参加一个什么组织，不要去参加那些自始至终你都是一个盲目跟从者的会议，那样只会浪费你的时间。”他这样说着，最后他总结说：“只要你按照以上五点努力去做，持之以恒，大可不必费尽全力，搞得自己心力交瘁，你的工作效率会在你持续不断的进步中得到提高，你的工作一定会非常出色，受到老板的青睐。”

员工的能力就体现在相同时间能办多少事上。时间就是金钱，如果你能在相同的时间里比其他员工办的事多，而且还办得好，这也就意味着你的能力更强，效率更高，当然应该得到提拔。

总而言之，对老板而言，实现工作的结果才是最重要的。而员工实现结果不在于时间的长短，而在于动作的快慢。

转化劣势为优势

优势未必带来好运，缺陷也能变成优势！

缺陷常能给人们以提醒，而优势却常常使你忘乎所以。但是某时某地，缺陷也可转化成别人难以企及的优势。

三个旅行者同时住进了一个旅店。

早上出门的时候，一个旅行者带了一把伞，另一个旅行者拿了一根拐杖，第三个旅行者什么也没有拿。

晚上归来的时候，拿伞的旅行者淋得浑身是水，拿拐杖的旅行者跌得满身是伤，而第三个旅行者却安然无恙。于是，前两个旅行者很纳闷，问第三个旅行者："你怎么会没事呢？"

第三个旅行者没有回答，而是问拿伞的旅行者："你为什么会淋湿而没有摔伤呢？"拿伞的旅行者说："大雨来临时，我因为有了伞就大胆地在雨中走，却不知怎么淋湿了；当我走在泥泞的路上时，因为没有拐杖，所以走得非常仔细，专拣平稳的地方走，所以就没有摔伤。"

然后，他又问拿拐杖的旅行者："你为什么没有淋湿而是摔伤了呢？"拿拐杖的说："当大雨来临的时候，我因为没带伞，便拣能躲雨的地方走，所以没有淋湿；当我走在泥泞坎坷的路上时，我便用拐杖拄着走，却不知为什么常常跌伤。"

第三个旅行者听后笑笑，说："这就是我安然无恙的原因。当大雨来时我躲着走，当路不好时我小心地走，所以我没有淋湿也没有跌伤。你们的失误就在于你们有可凭借的优势，并且认为有了优势便少了忧患。"

人生正如有风有雨有泥泞的旅途，每个人都是旅行者。许多时候我们都不是跌倒在自己的缺陷上，而是跌倒在自己的优势里，因为缺陷常能给我们提醒，而优势却常常使我们忘乎所以。正如老人们常说的警语："淹死的都是会水的。"

优势可以变成陷阱，同样，缺陷也可以变成优势。

有一个失去左臂的孩子，父母为让他强壮身体，便请了一位摔跤教练教他练摔跤。

日复一日，年复一年，教练只教了这个孩子一个招式，而这个孩子也只练了这一个招式。

几年后，孩子参加了摔跤比赛，对手都是四肢健全的专业摔跤选手。而这个孩子却出人意料地打败了一个又一个对手，赢得了全国总冠军。

很多人不明白其中的原因，教练却道出了真相：原来这个孩子一直勤练的动作是要对手抓住左臂才能破解的动作，孩子没有左臂，而这个招式也就成了“绝招”。

所以，没有绝对的劣势，只要懂得利用，劣势也能变成优势。

还有一个和这个相类似的故事：

盈盈很胖，为了减肥，她又是运动，又是节食，但是她的体重还是居高不下。不过自从参加了演讲比赛后，她再也不喊着减肥了。盈盈参加了那次全市高校大型演讲比赛，但是由于音响故障导致9点半才开赛，而参赛的人数多达32个。临到抽签了，盈盈向上帝祈祷说千万别让自己抽到后面的，因为时近中午，再动听的演讲也不如一碗米饭来得实在。但是上帝并没有站在盈盈这边，没听到她虔诚至极的祈祷——她抽了个倒数第一，最后一个。盈盈倒吸了一口凉气，回到座位上，心怦怦跳得快极了。也听不清带队老师的劝慰，更听不清选手们的演讲，脑子里一片空白，愈慌愈急便愈想不出对策。

果真如盈盈所料，过了12点，赛场上的人群开始骚动了起来，而差不多还要半个多小时才能轮到盈盈演讲。在这可贵的关键时刻，一个念头突然闪过盈盈的脑海。当主持人宣布“32号选手上场”时，她一扫开始时的沮丧和担心，信心百倍、精神抖擞地站了起来。在讲台上站定后，她用微笑而平静的目光环视赛场一周，骚动的人群渐渐平静下来，视线也集中到演讲台上来了。

这时盈盈不慌不忙地开口了：“今天我是最后一个上场，好在我体重比较重，希望能压得住这台戏！”

话音刚落，全场一片大笑声，随即是热烈的掌声。饥肠辘辘的大家以难得的耐心听完了盈盈为时 5 分钟的演讲，并一再响起潮水般的掌声。最后评委团主席评点赛事，说了一句这样的话：“表现尤为突出的是32号选手，她以她的体重，更为她的实力压住了这台戏！”台下又响起大家默契的笑声和掌声。

所以，没有绝对的劣势。

但是，某时某地，缺陷也可转化成别人难以企及的优势。所以，不要为自己有某些不足或缺陷而苦恼，也不要为自己有某些优势而沾沾自喜。在某些时候，优势可以转化成缺陷，而缺陷同样也可以转化成优势。特别是在工作中，不要因为自己有某方面的优势就忘乎所以，也不要因为自己在某些方面有缺陷就苦恼。

孰知：“塞翁失马，焉知非福！”